Heilsteine

Judy Hall

Heilsteine

Kompakt & in Farbe

Weltbild

Die vollständige Originalausgabe erschien 2003 unter dem Titel
The Crystal bible. A Definitive Guide To Crystals bei Godsfields Press Ltd.

Projektmanagment: Götz Fuchs
Koordination und Bearbeitung der deutschen Ausgabe:
Neumann & Nürnberger Naunhof GmbH
Übertragung ins Deutsche: Martina Fischer, Hamburg, Antje Lorbeer, Leipzig
Umschlagmotive: Octopus Publishing Group Ltd., London
Umschlaggestaltung: X-Design, München
Gesamtherstellung: Trento Srl, Loc. Ghiaie di Gardolo 175/A, I-38100 Trento/Italy
Printed in Italy

2007 2006 2005
Die letzte Jahreszahl gibt die aktuelle Lizenzausgabe an.

Hinweis

Dieses Buch wurde von der Autorin nach bestem Wissen und Gewissen erarbeitet.
Es ist ein Ratgeber, der Sie bei Ihrer Lebensführung kompetent unterstützen soll.
Das Buch ersetzt aber keineswegs ärztlichen Rat. Bitte suchen Sie bei gesundheitlichen Problemen auf jeden Fall Ihren Arzt auf.

INHALT

VERZEICHNIS DER NAMEN UND FORMEN

FREUDE AN KRISTALLEN

Edelsteine wirken auf alle Menschen anziehend. Diamanten, Rubine, Smaragde und Saphire gelten in der ganzen Welt als kostbar, und in der Tat sind es wertvolle Steine, die das Herz höher schlagen lassen. Die meisten Menschen denken an den Glanz, wenn sie das Wort „Kristall" hören. Halbedelsteine wie Karneol, Granat, Bergkristall und Lapislazuli sind ebenso beliebt und werden seit Jahrtausenden sowohl als Schmuck als auch zum Zeichen der Macht verwendet.

Über ihre Schönheit hinaus wurden sie jedoch wegen ganz anderer Qualitäten geschätzt: Menschen auf der ganzen Erde haben im Verlauf von Jahrtausenden auch die heilende Wirkung der Edelsteine entdeckt. Im christlich abendländischen Raum gab Hildegard von Bingen, die große Heilige, Mystikerin und Gelehrte des Mittelalters, in ihrem Werk „Physica" ein beredtes Zeugnis von der Bedeutung verschiedener Mineralien und Kristalle in der Heilkunst. Durch die Renaissance, die Hildegards insbesondere medizinische Ansätze in den 1980er Jahren erfuhren, wurde auch das Thema Heilen mit Steinen bei uns neu entdeckt. In der heute bei uns üblichen und diesem Buch zugrunde liegenden Form verbindet es sich mit der Vorstellung von Energiezentren im Menschen: den so genannten Chakren. Nach dieser aus Indien stammenden Tradition, die sich Medizin und Meditation gleichermaßen nutzbar machen, habe der Mensch verschiedene Energiezentren, die Chakren, in denen sich nicht nur körperliche, sondern auch seelische Zustände positiv wie negativ manifestieren. Da die verschiedenen Kristalle elektromagnetische Energie in unterschiedlicher Weise aufnehmen und abgeben, wirken diese jeweils auf ganz eigene Art auf den Menschen.

Das Heilen mit Steinen ist vor allem für denjenigen geeignet, der die verschiedenen Ebenen seiner Existenz als Einheit empfindet: die körperliche, die geistige und seelische, aber auch die spirituelle, die uns für die göttliche Dimension in unserem Leben öffnet. Es handelt sich um eine ganzheitliche Heilmethode, bei der es nicht nur um psychosomatische Wechselwirkungen geht, sondern auch um psychologische Aspekte, die eine positive Lebensführung unterstützen.

Bei anhaltenden Beschwerden ersetzt dieses Buch nicht den Besuch beim Arzt, kann aber dessen Therapien begleiten und unterstützen. Erfreulicher Weise gibt es immer mehr Mediziner, die sich neben ihrer klassischen Ausbildung mit alternativen Heilverfahren beschäftigen und den Patienten so umfassender bei seiner Genesung begleiten können.

Das vorliegende Buch ist in mehrere Abschnitte unterteilt, damit Sie sich auf Ihrem Weg durch das Reich der Kristalle leichter zurechtfinden. Es enthält alles, was Sie wissen müssen. Sie erfahren in den einzelnen Kapiteln etwas über die Freude, die Kristalle schenken, ihre Heilwirkung, die dekorativen Eigenschaften sowie über Entstehung und Pflege. Eingangs finden Sie ein Register der Kristalle, so dass Sie ein bestimmtes Kristall unter dem Namen nachschlagen können, unter dem Sie es kennen; in dem ausführlichen Verzeichnis lernen Sie die jeweiligen Kristalleigenschaften kennen und erfahren darüber hinaus, wie man Kristalle bestimmt. Das Sachregister am Ende hat Querverweise zu Symptomen und Merkmalen; anhand dieses Registers können Sie Kristalle für bestimmte Anwendungen oder Ihren persönlichen Zweck finden.

Kristalle kommen in den vielfältigsten Formen vor. Wenn Sie eine besondere Form bestimmen oder wissen möchten, wie eine gewisse Kristallart aussieht, blättern Sie einfach das Kapitel über Kristallformen durch. Es folgt eine Kurzeinführung mit nützlichen Informationen, beispielsweise über Edelsteine als Heilmittel, ferner Erläuterungen zum Thema Heilen.

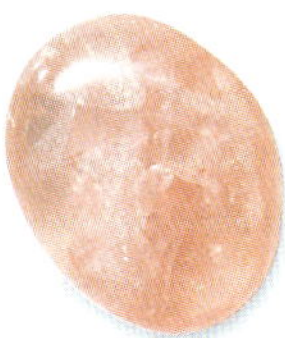

EINFÜHRUNG IN DIE WELT DER KRISTALLE

Je mehr Sie über Kristalle wissen, umso wirkungsvoller sind sie. In diesem Abschnitt finden Sie Hintergrundwissen über die Entstehung von Kristallen, Tipps in Bezug auf Auswahl und Pflege, aber auch Informationen über den Einsatz von Kristallen als Heilsteine, als Schmuck und über das so genannte Einstellen.

Ihre Kristalle sind wirkungsvoller, wenn sie „eingestellt" werden. Dies ist Teil des Rituals bei der Arbeit mit Kristallen. Da Kristalle kraftvolle Hilfen sind, muss man sich ihnen mit Respekt nähern, dann arbeiten sie bereitwillig mit uns zusammen. Viele Menschen begehen regelmäßig einen „Kristalltag", an dem sie ihre Kristalle reinigen und mit ihnen meditieren, um sich stärker auf ihre Energie einzustimmen. Bei regelmäßiger Durchführung werden Sie feststellen, wie Sie Ihr Leben vertiefen und Ihr Wohlbefinden steigern können.

Für die Reinigung der Kristalle muss man sich unbedingt Zeit nehmen. Kristalle sind sehr effektiv im Absorbieren und Leiten von Energie. Wenn sie für diese Aufgabe ohne regelmäßige Reinigung eingesetzt werden, erreichen die meisten einen gewissen Sättigungsgrad und sind dann nicht mehr in der Lage, ihre Funktion auszuüben; einige Kristalle hingegen sind selbstreinigend.

DIE ENTSTEHUNG DER KRISTALLE

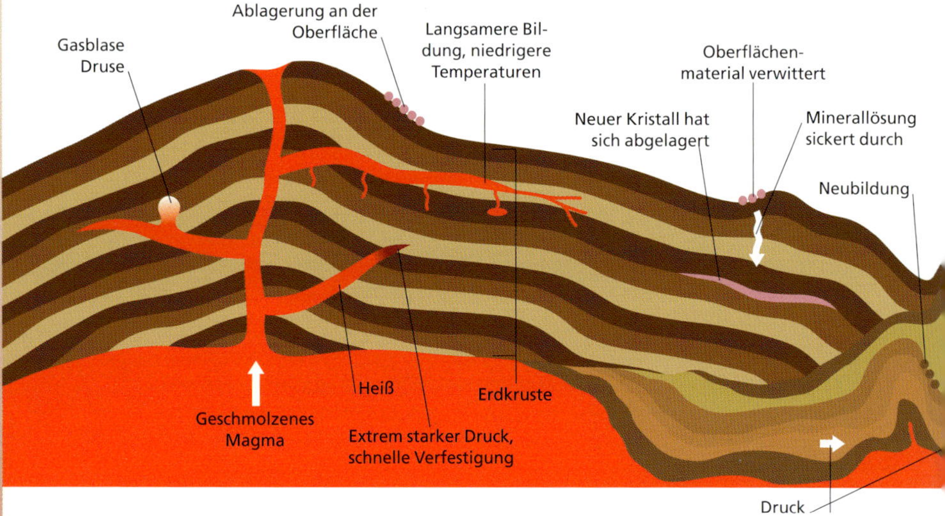

Ein Kristall ist ein fester Körper mit einer regelmäßigen geometrischen Form. Kristalle wurden im Zuge der Entstehung der Erde gebildet und ihre Metamorphose dauerte während der Veränderung des Planeten selbst an. Kristalle sind die DNA der Erde, eine Art chemisches Protokoll der Evolution. Winzige Speicher für Erinnerungen aus Jahrmillionen der Erdentwicklung, die das unwiderlegbare Gedächtnis an die mächtigen Kräfte bergen, die sie formten. Manche waren enormem Druck ausgesetzt, andere wuchsen tief unten in unterirdischen Kammern, manche lagerten sich schichtweise ab, wieder andere entstanden „tropfenweise". Dies alles wirkt sich auf Eigenschaften und Heilwirkung aus. Welche Form sie auch annehmen, ihre kristalline Struktur kann Energie absorbieren, speichern, bündeln und abgeben, vor allem im Bereich elektromagnetischer Wellen.

DAS KRISTALLGITTER

Bedingt durch chemische Unreinheiten, Strahlungen, Erd- und Sonnenemissionen sowie der individuellen Gegebenheiten bei der Entstehung hat jeder Kristall seine eigene spezifische „Note". Ein Kristall wird aus einer Reihe von Mineralien gebildet und anhand seiner inneren Struktur definiert, einem regelmäßigen, sich wiederholenden und arteigenen Gitter aus Atomen. Unter einem Mikroskop erkennt man: Ob eine kleine oder größere Probe eines Kristalls derselben Art – die innere Struktur ist absolut identisch.

Anhand dieses einmaligen geometrischen Kristallgitters werden Kristalle bestimmt. Das bedeutet, dass einige Kristalle (wie beispielsweise Aragonit) mehrere unterschiedlich aussehende und verschieden farbige Varietäten haben, die man auf den ersten Blick für unterschiedliche Kristalle halten könnte. Aber bei der Klassifizierung ist die Struktur wichtiger als das Mineral oder die Mineralien, aus denen ein Kristall besteht. Der Mineraliengehalt schwankt bisweilen leicht, wodurch sich erklärt, dass manche Kristalle in verschiedenen Farben vorkommen.

Aus demselben Mineral oder derselben Mineralzusammenstellung kann eine bestimmte Anzahl von Kristallen entstehen, aber jede Varietät kristallisiert auf ihre eigene Art und Weise. Ein Kristall ordnet sich symmetrisch um eine Achse. Die regelmäßigen Außenflächen sind der äußerliche Ausdruck der inneren Ordnung. Alle Flächenpaare stehen in exakt demselben Winkel zueinander. Die innere Struktur einer jeden Kristallformation ist konstant und verändert sich nicht.

Kristalle werden aus einer von sieben möglichen geometrischen Formen gebildet: Dreieck, Quadrat, Rechteck, Sechseck, Rhombus, Parallelogramm und Trapez. Die möglichen Kristallformen, deren Bezeichnungen auf ihrer inneren Geometrie basieren, setzen sich aus diesen Formen zusammen. Ein hexagonaler Kristall besteht, wie der Name vermuten lässt, aus dreidimensional angeordneten Sechsecken. Mehrere Quadrate bilden einen kubischen, Dreiecke einen trigonalen und Rechtecke einen tetragonalen Kristall.

Rhomben hingegen bilden einen orthorhombischen Kristall, Trapeze trikline und Parallelogramme monokline Kristalle. Die äußere Form eines Kristalls spiegelt nicht notwendigerweise seine innere Struktur wider.

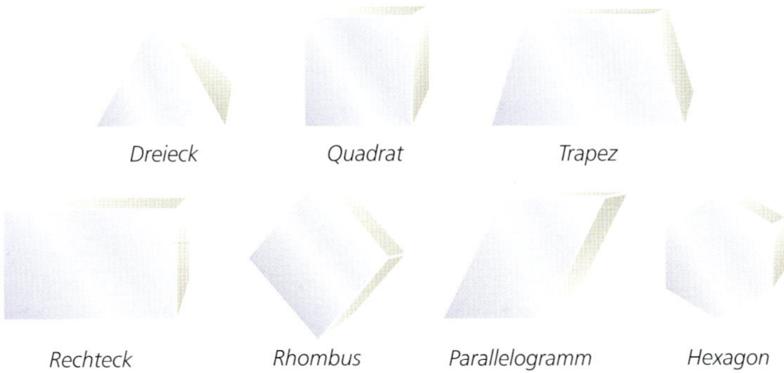

Herzstück eines Kristalls ist das Atom mit seinen Bestandteilen. Ein Atom ist dynamisch. Es ist kontinuierlich in Bewegung und setzt sich aus um einen Mittelpunkt rotierenden Teilchen zusammen. Auch wenn ein Kristall von außen reglos scheinen mag, so handelt es sich doch um eine aktive und in einer bestimmten Frequenz schwingende molekulare Masse. Dadurch erhält der Kristall seine Energie.

DIE ERDKRUSTE

Am Anfang war die Erde eine wirbelartige Gaswolke, die sich verdichtete, einen Gasball bildete und sich schließlich zu einer heißen, glühenden Kugel zusammenzog. Nach und nach erkaltete eine dünne Schicht dieser flüssigen Materie – Magma – im Laufe von unendlich vielen Jahren und es entstand die Erdkruste.

Das Verhältnis Erdkruste – Magmamasse entspricht an einem Apfel veranschaulicht in etwa dem Verhältnis Schale – Fruchtfleisch. Unter der Kruste kocht die heiße, flüssige und mineralienreiche Magma weiter, Blasen und neue Kristalle entstehen.

Manche Kristalle wie beispielsweise Quarz entstehen aus den Feuergasen und den geschmolzenen Mineralien der Erdmitte. Als Heißdampf steigen sie zur Oberfläche empor, angetrieben von Druckkräften, die ihrerseits durch Bewegungen der mächtigen Erdplatten erzeugt werden.

Wenn Gase die Kruste durchdringen und auf festes Gestein treffen, kühlen sie ab und schlagen sich nieder. Dieser Prozess kann sehr lange dauern oder sich sehr rasch und heftig vollziehen.

Geht der Prozess sehr langsam vonstatten oder wächst der Kristall in einer Gasblase, können große Kristalle entstehen. Bei schnellen Abläufen entstehen kleine Kristalle. Verläuft der Prozess schubweise, können Phantom-Kristalle oder selbstheilende Kristalle entstehen. Ist dieser Prozess außergewöhnlich schnell, bildet sich eher eine glasartige Substanz wie Obsidian. Kristalle wie Aventurin oder Peridot entstehen aus flüssiger Magma bei hohen Temperaturen. Andere wie Topas und Turmalin entstehen, wenn Gase durch benachbarte Felsen dringen.

Wieder andere Formen werden dann gebildet, wenn Magma soweit erkaltet, dass Wasserdampf zu einer Flüssigkeit kondensiert. Aus dieser mineralienreichen Lösung lagern sich Kristalle wie Aragonit und Kunzit ab. Dringt die Lösung durch Risse in das umgebende Felsgestein ein, so kann sie sehr langsam abkühlen und die Mineralien lagern sich in großen Kristallen und Drusen ab, Beispiele dafür sind Chalzedon und Amethyst.

Aragonit („Sputnik"-Form)

Kristalle wie Granat entstehen tief im Erdinnern, wenn Mineralien schmelzen und unter erheblichem Druck und starker Hitze erneut kristallisieren. Man bezeichnet sie als Metamorphite, denn sie haben eine chemische Verwandlung durchlaufen, in deren Verlauf das ursprüngliche Kristallgitter neu zusammengesetzt wurde.

Kalzite und andere Sedimentgesteine entstehen im Zuge eines Erosionsprozesses. An der Oberfläche befindliches Gesteinsmaterial verwittert, mineralisiertes Wasser tropft oder rinnt durch Gestein und Verwitterungsprodukte lagern sich als Kristalle ab, oder aber die Mineralien verbinden sich und lagern sich in Schichten auf einem „Muttergestein" ab; sie neigen zu einer weicheren Textur.

Oft werden Kristalle noch auf dem Muttergestein gefunden, auf dem sie wuchsen oder in einem Konglomerat fest miteinander verbunden sind. Dieses Muttergestein nennt man Matrix.

KRISTALLSCHMUCK

Kristalle sind äußerst dekorativ, insbesondere die geschnittenen und polierten. Manche sind auch in ihrem natürlichen Zustand atemberaubend. Heute findet man eine Vielzahl von Schmuckgegenständen mit vielen verschiedenen Edelsteinen auf dem Markt, die allesamt ihre Umgebung bereichern, vor allem, wenn man sie auch aufgrund ihrer Heil-Eigenschaften auswählt.

Edelsteine wie Smaragde und Saphire sind lebhaft und eignen sich hervorragend für Damen-, aber auch für Herrenschmuck. Alle Kristalle aber tun ihrer Umgebung gut und sehen dazu auch noch wundervoll aus. Ein sorgsam platzierter Kristall kann seine Umgebung auf geradezu magische Art und Weise verwandeln.

Früher war das Tragen von Edelsteinen Königen und Priestern vorbehalten. Der jüdische Hohepriester trug eine mit Edelstein besetzte Brustplatte, die weit mehr war als ein Amtszeichen – sie verlieh dem, der sie trug, Macht. Bis in die Steinzeit zurück reicht der Brauch, zur Zierde und zum Schutz Kristallschmuck und Talismane zu tragen.

Heute haben Kristalle noch stets dieselbe Kraft und man kann Schmuck auch nach anderen Kriterien als nach ihrem Aussehen auswählen. Kristalle zu tragen oder auch nur, sich mit Kristallen zu umgeben, kann die Energie steigern (orangefarbener Karneol), die Umgebung reinigen (Bernstein) und Wohlstand bringen (Zitrin). Mit Bedacht aufgestellte Kristalle können Ihr Leben verändern. Sie können Steine auswählen, die Ihre Intuition verbessern (Apophyllit), mentale Fähigkeiten steigern (grüner Turmalin) und Ihr Selbstvertrauen stärken (Hämatit), für Fülle (Tigerauge) und Heilung (Zinkspat) stehen oder helfen, Liebe zu finden (Rhodonit).

uchquarz Elestial

SCHUTZSTEINE

Bestimmte Kristalle wie beispielsweise Rauchquarz und schwarzer Turmalin haben angeblich die Fähigkeit, Negativität und elektromagnetischen Smog zu absorbieren. Sie setzen reine, klare Energie frei. Schwarzer Turmalin um den Hals getragen schützt vor elektromagnetischen Strahlungen, einschließlich der Strahlungen von Mobiltelefonen und Computern, und wehrt psychische Angriffe ab. Bernstein- und Jadeschmuck schützt ebenfalls Ihre Energien. Eine große Rauchquarzstufe oder eine geschliffene Spitze kann als Objekt an sich wunderschön sein – fast übersieht man den praktischen, reinigenden Zweck. Stellen Sie einen solchen Kristall zwischen sich und der Elektrosmog-Quelle bzw. der Quelle der geopathischen Belastung auf oder platzieren Sie ihn auf dem Schreibtisch. Eine Amethystdruse hat denselben Effekt. Wenn Sie das Gefühl haben, der Computer schwäche Sie, stellen Sie eine Fluoritstufe oder einen strahlenden Lepidolit daneben. Sie werden begeistert sein, wie anders Sie sich fühlen, und die Arbeit mit dem Computer geht harmonischer vonstatten.

SCHÖNHEIT

Eine große Zitrindruse sieht wunderschön aus. Dieses herrliche Objekt bringt angeblich nicht nur Wohlstand in Ihr Leben, sondern unterstützt Sie auch dabei, ihn zu erhalten. Stellen Sie ihn in der Wohlstandsecke Ihres Heims auf (die linke hintere Ecke, die am weitesten von der Eingangstür entfernt ist).

Zitrindruse

Selenit

Selenit zählt zu den neueren Steinen. Die reine weiße, fein geriffelte Erscheinungsform hat etwas Engelhaftes und so überrascht es nicht, dass er positive Energie in Ihr Leben bringt. Selenit kann Sie mit der Bestimmung Ihrer Seele verbinden. Sie können Selenit unter Ihrem Kopfkissen bewahren, am schönsten kommt er jedoch zur Geltung, wenn eine Selenit-Säule auf einer hellen Box aufgestellt und von hinten von der Sonne beschienen wird.

Bei vielen transparenten Kristallen verstärkt sich die Wirkung, wenn man sie auf eine helle Box oder in das Sonnenlicht stellt. Aber Achtung: Bergkristall zum Beispiel bündelt die Sonnenstrahlen – Feuergefahr! Farbige Kristalle bleichen in der Sonne möglicherweise aus.

HALBEDELSTEINE

Halbedelsteine haben genau so viel Kraft wie Edelsteine. Einige findet man in mehreren Farben mit eventuell unterschiedlichen Merkmalen. Topas zum Beispiel – ein Stein, der Aufschluss über Ihr Lebensziel geben kann – wird gerne für Ringe verwendet. Die blaue Topasvarietät kann um den Hals getragen werden, denn sie fördert das Vermögen, Gedanken in Worte zu fassen.

Herkimer Diamanten stehen den richtigen Diamanten in Klarheit und Brillanz in nichts nach, kommen aber häufiger vor und sind erschwinglicher. Viele Herkimer Diamanten entfalten in ihrem Inneren wundervolle Regenbogen. Sie werden in Ohrringen verarbeitet, da sie die Intuition schärfen und die Kreativität steigern. Da ihre Kraft jedoch so intensiv ist, trägt man sie am besten nur einige Stunden lang im Ohr, da sie ansonsten Kopfsausen und Schlafstörungen hervorrufen können. Peridots werden als

Herkimer Diamant

„Smaragde der kleinen Leute" bezeichnet, dieser Stein jedoch hat die Kraft, Eifersucht und Zorn zu besänftigen, Stress zu verringern und negative Verhaltensmuster aufzubrechen. Wie viele andere Steine auch, ist er unpoliert unscheinbar, facettiert und poliert jedoch kann er einer Königin zur Zierde gereichen.

SUCHE NACH LIEBE

Sie suchen nach Liebe? Stellen Sie einen großen Rosenquarz in Ihrer Beziehungsecke auf (die Ecke hinten rechts, die von der Eingangstür am weitesten entfernt ist) oder legen Sie ein Stück neben Ihr Bett. Die Wirkung ist so mächtig, dass es ratsam ist, einen Amethyst zur Regulierung der Anziehungskraft hinzuzufügen. Auch Rhodochrositschmuck eignet sich: das weich gebänderte Rosa ist ebenso schön wie kraftvoll. Vielleicht bald schon wird Liebe Ihren Weg kreuzen.

Amethystdruse mit Schneekristall

HEILEN MIT KRISTALLEN

Malachit

Jahrtausendelang setzte man Kristalle ein, um zu heilen und auszugleichen. Sie wirken durch Resonanz und Schwingung. Um optimalen Nutzen aus dem Heilen mit Kristallen zu ziehen, bedarf es einer gründlichen Ausbildung oder aber einer Behandlung durch eine gut qualifizierte und erfahrene Person. Bei allgemeinen Beschwerden können Kristalle jedoch durchaus helfen; außerdem sind sie wirkungsvolle Erste-Hilfe-Heilmittel, insbesondere in Form von Essenzen (siehe Seite 343).

Einige Kristalle enthalten Mineralien, die für therapeutische Eigenschaften bekannt sind. Kupfer zum Beispiel bildet Schwellungen und Entzündungen zurück. Malachit besitzt eine hohe Kupferkonzentration, die bei Gelenk- und Muskelschmerzen Linderung verschafft. Durch das Tragen eines Malachitarmbandes kann der Körper winzige Kupfermengen aufnehmen, und zwar genau so, wie beim Tragen eines Kupferarmbandes. Im alten Ägypten wurde Malachit pulverisiert und zur Infektionsprophylaxe auf Wunden aufgetragen. Heute wird es als starkes Entgiftungsmittel eingesetzt, da es aber selbst giftig ist, darf es nur äußerlich angewendet werden. Die Eigenschaft giftiger Kristalle, entgiftend zu wirken, entspricht dem homöopathischen Prinzip „Gleiches wird durch Gleiches geheilt". Kristalle geben Substanzen, die in großen Mengen schädlich wären, in unendlich kleinen Dosen über Schwingungen ab.

In der modernen medizinischen Praxis kommen Kristalle zum Einsatz. Sie sind piezoelektrisch, das heißt: Elektrizität und bisweilen Licht werden durch Druck erzeugt. In Ultraschallgeräten wird diese Eigenschaft genutzt. Sie erzeugen mit einem piezoelektrischen Kristall eine Schallwelle. Heutzutage wird dies in der chirurgischen Spitzentechnologie eingesetzt. Stark gebündelte Ultraschallstrahlen sind in der Lage, ohne Eingriffe Wunden tief im

Körperinnern zu verätzen und Tumore zu zersprengen. Schamanen und Steinheiler früherer Zeiten waren intuitiv vertraut mit der Fähigkeit von Kristallen, Schall und Licht in einem konzentrierten Strahl zu bündeln, und machten sie sich bei der Heiltätigkeit zunutze. Lässt man eine Kristallfläche auf der Haut kreisen, wird Druck erzeugt, der wiederum ein Strahlenbündel auf das darunter liegende Organ freisetzt.

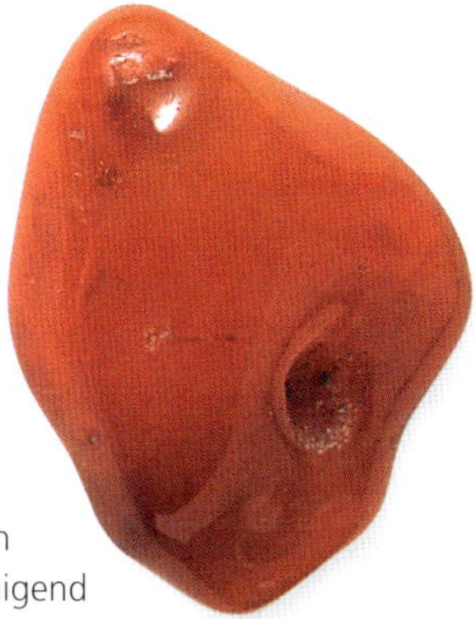

Karneol

Frühere Heiler wussten noch mehr: Neben den Kristallen, die entweder stimulierend oder beruhigend wirken, existieren auch Kristalle, die über beide Fähigkeiten verfügen, die also gleichzeitig überaktive Organe beruhigen und träge Organe anregen. Ein gutes Beispiel ist der sowohl positiv als auch negativ geladene Magnetit. Es beruhigt ein über- und stimuliert ein unteraktives Organ. Manche Kristalle heilen schnell, möglicherweise aber nicht problemlos, während andere sehr viel langsamer arbeiten. Wenn Sie etwas gegen Schmerzen unternehmen wollen – Schmerzen sind ein Signal dafür, dass in Ihrem Körper etwas nicht stimmt – so sind Kristalle ein probates Mittel. Schmerz kann das Ergebnis eines Energieüberschusses, einer Blockade oder einer Schwäche sein. Ein kühler, beruhigender Kristall wie Lapislazuli oder Rosenquarz beruhigt Energie, während Karneol Energie anregt und Bergkristall hervorragend gegen Schmerz jeglicher Ursache ist.

Kristalle wirken gegen Kopfschmerzen. Lapislazuli befreit von Migränekopfschmerzen. Sie müssen jedoch die Ursache des Kopfschmerzes kennen. Ist er stressbedingt, so hilft es, Amethyst, Bernstein oder Türkisgestein auf die Braue zu legen. Hängt der Kopfschmerz mit Lebensmitteln zusammen, so können etwa Mondstein oder Zitrin beruhigend auf den Magen wirken. In jedem Fall sollten Sie einen Arzt aufsuchen, um die Ursache abzuklären.

Lapislazuli

GANZHEITLICHES HEILEN

Kristalle heilen ganzheitlich. Das heißt, sie wirken auf der physischen, emotionalen, mentalen und der spirituellen Ebene. Sie bringen subtile Energien wieder in ihre richtige Bahn und lösen Leiden, indem sie zur Ursache vordringen. Kristalle arbeiten durch Schwingungen, und bringen die biomagnetische Hülle wieder ins Gleichgewicht, die den physischen Körper umgibt und völlig durchdringt. Sie aktivieren Verknüpfungspunkte mit den Chakren, die die Dynamik im Körper regulieren (siehe Seite 338). Viele Zustände physischen und psychischen Leidens können dadurch verbessert werden, dass die Chakren wieder ins Gleichgewicht kommen.

Die meisten Krankheiten sind das Ergebnis einer Reihe von Faktoren. Auf feinstofflichen Ebenen spielt sich das Leiden ab. Es kann emotionaler oder mentaler Art sein, ein Zeichen für spirituelle Unruhe oder Bindungslosigkeit. Zwischen physischem Körper und biomagnetischer Hülle können falsch ausgerichtete Verbindungen bestehen. Andere energetische Störungen können durch Umweltfaktoren wie Elektrosmog oder geopathische Belastungen ausgelöst werden. Ein schwarzer Turmalin oder ein Rauchquarzkristall zwischen Ihnen und der Quelle der geopathischen oder elektromagnetischen Belastung kann Ihr Leben auf grundlegende Art und Weise verändern. Eventuell müssen Sie sich jedoch tiefer mit der Ursache des Leidens beschäftigen. Kristalle arbeiten an der Ursache, weniger an einer Verbesserung der Symptome.

Larimar

Legen Sie zehn bis 30 Minuten lang Kristalle auf Ihren Körper oder um den Körper herum (Anordnungsbeispiele siehe S. 339 und 346) oder setzen Sie Kristalle bei der Reflexzonenmassage zur Stimulierung der Punkte auf den Fußsohlen ein. Hier ist Larimar außerordentlich hilfreich, denn er lokalisiert die Quelle des Leidens. Ovale Kristalle (siehe S. 316) setzt man auch an den Füßen ein. Stabförmige Kristalle eignen sich gut, um einen Punkt auf dem Körper zu stimulieren. Durch sanft kreisende Bewegungen entfernen Sie Schmerzen und Leiden. Im Kristallverzeichnis finden Sie Heilsteine zur Behandlung von Krankheiten und Unausgewogenheiten auf allen Ebenen.

Seit Jahrtausenden ordnet man bestimmten Körperteilen und Organen bestimmte Kristalle zu (siehe S. 340). Viele dieser Zuordnungen gehen auf traditionelle westliche und östliche Methoden zurück. In der traditionellen chinesischen Medizin und dem indischen Ayurveda – beide über 5000 Jahre alt – werden auch heute in ärztlichen Rezepten immer noch Heilsteine aus Rezepten antiker Textquellen verwendet. Über Hämatit wird beispielsweise gesagt, er beruhige den Geist und bekämpfe Schlafstörungen. Er wird ebenfalls bei Blutkrankheiten eingesetzt, da man davon ausgeht, er kühle das Blut und stoppe Blutungen. Moderne Heiler arbeiten bei diesen Krankheiten ebenfalls mit Hämatit.

Obsidianstab

Rosenquarzherz

Rauchquarzstab

Amethyststab

Rosenquarzstab

DIE AUSWAHL EINES HEILSTEINES

Angelit

Bei der Auswahl von Heilsteinen arbeiten Sie sich vom Symptom zur tieferen Ursache vor (vorzugsweise beraten von einem qualifizierten Steinheiler). In den Einträgen im Kristallverzeichnis wird jeweils erläutert, was der betreffende Stein auf der physischen, emotionalen, psychischen, mentalen und spirituellen Ebene bewirkt. Im Register finden Sie umfassende Querverweise, um Symptome den relevanten Kristallen zuzuordnen. Handelt es sich bei dem Symptom also beispielsweise um ein Verdauungsproblem, kann zur Heilungsunterstützung eine Zitrinspitze verwendet werden. Auf den Unterleib gelegt oder am kleinen Finger getragen (der mit dem Verdauungsmeridian verbunden ist), kann sie den Verdauungsapparat beruhigen. Der Heilstein wirkt direkt auf den physischen Körper. Auf einer tieferen Ebene jedoch hängen Verdauungsprobleme möglicherweise mit irgendeinem Mangel zusammen. Geldsorgen äußern sich angeblich häufig in Form von körperlichem Leiden. Zitrin ist ein Wohlstandsstein. Er bringt Reichtum und Überfluss in Ihr Leben (vor allem, wenn Sie ihn in die am weitesten von der Eingangstür entfernte linke Ecke Ihres Heims stellen). Zitrin gibt beim Tragen neue Energie, regt Motivation und Kreativität an, und das wiederum führt zu Wohlstand. Auf einer noch tieferen Ebene sind Geldsorgen oft auf das Gefühl der fehlenden Unterstützung durch das Universum zurückzuführen. Diese Angst ist in erster Linie kein emotionales Leiden, sondern vielmehr spirituelle Bindungslosigkeit. Durch die Fähigkeit des Zitrin, das Scheitelchakra (Sitz der spirituellen Verbindung) zu aktivieren, gelingt es Ihnen möglicherweise, Ihr Vertrauen in das Leben zu stärken.

Zitrin

Sobald Sie spirituelle Bindungslosigkeit als die mutmaßliche ursächliche Wurzel für Ihr Leiden ermittelt haben, möchten Sie vielleicht nach anderen Kristallen schauen, die diese Ebene Ihres Seins unterstützen. Petalit und Phenazit sind beispielsweise solche Steine. Phenazit hilft dabei, Spirituelles im Alltag zu verankern. Ist dies jedoch Ihre erste Erfahrung im Umgang mit Heilsteinen, so ist er vielleicht zu kraftvoll für Sie. Angelit oder Coelestin sind in einem solchen Fall eventuell eine bessere Wahl.

Brauner Coelestin

Da manche Kristalle einander unterstützen, andere sich jedoch gegenseitig hemmen, ist beim Heilen mit Steinen Vorsicht geboten. Befragen Sie im Zweifelsfall einen qualifizierten Heiler oder Heilpraktiker und klären Sie Krankheitsbilder mit Ihrem behandelnden Arzt ab.

KRISTALLE ERWERBEN

Am besten kaufen Sie Ihren Heilstein in einem Geschäft vor Ort, in dem Sie nach Herzenslust stöbern können. Üblicherweise führen die gelben Seiten solche Geschäfte in den Rubriken Kristalle, Edelsteine oder Mineralien auf. Auch das Internet kann Ihnen den Weg weisen, allerdings stoßen Sie dort auf Hunderttausende von Einträgen und man braucht unter Umständen Zeit und Ausdauer, um die Suche entsprechend einzuschränken. Ferner gibt es Messen zu den Themen Bewusstsein-Körper-Geist und Heilen sowie für Kristalle und Mineralien, auch dort kann man Kristalle erwerben. Sie werden in den entsprechenden Fachzeitschriften und in der örtlichen Presse angekündigt.

DIE AUSWAHL

Im vorliegenden Buch finden Sie bekannte und unbekannte Kristalle, die Sie noch nie zuvor gesehen haben. Bei einer solchen Vielfalt mag die Entscheidung schwierig sein, welcher Stein für Sie richtig ist. Handelt es sich um ein Geschenk, ist der Fall klar. Wenn Sie sich selbst einen Kristall kaufen möchten, ist es wichtig, sich zunächst in diesem Buch zu informieren.

Wenn Sie einen Kristall für einen bestimmten Zweck suchen, so helfen Ihnen Kristallverzeichnis und Register dabei, den Passenden zu finden. Stellen Sie mit Hilfe des Registers die in Frage kommenden Steine zusammen und prüfen Sie sie anschließend anhand des Kristallverzeichnisses. Wenn Sie keinen bestimmten Zweck verfolgen, sondern einfach nur die Vorstellung mögen, einen Kristall zu tragen, dann kann Ihr Geburtsdatum ein guter Ausgangspunkt sein. Auf den Seiten 336 – 337 finden Sie Ihre Geburtssteine. Wählen Sie beispielsweise einen Stein, der sich auf Ihr Sternzeichen bezieht und Energien erdet.

Man kann die Entscheidung auch ganz willkürlich treffen. Vertrauen Sie Ihrer Intuition. Blättern Sie das Kristallverzeichnis durch, bis ein Stein Ihre Aufmerksamkeit gewinnt und kaufen Sie einen solchen Stein. Im Geschäft sind mit Sicherheit mehrere Exemplare desselben Typs vorhanden, so dass Sie wählen können. Der Stein, der Sie anspricht, ist auch der Richtige (Kaufen Sie niemals in einem Geschäft, in dem man Sie die Steine nicht zuerst in die Hand nehmen lässt, und vergewissern Sie sich bei einem Kauf über das Internet, dass Sie den Kristall bei Nichtgefallen wieder zurücksenden können. Siehe S. 27). Nehmen Sie mehrere Steine in die Hand, lassen Sie es geschehen, dass Sie sich zu einem Stein hingezogen fühlen. Tauchen Sie die Hand in ein Gefäß mit Steinen, bis ein Stein Ihre Finger sucht. Wenn Sie ein Prickeln spüren, dann ist es Ihr Stein. Denken Sie daran, dass Größe oder Schönheit nicht unbedingt mit Kraft gleichzusetzen sind. Kleine, unbearbeitete Steine können sehr effektiv sein.

Vergessen Sie nicht, Ihren Kristall vor Gebrauch zu reinigen (siehe S. 31).

KRISTALLE PROGRAMMIEREN

Kristalle müssen für die ihnen zugedachte Aufgabe vorbereitet werden. Stimmen Sie sich auf einen neuen Kristall ein, sobald er gereinigt ist (siehe S. 30 – 31), denn das bündelt seine Energie.

Halten Sie den Kristall in der Hand, stellen Sie sich vor, wie Licht ihn umgibt (falls Ihnen die Vorstellung schwer fällt, halten Sie die Hände vor eine Lichtquelle). Sagen Sie laut: „Diesen Kristall widme ich dem höchsten aller Werte. Möge er in Licht und Liebe eingesetzt werden".

Halten Sie Ihren Kristall zum Programmieren in der Hand. Öffnen Sie sich innerlich. Denken Sie an die Aufgabe des Kristalls. Seien Sie präzise. Soll er Liebe anziehen, beschreiben Sie genau, welche Art von Liebe Sie suchen. Wenn Sie auf Genesung hoffen, beschreiben Sie genau, um was es geht und was eintreten soll. Stimmen Sie sich auf den Kristall ein, nachdem Sie ihn programmiert haben. Vergewissern Sie sich, dass dies genau der richtige Kristall für diese spezielle Aufgabe ist. Wenn Sie eine Resonanz zum Kristall hergestellt haben, sagen Sie mit lauter Stimme: „Ich programmiere diesen Kristall für [Aufgabe]."

Legen Sie den Kristall dann an einen Ort, an dem Sie ihn oft sehen, oder tragen Sie ihn in der Hosentasche bei sich. Es kann nützlich sein, ihn zwei oder drei Mal pro Tag oder sogar öfter in die Hand zu nehmen. Eventuell müssen Sie die Programmierung mehrmals wiederholen.

Kristalle reagieren sehr stark. Halten Sie den Kristall beim Programmieren oder Auswählen in der geöffneten Hand.

KRISTALLPFLEGE

Viele Kristalle können zerbrechen oder bröckeln. Kristalle, die in Schichten oder Stufen gewachsen sind, können sich voneinander lösen, Selenit ist beispielsweise wasserlöslich. Polierte Flächen oder natürlich gewachsene Spitzen sind schnell zerkratzt oder beschädigt. Trommelsteine sind strapazierfähiger. Endlose Stunden lang werden sie in feinem Kies bewegt und erhalten eine robuste Oberfläche. Trommelsteine kann man zusammen in einem Säckchen aufbewahren, andere Kristalle aber sollten einzeln gelagert werden.

Hüllen Sie Kristalle in einen Seiden- oder Samtschal, wenn sie nicht benutzt werden. So werden sie nicht zerkratzt und nehmen keine fremden Strahlungen auf. Kristalle müssen nach dem Kauf und nach Heilbehandlungen gereinigt werden. Reinigen Sie stets Schmuck, den Sie von anderen Menschen erhalten haben, denn er könnte deren negative Schwingungen in sich tragen und an Sie weitergeben.

Einige wenige Kristalle müssen nie gereinigt werden. Zitrin, Kyanit und Azeztulit sind selbstreinigend. Bergkristall und Karneol reinigen andere Kristalle und eignen sich besonders für empfindliche, bröckelige Steine. Eventuell bedürfen sie anschließend einer Selbstreinigung.

Trommelsteine kann man in einem Säckchen aufbewahren.

REINIGUNG DER KRISTALLE

Kristalle, die weder bröckelig noch miteinander verbunden sind, können unter fließendem Wasser, im Meer oder in Salzwasser gereinigt werden. Konzentrieren Sie sich während dieser Tätigkeit darauf, dass alles Negative abgewaschen und der Kristall wieder aufgeladen werden soll. Man kann einen Kristall auch aufladen, indem man ihn einige Stunden lang ins Sonnen- oder Mondlicht legt, vorausgesetzt, er zählt nicht zu den Arten, die unter Lichteinwirkung Farbe verlieren. Außerdem ist auf die Bündelung der Strahlen zu achten, damit sie kein Feuer entzünden. Beachten Sie in diesem Zusammenhang den Lauf der Sonne im Zeitraum eines Tages.

Bröckelige Kristalle oder Kristallstufen kann man über Nacht in Meersalz oder Salzkristalle legen. Bürsten Sie anschließend alle Salzkrümel vorsichtig ab, da diese insbesondere in Verbindung mit Feuchtigkeit den Kristall beschädigen könnten.

Bestimmte Kristalle besitzen die Fähigkeit, andere Kristalle zu reinigen. Geben Sie einen Karneol in ein Säckchen mit Trommelsteinen, und Sie müssen sie niemals auf eine andere Art und Weise reinigen. Kleine Kristalle kann man über Nacht auf eine Bergkristallstufe legen.

Man kann Kristalle durch Rauchschwaden langsam verbrennender Kräuter oder eine Kerzenflamme führen oder aber sie Licht umgeben visualisieren, wodurch sie gereinigt und aufgeladen werden. Mit am einfachsten geht die Reinigung eines Heilsteins mit einem eigens dafür entwickelten Reiniger, den man über das Internet beziehen kann. Man braucht lediglich ein, zwei Tropfen davon auf den Kristall geben oder mit einem Zerstäuber Wasser, das einige Tropfen des Reinigers enthält, aufsprühen. Es schadet bröckeligen Kristallen nicht, wenn es nur leicht aufgesprüht wird.

Reinigen Sie Kristalle in Wasser oder Salz.

KRISTALLMEDITATION

Einer der leichtesten Wege, sich auf den Kristall einzustellen, ist die Kristallmeditation. Reinigen Sie den Kristall zuvor, damit seine Energien rein sind. Die Meditation dient dazu, die Unruhe in unserem Kopf abzuschalten. Meditation bewirkt viel Positives – Stressreduzierung, Blutdrucksenkung usw. – und darüber hinaus bekommt man durch die Meditation einen Zugang zu den Kristallen. In der Stille der Meditation teilen sich die Kristalle mit.

Meditation ist, als öffne man die Tür zu einer anderen Welt, insbesondere, wenn Sie einen Kristall mit Zeichnungen und Einschlüssen gewählt haben. Sie verlieren sich im Kristall. In dem Frieden, der darauf folgt, steigen Lösungen und Erkenntnisse in Ihr Bewusstsein auf. Es ist ratsam, immer abwechselnd mit den Kristallen zu meditieren. Nehmen Sie sich ein paar Tage Zeit, sich auf den jeweiligen Kristall einzustellen und ihn vollends kennen zu lernen.

Manch einer hat gerne einen „Kristalltag", an dem er eine Resonanz zu jedem seiner Kristalle herstellt. Fangen Sie mit den roten Kristallen an, um neue Energie zu tanken und wach zu werden. Folgen Sie dann dem Regenbogenspektrum über Orange, Gelb, Grün, Blau, Rosa, Violett zu den farblosen Kristallen. So erreichen Sie die höchste Kristallschwingung und Sie fühlen sich möglicherweise geradezu euphorisch. Vielleicht ist es nötig, Ihre Energien mit einem der schwarzen Kristalle zu erden. Es ist wichtig, die Energien nach der Meditation zu erden, denn Sie könnten sich sonst wie abgehoben und nicht „im Hier und Jetzt" fühlen. Boji-Steine sind dafür wie geschaffen, denn Sie bringen Sie sofort bestimmt aber dennoch behutsam in Ihren Körper zurück und Sie sind sofort wieder ganz präsent.

Achat

Bernstein

Sulphur

Peridot

Achat

Amethyst

Fluorit

ANLEITUNG ZUR KRISTALLMEDITATION

Sorgen Sie dafür, dass Sie weder vom Telefon noch von anderen Faktoren gestört werden und machen Sie es sich mit Ihrem Kristall bequem. Nehmen Sie ihn in beide Hände oder stellen Sie ihn vor sich auf einen niedrigen Tisch.

Atmen Sie ruhig. Das Ausatmen dauert etwas länger als das Einatmen. Lassen Sie beim Ausatmen allen Stress und jegliche womöglich empfundene Anspannung mit ausströmen. Beim Einatmen lassen Sie Frieden mit der eingeatmeten Luft direkt durch Ihren Körper strömen. Lassen Sie Ihren Atem einen ruhigen Rhythmus finden.

Schauen Sie Ihren Kristall konzentriert an, ohne zu starren. Nehmen Sie seine Farbe wahr, seine Form, und falls Sie ihn in den Händen halten, sein Gewicht. Spüren Sie, wie die Schwingung in Ihre Hände übergeht. Erschließen Sie sich Ihren Kristall und entdecken Sie sein Inneres. Schließen Sie die Augen, wenn Sie dies beendet haben. Betrachten Sie still die Energien des Kristalls und lassen Sie sich von ihm über sein Wesen belehren.

Öffnen Sie nach Beendigung der Meditation die Augen und legen Sie den Kristall beiseite. Stellen Sie Ihre Füße fest auf den Boden. Nehmen Sie einen Rauchquarz oder einen Boji-Stein in die Hand, um sich zu erden.

KRISTALLVERZEICHNIS

Kristalle kommen in allen erdenklichen Formen und Größen vor. Ein und derselbe Kristall kann in mehreren Varietäten oder Farben vorkommen oder unter mehreren Bezeichnungen bekannt sein. Viele Kristalle werden durch Schneiden oder Polieren schöner, in unbearbeitetem Zustand sind sie jedoch nicht weniger wirkungsvoll. Ein Kristall in seinem Rohzustand ist nicht einfach zu bestimmen, da viele seiner Charakteristiken nicht so offensichtlich ins Auge fallen.

Sie finden im vorliegenden Verzeichnis Abbildungen, die Heilsteine in unterschiedlichen Formen und Farben zeigen, damit es leichter fällt, sie zu erkennen. Sie können sehen, wie ein grober Kristall aussieht, nachdem er geschnitten und facettiert oder in der Trommel bearbeitet wurde. Sie finden große Kristallstufen und kleine Spitzen, polierte Handschmeichler und Drusen.

Mit Kristallen kann man Heilen und die Umgebung oder auch sich selbst schmücken. Ihre subtilen Schwingungen wirken auf die physische, emotionale, mentale, psychische und letztlich auch auf die spirituelle Ebene des Seins ein. Sie bringen besondere Fähigkeiten zum Vorschein und öffnen das Tor zum spirituellen Verständnis. Dieses Verzeichnis enthält das gesamte praktische Wissen, das Sie benötigen, um Zugang zu den wundersamen Eigenschaften der Steine zu finden und sie zum größtmöglichen Nutzen anzuwenden.

MERKMALE DER KRISTALLE

In diesem Abschnitt finden Sie jeweils alle erforderlichen Informationen über die allgemeinen Merkmale der Kristalle und ihre Wirkung. Außerdem wird auf die Verwendung als Heilsteine eingegangen. Im Register finden sich entsprechende Querverweise. Zudem erfahren Sie, wie und wo ein Kristall aufzustellen oder anzuwenden ist, um seine Wirkung vollends zu entfalten.

Jeder Kristall ist mit allen Farbvarianten und den verschiedenen Bezeichnungen, unter denen er bekannt ist, eingetragen. Gibt es mehr als eine Farbe oder eine Varietät mit zusätzlichen Eigenschaften, so kommen diese Angaben am Ende des Haupteintrags zur Sprache. Die allgemeinen Eigenschaften eines jeden Kristalls werden also unter der Überschrift aufgeführt, dann folgen die besonderen Merkmale.

Das Verzeichnis kann auch bei der Auswahl eines Heil- oder Schutzkristalls bzw. eines Kristalls mit sonstiger Funktion zu Rate gezogen werden. Hier ist das Register von Nutzen. Schlagen Sie unter der Krankheit nach, die Sie mit einem Heilstein behandeln wollen. Vermutlich werden Sie auf mehrere Seiten verwiesen. Betrachten Sie die betreffenden Kristalle abwechselnd und achten Sie darauf, welcher Sie am stärksten anspricht. Dieser ist am besten geeignet.

Chalzedondruse

KRISTALLE BESTIMMEN

In der Tabelle unter der Überschrift sind stets die Herkunft und die Farben, in denen er erscheint, sowie Aussehen und Größe aufgeführt. Wenn Sie also einen Kristall finden oder geschenkt bekommen, können Sie ihn bestimmen.

Schauen Sie einen zu bestimmenden Kristall ganz genau an. Achten Sie auf Form und Farbe. Hat er farblose Kristalle mit facettierten Spitzen? Ist er unbearbeitet, oder glatt getrommelt? Ist er dicht und körnig oder durchscheinend? Blättern Sie die Abbildungen durch, bis Sie zu der Darstellung kommen, die Ihrem Stein am stärksten ähnelt. Die Fotos im Verzeichnis geben viele, aber nicht alle Farben wider, in denen ein Kristall zu finden ist. Sieht Ihr Kristall im Grunde einem abgebildeten Kristall ähnlich und ist seine Farbe in der Tabelle aufgeführt, er selbst aber nicht mit abgebildet, so ist die Bestimmung sehr wahrscheinlich korrekt (in Zweifelsfällen wird man Ihnen in den meisten Kristall-Fachgeschäften gerne weiter helfen).

Blauer Chalzedon

ACHAT

Natürlicher Achat (Scheibe)

FARBE	Farblos oder milchig-weiß, grau, blau, grün, rosa, braun, oft künstlich gefärbt
AUSSEHEN	Wachsartig und weich, normalerweise gebändert, manchmal durchscheinend mit kleinen Kristallen, unterschiedliche Größen. Wird häufig in Scheiben und künstlich gefärbt verkauft, was keine zusätzliche Heilwirkung besitzt.
HÄUFIGKEIT	Verbreitet
HERKUNFT	USA, Indien, Marokko, Tschechische Republik, Brasilien, Afrika

MERKMALE Achat wird aus mikroskopisch kleinen Quarzkristallen gebildet, die sich schichtweise in Bändern ablagerten und ist ein sehr stabiler Kristall. Achate erden und bringen Gefühl, Körper und Verstand ins Gleichgewicht. Sie helfen dabei, physische Energie zu zentrieren und zu stabilisieren.

Achat hat die Kraft, Yin und Yang zu harmonisieren – die positiven und negativen Kräfte, die das Universum zusammenhalten. Ein beruhigender, ausgleichender Stein. Achat wirkt langsam, gibt aber viel Stärke. Die zahlreichen Schichten können verborgenes Wissen an den Tag bringen.

In psychischer Hinsicht hilft Achat, sich selbst zu akzeptieren, und das steigert das Selbstvertrauen. Er unterstützt Prozesse der Selbstanalyse, die Wahrnehmung verborgener Tatsachen und macht Sie auf Quellen des Leidens aufmerksam, die das Wohlbefinden beeinträchtigen.

Achate verbessern mentale Funktionen, denn sie fördern Konzentration, Wahrnehmung und analytische Fähigkeiten und führen zu zweckmäßigen Lösungen. Der Achat liebt die Aufrichtigkeit und macht Mut, die eigenen Wahrheiten auszusprechen. Achate mit farblosen Kristallen können das Gedächtnis anregen.

In emotionaler Hinsicht überwindet dieser Kristall negative Gefühle und Bitterkeit des Herzens. Er versöhnt inneren Ärger, pflegt die Liebe und ermutigt zu einem neuen Versuch. Er hilft bei emotionalen Traumata aller Art. Er vermittelt ein Gefühl der Sicherheit, indem er innere Spannungen löst.

In spiritueller Hinsicht erhebt Achat das Bewusstsein, verbindet mit dem kollektiven Bewusstsein und der Achtsamkeit vor der Einheit allen Lebens. Er ist der stillen Kontemplation und der Assimilation von Lebenserfahrungen zuträglich und führt zu spirituellem Wachstum und innerer Stabilität.

HEILWIRKUNG Achat stabilisiert, indem er negative Energien entfernt und umwandelt. Die reinigende Wirkung soll auf körperlicher und emotionaler Ebene sehr kraftvoll sein. Wird er in der Höhe des Herzens aufgelegt, heilt er emotionale Probleme, die dem Vermögen im Wege stehen, Liebe anzunehmen. Durch Auflegen auf den Bauch oder die Einnahme als Elixier regt Achat die Verdauung an und hilft bei Gastritis.

Achat heilt Augen, Magen und Gebärmutter und reinigt das Lymphgefäßsystem und die Bauchspeicheldrüse. Er kräftigt die Blutgefäße und heilt Hauterkrankungen.

ANWENDUNG Über die entsprechende Körperstelle halten oder auflegen.

BESONDERE FARBEN UND VARIETÄTEN Zusätzlich zu den allgemeinen Eigenschaften weisen besondere Farben weitere Eigenschaften auf:

Blauer Achat (natürlich)

Grüner Achat

Rosafarbener Achat

Blau-grüner Achat besteht normalerweise aus künstlich hergestelltem Glas und hat keine therapeutischen Eigenschaften.

Grüner Achat erhöht die mentale und emotionale Flexibilität und verbessert die Fähigkeit, Entscheidungen zu treffen. Er hilft bei der Bewältigung von Streit.

Rosafarbener Achat fördert die Liebe zwischen Eltern und Kind. Über dem Herzen getragen entfaltet er seine Wirkung optimal.

Botswana-Achat Dieser Achat wird ausschließlich in Botswana gefunden und passt zu allen hervorragend, die eine Verbindung zu Feuer und Rauch haben. Er hilft sowohl Rauchern als auch Menschen, die aufhören wollen zu rauchen. Botswana-Achat ist eher lösungsorientiert, nicht problemfixiert. Er hilft, unbekanntes Territorium zu ergründen und die eigene Kreativität kennen zu lernen. In mentaler Hinsicht schärft er dem Blick für das große Ganze. Auf der emotionalen Ebene löst er Hemmungen. Diese Achatvarietät hat häufig Knötchen oder eiförmige Erhebungen. Normalerweise wird er in Knötchenform gefunden, ist grau und sieht daher aus wie das Gehirn, zu dem er Resonanzen aufbaut. Der Botswana-Achat hilft dem Körper besonders bei der Sauerstoffaufnahme und wirkt sich daher gut auf das Kreislaufsystem und die Haut aus. Er hilft ferner bei Depression.

ACHAT: BLAUER SPITZENACHAT

Unbearbeitet

Poliert und getrommelt

FARBE	Hellblau mit weißen oder dunkleren Linien
AUSSEHEN	Gebändert, oft klein und getrommelt
HÄUFIGKEIT	Leicht erhältlich
HERKUNFT	Wie Achat

ZUSÄTZLICHE MERKMALE Blauer Spitzenachat ist ein wunderbarer Heilstein. Seine sanfte Energie beruhigt, entspannt und schenkt Seelenfrieden. Besonders gut eignet er sich zum Aktivieren und Heilen des Halschakras und hilft, Gedanken und Gefühle frei Ausdruck zu geben. Es handelt sich um einen der bedeutenden pflegenden und unterstützenden Steine. Er neutralisiert Wut, Infektion, Entzündung und Fieber.

In psychischer Hinsicht wirkt der blaue Spitzenachat Gehemmtheit und Unterdrückung von Gefühlen entgegen, die aus der Angst vor Verurteilen, Ausstoßung und Ausschluss herrühren. Das Verurteilen spielt häufig in Eltern-Kind-Beziehungen eine Rolle, sowohl im Kindes- als auch im Erwachsenenalter. Infolgedessen werden Gefühle zurück gehalten. Mangelnde Selbstdarstellung blockiert schließlich das Halschakra, legt sich auf die Brust und äußert sich in einem Gefühl des Erstickens. Der blaue Spitzenachat bricht dieses alte Unterdrückungsmuster behutsam auf und macht Mut zu einer neuen Ausdrucksweise. Er hilft insbesondere Männern, sich fallen zu lassen und ihre sensible, gefühlvolle Seite zu akzeptieren.

Der blaue Spitzenachat unterstützt im mentalen Bereich die Fähigkeit, Gedanken und Gefühle in Worte zu fassen und wirkt mentalem Stress entgegen. Auf der Gefühlsebene neutralisieren die friedvollen Energien, die dieser Stein ausstrahlt, Angstgefühle.

Im spirituellen Bereich wirkt der blaue Spitzenachat klärend auf das Halschakra. Dieser Stein erfüllt mit tiefem Frieden.

HEILWIRKUNG Der blaue Spitzenachat ist bei Halskrankheiten sehr wirkungsvoll. Seine Eigenschaft, Blockaden im Bereich der Selbstdarstellung entgegenzuwirken, löst Probleme im Schulter-Halsbereich, Schilddrüsenprobleme sowie Hals- und Lymphknoteninfektionen. Er wirkt fiebersenkend, entfernt Blockaden im Nervensystem, behandelt Arthritis und Knochenverformung, stärkt das Knochengerüst und heilt Brüche. Ferner tut er den Kapillargefäßen und der Bauchspeicheldrüse gut. Als Elixier wirkt er angeblich gegen Schwankungen des Gehirnfluidums und Wasserkopf. Der blaue Spitzenachat kann unterstützend bei der Klangtherapie eingesetzt werden, denn er bündelt den Klang und leitet ihn an die richtige Stelle.

ANWENDUNG Im entsprechenden Bereich, insbesondere aber am Hals.

ACHAT: DENDRITENACHAT

Auch als Baumachat bekannt.

in Form geschnitten und poliert

FARBE	Farblos, braun, grün
AUSSEHEN	Durchscheinend mit farnartigen Zeichnungen, häufig klein und getrommelt
HÄUFIGKEIT	Leicht erhältlich
HERKUNFT	USA, Tschechische Republik, Indien, Island, Marokko, Brasilien

ZUSÄTZLICHE MERKMALE Der Dendritenachat gilt als Wohlstandsstein. Alle Lebensbereiche erfahren durch ihn Fülle und Überfluss, auch Geschäftliches und die Landwirtschaft. Er kann zur Förderung des Ernteertrags aber auch zum besseren Gedeihen von Zimmerpflanzen eingesetzt werden.

Der Dendritenachat erzeugt sowohl drinnen als auch draußen eine friedvolle Atmosphäre und steigert die Fähigkeit, jeden Moment zu genießen. Dieser Kristall hat eine besonders intensive Verbindung zur Flora und kann die „Kommunikation" mit dem Pflanzenreich verbessern. Er vertieft Ihre eigene Bindung an die Erde.

Der Dendritenachat braucht bei allen Einsätzen Zeit, um seine ganze Wirkkraft zu entfalten, denn er arbeitet langsam.

Psychisch hilft der Dendritenachat, in turbulenten oder verwirrenden Zeiten in der eigenen Mitte zu bleiben und sorgt so für Stabilität. Er verleiht Ausdauer und die Fähigkeit, Schwierigkeiten als Herausforderungen zu betrachten.

Auf spiritueller Ebene sorgt der Dendritenachat dafür, dass Sie bei Wachstumsprozessen mit Ihren Wurzeln in Verbindung bleiben. Der Dendritenachat öffnet die Chakren und richtet sie aus.

HEILWIRKUNG Der Dendritenachat heilt auf einer feinstofflichen Ebene Leiden, das aus einem Ungleichgewicht der Chakren heraus entstanden ist. Er stellt im Körper Resonanzen zu allem her, was sich verzweigt, beispielsweise zu Blutgefäßen und Nerven. Er heilt das Nervensystem und Krankheiten wie Nervenschmerz. Man behandelt mit diesem Stein Funktionsstörungen des Knochengerüstes und passt das Knochengerüst der physischen Realität des Individuums an. Der Dendritenachat macht Degenerierungen der Kapillargefäße rückgängig und regt das Kreislaufsystem an. Wird er auf die schmerzende Körperseite gelegt, lindert er den Schmerz. Er eignet sich sehr gut zum Heilen von Pflanzen und sogar der Erde. Er stabilisiert die Strudel in den Energiefeldern der Erde und kann geopathische Belastungen* oder „schwarze Erdenergiebahnen" überwinden.

ANWENDUNG Auf die entsprechende Stelle halten oder auflegen. Über lange Zeiträume tragen, damit man die größtmögliche Wirkung erzielt.
In Blumentöpfe drücken.

ACHAT: FEUERACHAT

Natürliche Form

FARBE	Rotbraun, orange, blau, grün
AUSSEHEN	Gewellt, leuchtend, kleiner Stein
HÄUFIGKEIT	Über den Fachhandel zu beziehen
HERKUNFT	USA, Tschechische Republik, Indien, Island, Marokko, Brasilien

ZUSÄTZLICHE EIGENSCHAFTEN Feuerachat hat eine tiefe Verbindung zur Erde. Seine Energie ist beruhigend und vermittelt Sicherheit und Geborgenheit. Mit seinen starken erdenden Kräften ist er eine Stütze in schwierigen Zeiten. Feuerachat hat im Volksglauben eine starke schützende Funktion.

Physisch hängt der Feuerachat mit dem Element Feuer zusammen, wie der Name besagt. Er stärkt die Libido, regt das Wurzelchakra an und wirkt auf allen Ebenen belebend. Psychisch vertreibt der Feuerachat Angst und lässt ein tiefes Gefühl der Sicherheit in die Seele sinken.

Das Halten eines Feuerachats ist der Selbstbeobachtung zuträglich, denn mühelos werden innere Probleme auf der Suche nach Lösungen vorgebracht. Er hilft, Begierden und zerstörerisches Verlangen auszumerzen und kann in Abhängigkeitstherapien hilfreich sein.

Spirituell hilft dieser Schutzstein bei der Entspannung, der Körper „lässt sich fallen" und das Meditieren gelingt besser. Es wird gesagt, der Feuerachat stehe für absolute Perfektion, flöße dem Geist Tapferkeit ein und fördere die Entwicklung des Bewusstseins.

HEILWIRKUNG Dieser Stein heilt Magen, Nervensystem, endokrines System sowie Kreislaufstörungen. Er verbessert die Sehkraft, fördert das Sehvermögen im Dunkeln und klärt den Blick auf die inneren, intuitiven Ebenen sowie auf die äußeren, physischen Ebenen. Er stellt Resonanz zu dem Dreifachbrenner-Meridian her und kann angewendet werden, um diesen Meridian wieder ins Gleichgewicht zu bringen, wobei Hitzewallungen verringert und Hitze aus dem Körper geleitet wird. Feuerachate beleben den Körper und beugen einem Energie-Burnout vor. Ein überaktives Chakra wird durch Auflegen eines Feuerachates reguliert.

ANWENDUNG Feuerachat kann über lange Zeiträume getragen werden oder auf die entsprechenden Stellen an Kopf oder Körper aufgelegt werden.

ACHAT: MOOSACHAT

poliert

getrommelt

FARBE	Grün, blau, rot, gelb, braun
AUSSEHEN	Durchsichtig oder durchscheinend mit blatt- oder moosähnlich sich verzweigenden Zeichnungen, oft klein und getrommelt
HÄUFIGKEIT	Verbreitet
HERKUNFT	USA, Australien, Indien

ZUSÄTZLICHE EIGENSCHAFTEN Moosachat, ein stabilisierender Stein mit einer starken Verbindung zur Natur. Man spricht ihm eine erfrischende Wirkung auf die Seele zu. Es heißt, er helfe, die Schönheit in allen Dingen zu erkennen, die man erblickt. Moosachat verringert Wetterfühligkeit und Empfindlichkeit gegen Umweltschadstoffe. Für alle, die in der Landwirtschaft oder Bereichen tätig sind, die mit Botanik zu tun haben, ist er sehr von Nutzen.

Der Geburtskristall Moosachat unterstützt Geburtshelfer in ihrer Arbeit, denn er wirkt schmerzlindernd und sorgt für eine gute Entbindung. Er ist ein Stein des Neuanfangs und der Befreiung von Blockaden oder spirituellen Fesseln.

Moosachat ist ein Stein des Wohlstands, der Fülle und Reichtum bringt.

Er kann auf zweierlei Art und Weise wirken: Verstand orientierten Menschen hilft er, einen Zugang zu ihren intuitiven Gefühlen zu bekommen, intuitive Menschen unterstützt er im Gegenzug darin, ihre Energien in eine praktikable Richtung zu lenken.

In psychischer Hinsicht stärkt Moosachat das Selbstwertgefühl und die positiven Wesenszüge. Er befreit von Angst und tief sitzendem Stress. Er hilft, Stärke zu entwickeln und fördert die Fähigkeit, mit den Mitmenschen auszukommen. Er macht Menschen Mut, ihren individuellen Raum zu erweitern und zu wachsen. Er stärkt die Fähigkeit, einen neuen Versuch zu wagen und nach einer Phase der Stagnation inspiriert er mit neuen Ideen.

Auf der mentalen Ebene fördert Moosachat Selbstdarstellung und kommunikative Fähigkeiten. Er bringt Emotionen ins Gleichgewicht, verringert Stress und lindert Angst. Als äußerst optimistischer Stein stärkt er Vertrauen und Hoffnung, hilft allen, die aufgrund von Gemütsschwankungen oder ihrer Lebenssituation an Depression leiden. Wie kompliziert diese Umstände auch sein mögen, mit dem Moosachat wird es möglich, auf die zugrunde liegenden Ursachen zu schauen.

HEILWIRKUNG Moosachat beschleunigt Genesungsprozesse. Er kann im Kampf gegen langwierige Krankheiten eingesetzt werden. Er wirkt entzündungshemmend, reinigt Kreislauf- und Ausscheidungssysteme, fördert den Lymphfluss und stärkt das Immunsystem. Moosachat heilt Depressionen, die dadurch entstehen, dass die beiden Hirnhälften nicht miteinander im Einklang sind. Man kann ihn ergänzend bei der Hypoglykämie- und Dehydrations-Prophylaxe einsetzen sowie bei Infektionen, Erkältungs- und Grippeerkrankungen und um Fieber zu senken. Er wirkt entzündungshemmend und bildet Lymphknotenschwellungen zurück. Moosachat-Elixier wird bei Mykose und Hautentzündungen auf die Haut aufgetragen.

ANWENDUNG An der entsprechenden Stelle auflegen oder Hautkontakt herstellen.

AMAZONIT

Poliert und getrommelt

Unbearbeitet

FARBE	Blau, grün
AUSSEHEN	Opalisierend mit Adern, unterschiedliche Größen, manchmal getrommelt
HÄUFIGKEIT	Verbreitet
HERKUNFT	USA, Russland, Kanada, Brasilien, Indien, Mozambique, Namibia, Österreich

MERKMALE Amazonit hat eine starke Filterwirkung. Auf der physischen Ebene blockiert Amazonit geopathische Belastungen, absorbiert angeblich Mikrowellen und Mobiltelefonstrahlungen; er schützt bei elektromagnetischer Umweltverschmutzung. Er sollte zwischen Ihnen und der Elektrosmog-Quelle aufgestellt oder mit Klebestreifen auf dem Mobiltelefon angebracht werden. Auf der mentalen Ebene filtert er Informationen, die durch das Gehirn strömen, und kombiniert sie mit der Intuition.

Amazonit ist ein äußerst besänftigender Stein, er beruhigt Gehirn und Nervensystem, bringt Körper und Geist in Einklang und erhält die Gesundheit. Er bringt maskuline und feminine Energien sowie viele Aspekte der Persönlichkeit ins Gleichgewicht. Dieser Stein hilft Ihnen, ein Problem von beiden Seiten zu betrachten oder verschiedene Standpunkte zu sehen. Im Bereich der Gefühle lindert Amazonit emotionale Traumata und nimmt Sorgen und Ängsten ihren Schrecken. Er zerstreut negative Energien und schafft Abhilfe bei erschwerenden Umständen.

Auf der spirituellen Ebene wirkt Amazonit-Elixier positiv für alle Bewusstseinsebenen.

HEILWIRKUNG Amazonit heilt und öffnet Herz- und Halschakra, um liebevolle Kommunikation zu fördern. Ferner öffnet er das Stirnchakra und die Intuition. Er baut negative Energie und Blockaden im Nervensystem ab. Er ist förderlich bei Osteoporose, Zahnfäule, Kalziummangel und Kalziumablagerungen und reguliert die Stoffwechselstörungen, die durch diese Faktoren hervorgerufen werden. Als Elixier getrunken, korrigiert Amazonit Kalziumprobleme. Ferner lindert er Muskelkrämpfe. Eine seiner wichtigsten Eigenschaften besteht im Schutz vor Gesundheitsschäden, die durch Mikrowellen und andere Elektrosmog-Quellen verursacht werden.

ANWENDUNG Über die betreffende Stelle halten oder auflegen; als Schutz vor Mikrowellen am Körper tragen. In der Nähe des Computers aufstellen oder mit Klebeband am Mobiltelefon befestigen.

AMETHYST

Rosafarbener Amethyst

FARBE	Rosa bis Lavendel
AUSSEHEN	Durchsichtig, Kristallspitzen. Kommt sowohl als Druse, Stufe oder Einzelkristall vor.
HÄUFIGKEIT	Einer der verbreitetsten Kristalle
HERKUNFT	USA, Großbritannien, Kanada, Brasilien, Mexiko, Russland, Sri Lanka, Uruguay, Ostafrika, Indien

MERKMALE Amethyst ist ein äußerst kraftvoller Stein mit Schutzwirkung und hoher spiritueller Schwingung. Man sagt, er behüte vor psychischen Angriffen und verwandele die Energie in Liebe. Als natürliches Beruhigungsmittel blockiert Amethyst geopathische Belastungen und negative Umfeldenergien. Seine Klarheit begünstigt höhere Bewusstseins- und Meditationszustände. Amethyst besitzt starke Heil- und Reinigungskräfte und fördert die spirituelle Achtsamkeit. Er wurde traditionell getragen, um Trunkenheit vorzubeugen und wirkt bei übermäßigem Genuss, Ausschweifungen und physischer Leidenschaft ernüchternd. Er hilft, Abhängigkeiten und Blockaden zu überwinden. Auf einer höheren Ebene eingesetzt, eröffnet Amethyst den Zugang zu einer anderen Realität.

Amethyst tut dem Geist außerordentlich gut. Er beruhigt oder regt an, je nach Bedarf. Während der Meditation führt er die Gedanken weg von banalen Dingen und hin zu Ruhe und tieferem Verständnis. Auf der mentalen Ebene wirkt er Zerstreutheit entgegen, erhöht die Konzentrationsfähigkeit und Sie können Ihre Möglichkeiten besser ausschöpfen. Amethyst erleichtert es, neue Ideen zu verinnerlichen und setzt Ursache und Wirkung in Verbindung.

Dieser Stein unterstützt bei Entscheidungsprozessen, denn er involviert den gesunden Menschenverstand und geistige Erkenntnisse. Er hilft, Entscheidungen und Erkenntnisse in die Praxis umzusetzen. Mental wirkt er beruhigend und schärft den Blick für das Wesentliche. Er wirkt im Gehirn als Transmitter von Nervenimpulsen. Er hilft bei Schlaflosigkeit, die durch übermäßige Hirnaktivität verursacht wird und schützt bei wiederkehrenden Alpträumen. Amethyst stärkt das Gedächtnis und erhöht die Motivation, indem man sich dank seiner Wirkung realistische Ziele setzt. Er kann Ihnen helfen, sich an Träume zu erinnern und sie zu verstehen; ferner erleichtert er den Prozess der Visualisierung. Amethyst gleicht Höhen und Tiefen aus und hilft, eine emotionale Mitte zu finden. Er beseitigt Ärger, Wut, Furcht und Angstgefühle. Da Traurigkeit und Kummer gelindert werden, unterstützt er die Verlustbewältigung.

Der Amethyst zählt zu den Steinen mit der größten Kraft, er führt zu mehr spiritueller Weisheit. Er erweckt die Intuition und bringt geistige Fähigkeiten ans Licht. Er eignet sich ganz hervorragend für die Meditation. Zur Stimulierung kann man ihn auf das Stirnchakra legen.

HEILWIRKUNG Amethyst regt die Hormonproduktion an und reguliert das endokrine System und den Stoffwechsel. Er kräftigt die für Reinigung und Ausscheidung zuständigen Organe und das Immunsystem. Der Amethyst hat eine exzellente blutreinigende Wirkung und befreit von physischem, emotionalem und psychischem Schmerz oder Stress. Er wehrt geopathische Belastungen ab, hilft bei Kopfschmerzen und befreit von Spannungen. Dieser Stein lindert Blutergüsse, Verletzungen und Schwellungen und wirkt gegen Hörprobleme. Er heilt Beschwerden der Lunge und der Atemwege, Hautprobleme, Zellstörungen und Störungen des Verdauungsapparates. Er ist gut für den Darm, reguliert die Darmflora, entfernt Parasiten und fördert die Wasserresorption. Amethyst wird bei Schlaflosigkeit eingesetzt und sorgt für erholsamen Schlaf.

Auf einer feinstofflichen Ebene bringt Amethyst den physischen, mentalen und emotionalen Körper in ein Gleichgewicht und verbindet sie miteinander. Er wandelt negative Energie um und stimuliert Hals- und Scheitelchakra. Amethyst kann bei psychischen Erkrankungen stabilisieren, sollte aber bei Paranoia oder Schizophrenie nicht eingesetzt werden.

ANWENDUNG Aufstellen oder am Körper tragen, vor allem als Schmuck, je nachdem. Stufen und Drusen können in der Umgebung aufgestellt werden, einzelne Kristallspitzen kommen beim Heilen zum Einsatz. Die Spitze zeigt in Ihre Richtung, wenn Energie eingeleitet und von Ihnen weg, wenn Energie ausgeleitet werden soll. Auf dem Hals oder dem Herzen getragen wirkt der Amethyst besonders gut. Legen Sie ihn bei Schlaflosigkeit oder Alpträumen unter das Kopfkissen. Im Sonnenlicht bleicht der Amethyst aus.

Amethyst-spitze

BESONDERE FARBEN Zusätzlich zu den allgemeinen Eigenschaften weisen Amethyste in nachstehend aufgeführten Farben und Formen zusätzliche Eigenschaften auf:

Lavendelfarbener Amethyst

Der **violett-lavendelfarbene Amethyst** schwingt besonders stark. Fliederfarbene doppelendige Kristalle umgeben Sie mit Beta-Hirnstromwellen. Sie stimulieren und beruhigen anschließend Hals- und Herzchakra. Violette „Blumen" bringen Licht und Liebe in ihre Umgebung.

Der **Chevron-Amethyst** zählt zu den Steinen, die das dritte Auge am wirkungsvollsten stimulieren. Er fördert sowohl die nach innen gerichtete, intuitive als auch die nach außen gehende, physische Vorstellung. Er besitzt stark gebündelte Energie, die Negativität abbaut und abwehrt. Er hat ein starkes Heilenergiefeld, bringt Harmonie in die Organe des Körpers und regt das Immunsystem an. Es hilft Ihnen bei Suche und Umsetzung von positiven Lösungen bei Problemen aller Art.

Der **Kaktus-Amethyst** ist an den Seiten mit Knötchen bedeckt, und darüber erheben sich die Spitzen. Sie sehen aus wie die Türme eines Märchenschlosses und erleichtern folglich den Kontakt mit der Welt der Märchen und Mythen. Er regt die Phantasie an. Dieser Stein ist ein kraftvoller archetypischer Heilstein bei durch Gerüchte entstandenen Problemen in Familie und Gemeinschaft.

Amethyststab

Ananas-Amethyststufe

AMETRIN

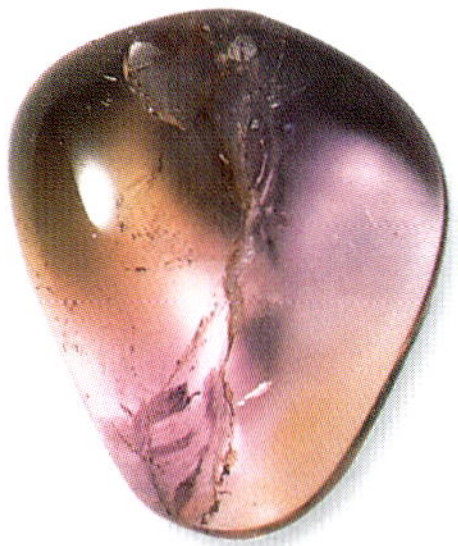

Poliert

Unbearbeitet

FARBE	Rosa und gelb
AUSSEHEN	Durchsichtiger Kristall, Kombination aus Amethyst und Zitrin, häufig klein und getrommelt
HÄUFIGKEIT	Leicht erhältlich, obwohl in nur einer einzigen Mine abgebaut
HERKUNFT	Bolivien

MERKMALE Ametrin vereinigt auf kraftvolle Art und Weise Amethyst und Zitrin. Er agiert schnell und effektiv und soll insbesondere bei langwierigen Krankheiten eine Hilfe sein, da er zu Erkenntnissen über die Ursache des Leidens verhelfe.

Er macht den Kopf frei von Stress und Anspannung, beruhigt das Gemüt und erweitert das Blickfeld während der Meditation. Ametrin öffnet das Stirnchakra, unterstützt Heilprozesse. Er vereint maskuline und feminine Energien.

Im psychischen Bereich fördert Ametrin die Fähigkeit, mit anderen Menschen zurechtzukommen und andere zu akzeptieren. Er legt dar, wo die Menschen verankert sind und überwindet Voreingenommenheiten. Er ist ein sehr energetischer Stein, regt die Kreativität an und wirkt unterstützend die Kontrolle über das eigene Leben zu übernehmen. Ametrin kann offensichtliche Widersprüche überwinden.

Im mentalen Bereich schafft Ametrin Klarheit. Er bringt Wahrnehmung und Handeln in Einklang. Er erhöht die Konzentration und hilft, die Dinge bis zum Ende durchzudenken, dabei alle Möglichkeiten zu untersuchen und kreative Lösungen zu erarbeiten. Er hebt den Verstand über die alltägliche Realität hinaus und bringt ihn zu höherem Bewusstsein.

In emotionaler Hinsicht löst Ametrin Blockaden auf, einschließlich negativer emotionaler Programmierungen und Erwartungen. Er vermittelt Erkenntnisse über zugrunde liegende Ursachen emotionalen Leidens. Ametrin macht optimistisch und sorgt für ein Wohlgefühl, das nicht von belastenden äußeren Einflüssen getrübt wird.

HEILWIRKUNG Ametrin geht den Dingen auf den Grund. Seine starken reinigenden Eigenschaften befreien von Negativität und entfernen Giftstoffe aus dem Körper. Als außergewöhnlicher Blutreiniger und Energieversorger regeneriert er den Körper, stärkt das Immunsystem, hilft dem autonomen Nervensystem und dem physischen Reifeprozess. Er stabilisiert die DNA/RNA und reichert den Körper mit Sauerstoff an. Ametrin heilt das Chronische Müdigkeitssyndrom, Gluthitze (Ardor), Depressionen, Magenbeschwerden und -geschwüre, Müdigkeit und Lethargie, Spannungskopfschmerzen und stressbedingtes Leiden. Er löst Blockaden im physischen, emotionalen und mentalen Bereich.

ANWENDUNG Über längere Zeiträume direkt am Körper auf dem Solarplexus tragen. Ein Ametrin bringt tief sitzende Probleme an die Oberfläche, und man kann sie mitteilen und heilen.

ANGELIT

Scheibe, leicht poliert

FARBE	Blau und weiß, manchmal mit roten Flecken
AUSSEHEN	Opak, oft wie Flügel geädert, größere Steine
HÄUFIGKEIT	Leicht erhältlich
HERKUNFT	Großbritannien, Ägypten, Deutschland, Mexiko, Peru, Polen, Libyen

MERKMALE Angelit gilt als einer der „Bewusstseinssteine" des New Age. Er steht für Frieden und Brüderlichkeit. Er verbessert die intuitiven Fähigkeiten, während man doch den Kontakt zur Wirklichkeit des Alltags aufrechterhält. Angelit gilt als ein sehr bedeutsamer Stein, denn er verleiht mehr Tiefe und erhöht die Wahrnehmung. Ferner schützt er das Umfeld oder den Körper, insbesondere, wenn man ihn in Form eines Elixiers zu sich nimmt.

Angelit wird aus Coelestin (siehe S. 102) gebildet, das über Jahrmillionen Druck ausgesetzt war, und beide Steine haben viele übereinstimmende Eigenschaften.

Auf der psychischen Ebene hilft Ihnen Angelit, Ihre Wahrheiten auszusprechen, was auch immer das sein mag. Er erhöht die Fähigkeit, mitzuleiden und Dinge zu akzeptieren, vor allem jene, die nicht zu ändern sind. Er lindert seelischen Schmerz und bearbeitet Grausamkeiten. Mental wurde Angelit genutzt, um Mathematik tiefer zu erfassen. Darüber hinaus erleichtert er den intuitiven Kontakt.

Spirituell gesehen ist Angelit voller Mitgefühl. Er verwandelt Schmerz und Chaos in Ganzheit und Heilung und öffnet der spirituellen Inspiration den Weg. Er schafft ein tiefes Gefühl des Friedens und der Ruhe.

HEILWIRKUNG Wendet man Angelit an den Füßen an, so löst er Blockierungen in den Meridianen und Energiebahnen. Er stellt Resonanz zum Hals her, lindert Entzündungen und bringt Schilddrüse und Nebenschilddrüse ins Gleichgewicht. Dieser beruhigende Stein stellt Gewebe und Blutgefäße wieder her, gleicht die Flüssigkeiten im physischen Körper aus und kann harntreibend wirken. Er ist bei der Gewichtskontrolle nützlich und ist insbesondere Lungen und Armen zuzuordnen. Angelit kann den Schmerz bei Sonnenbrand lindern.

ANWENDUNG Auf entsprechende Körperstelle legen oder darüber halten.

ANHYDRIT

Natürliche Formation

FARBE	Farblos, blau, grau
AUSSEHEN	Lange Blätter oder kurze Kristalle; normalerweise auf Matrix
HÄUFIGKEIT	In Fachgeschäften erhältlich
HERKUNFT	Italien

MERKMALE Anhydrit unterstützt und stärkt auf der physischen Ebene. Er fördert die Fähigkeit, den physischen Körper als vorübergehendes Gefäß für die Seele zu akzeptieren. Er hilft Ihnen, dem nächsten Tag gelassen entgegen zu sehen. Er kann für Menschen gut sein, die Schwierigkeiten damit haben, das Leben zu bewältigen. Er lehrt, all das anzunehmen, was das Leben gegeben hat und befreit von Sehnsucht nach der Vergangenheit. Er leistet in Heilprozessen, die sich auf das vergangene Leben beziehen, Beistand, indem er aufzeigt, dass alles, was geschehen war, auch ein Geschenk ist.

HEILWIRKUNG Anhydrit wirkt bei Halsbeschwerden. Er entfernt angestaute oder überschüssige Flüssigkeit und bildet Schwellungen zurück.

ANWENDUNG Auf den Hals oder die Thymusdrüse legen.

APATIT

Blau

FARBE	Gelb, grün, grau, blau, weiß, rosa, braun, rotbraun, violett
AUSSEHEN	Opak, bisweilen durchsichtig, glasig, hexagonaler Kristall, verschiedene Größen, oft getrommelt
HÄUFIGKEIT	Blau leicht erhältlich, gelb selten
HERKUNFT	Mexiko, Norwegen, Russland, USA

MERKMALE Apatit ist ein Stein mit inspirierenden Eigenschaften. Als Schnittstelle zwischen Bewusstsein und Materie ist er ein Stein des Sichtbarwerdens und fördert eine humanitäre Haltung in Richtung Dienst am Nächsten. Apatit ist auf die Zukunft eingestimmt und stellt dennoch eine Verbindung zum früheren Leben her. Er entwickelt geistige Gaben, stimmt spirituell ein, verleiht der Meditation mehr Tiefe, lässt die Kundalini aufwärts fließen und ist auf allen Ebenen Kommunikation und Selbstdarstellung zuträglich.

In psychischer Hinsicht erhöht Apatit die Motivation, er legt Energiereserven an. Er bewirkt Offenheit und ein angenehmes Sozialverhalten, ermutigt zu Extrovertiertheit, hilft bei Unnahbarkeit und Entfremdung. Er befreit von negativen Gefühlen sich selbst und anderen gegenüber. Apatit kann – so sagt man – hyperaktiven und autistischen Kindern helfen.

Da Apatit Kreativität und Verstand anregt, schafft er bei Verwirrung Abhilfe und hilft, Informationen zu erhalten, die zum eigenen Wohle und zum Wohle der Allgemeinheit zu nutzen sind. Apatit erweitert Wissen und

Wahrheit; er nimmt Kummer den Schrecken und lindert Apathie und Zorn. Reizbarkeit lässt nach und emotionale Erschöpfung wird überwunden. Leitet er Energie in das Wurzelchakra ein, so werden Frustration aufgehoben und Leidenschaft kann bejaht werden.

HEILWIRKUNG Apatit heilt die Knochen und regt die Zellbildung an. Er unterstützt die Kalziumaufnahme, tut Knorpeln, Knochen, Zähnen gut, fördert die motorischen Fähigkeiten und verschafft Besserung bei Arthritis, Gelenkproblemen und Rachitis. Dieser Stein unterdrückt Hungergefühle, kurbelt den Stoffwechsel an und macht Lust auf gesunde Ernährung. Er heilt Drüsen, Meridiane und Organe. Apatit wirkt gegen Bluthochdruck. Er bringt die physischen, emotionalen, mentalen und spirituellen Aspekte sowie die Chakren in Einklang, schafft Abhilfe bei Überaktivität und regt bei Unteraktivität an. Bei gleichzeitiger Anwendung von anderen Kristallen erreicht man dank des Apatit die Ergebnisse leichter.

ANWENDUNG Auf der Haut über der betroffenen Körperpartie tragen oder an entsprechender Stelle aufstellen.

BESONDERE FARBEN Zusätzlich zu den allgemeinen Merkmalen weisen die nachstehend aufgeführten Farben zusätzliche Eigenschaften auf:

Blauer Apatit verbessert das Vermögen, in der Öffentlichkeit zu sprechen, verbessert die Kommunikation in einer Gruppe, öffnet das Halschakra und heilt emotionales Leiden und Herzleiden.

Gelber Apatit ist wirkungsvoll, wenn Substanzen auszuscheiden sind, vor allem Gifte. Er aktiviert das Sonnengeflecht und beseitigt Energiestaus. Gelber Apatit ist wirksam beim Chronischen Müdigkeitssyndrom sowie bei Lethargie und Depression; er schafft bei Konzentrationsschwierigkeiten, uneffektivem Lernen und Verdauungsproblemen Abhilfe. Er ist nützlich bei Zellulite und kann zur Behandlung von Leber, Bauchspeicheldrüse, Gallenblase und Milz eingesetzt werden. Auf emotionaler Ebene neutralisiert er angestaute Wut. Das mit gelbem Apatit zubereitete Elixier hemmt den Appetit.

Gelber Apatit

APOPHYLLIT

Weiße Stufe

FARBE	Farblos, weiß, grün, gelb, pfirsichfarben
AUSSEHEN	Kubische oder pyramidenförmige Kristalle, durchsichtig oder opak, von kleinen, einzelnen Kristallen bis hin zu großen Stufen
HÄUFIGKEIT	Leicht erhältlich
HERKUNFT	Großbritannien, Australien, Indien, Brasilien, Tschechische Republik, Italien

MERKMALE Apophyllit hat einen großen Wasseranteil und ist daher sehr effizient als Energieleiter. Befindet sich in einem Raum ein Apophyllit, so verstärkt dies die Energie, denn er ist ein kraftvoller Schwingungsüberträger. Apophyllit schafft eine Verbindung zwischen physischem und spirituellem Reich. Dieser spirituelle Stein fördert das Vermögen, Dinge zu durchschauen, stimuliert intuitive Fähigkeiten in hohem Maße.

Psychisch fördert Apophyllit die Fähigkeit, das eigene Verhalten zu reflektieren und die dabei erkannten Fehler oder Unausgeglichenheiten zu korrigieren. Täuschungen werden offenbar, Vorbehalte abgebaut. Er ist ein Stein der Wahrheit, der das wahre Ich erkennen lässt und mit dessen Hilfe es möglich wird, dieses wahre Ich der Welt zu zeigen.

In mentaler Hinsicht wirkt der Apophyllit beruhigend. Er stellt ein wirkungsvolles Mittel zur Stressreduzierung dar, löst mentale Blockaden und bricht negative Gedankenmuster auf. Er reduziert das Verlangen. Auf der spirituellen Ebene bewirkt der Apophyllit, dass Analysen und Entscheidungsprozesse reibungslos ablaufen können und Verstand und Geist sich aufeinander einstimmen.

Im emotionalen Bereich setzt der Apophyllit unterdrückte Gefühle frei. Er überwindet Angstgefühle, Sorgen und konkrete Befürchtungen, entkräftet Besorgnis und lässt die Menschen Unsicherheiten aushalten.

Dieser Stein beruhigt und erdet den Geist. Er hat starke Verbindungen zum Geistigen, zugleich aber fühlt man sich im Einklang mit seinem Körper. Er erleichtert die in manchen Kulturen praktizierten spirituellen Visionen.

HEILWIRKUNG Apophyllit gilt als *der Stein schlechthin* zur Unterstützung von Reiki-Behandlungen. Er hilft, den Patienten in einen tieferen Entspannungszustand zu versetzen und nimmt den Heiler soweit zurück, dass die Übertragung von Heilenergie auf den Patienten reiner sein kann.

Apophyllit wirkt auf das Atmungssystem und wirkt positiv bei Asthma (auf die Brust legen). Er neutralisiert Allergien und fördert die Regeneration von Haut und Schleimhäuten. Es verjüngt die Augen, auf jedes Auge einen Apophyllit aufzulegen. Apophyllit ist besonders wertvoll, wo es um das Heilen des Geistes geht.

ANWENDUNG Auf die entsprechende Stelle auflegen. Einzelne Apophyllit-Pyramiden kann man bei der Meditation auf das Stirnchakra legen.

BESONDERE FARBEN UND VARIETÄTEN Außer den allgemeinen Merkmalen weisen die nachstehend aufgeführten Farben zusätzliche Eigenschaften auf:

Grüner Apophyllit

Grüner Apophyllit aktiviert das Herzchakra und öffnet das Herz, was besonders bei Entscheidungen in Herzensangelegenheiten zum Tragen kommt. Er absorbiert universelle Energie und leitet sie weiter. Dieser Stein öffnet das Herzchakra.

Apophyllitpyramiden sind kraftvolle Energiespender. Sie verbessern das spirituelle Sehvermögen und öffnen das Stirnchakra. Schaut man vom Boden der Pyramide aus in die Spitze, so öffnet sich im übertragenen Sinn ein „Sternentor". Wie allen Pyramiden wohnen ihnen erhaltende Kräfte inne, und so wird gesagt, sie könnten Objekte oder andere Kristalle aufladen. Ein Apophyllitpyramiden-Elixier schenkt dem Herzen Licht und Energie.

Apophyllitpyramide

AQUAMARIN

Farblos, unbearbeitet

FARBE	Grün-blau
AUSSEHEN	Kristall, farblos bis opak, häufig klein und getrommelt oder facettiert
HÄUFIGKEIT	Leicht erhältlich
HERKUNFT	USA, Mexiko, Russland, Brasilien, Indien, Irland, Zimbabwe, Afghanistan, Pakistan

MERKMALE Aquamarin ist ein Stein der Tapferkeit. Seine besänftigenden Energien bauen Stress ab und beruhigen den Geist. Er harmonisiert seine Umgebung und schützt vor Schadstoffen. In früheren Zeiten glaubte man, er bekämpfe die Mächte der Dunkelheit und erwirke die Gunst der Lichtwesen. Seeleute trugen ihn als Talisman, der sie vor dem Ertrinken bewahren sollte.

In psychischer Hinsicht besitzt Aquamarin Affinität zu sensiblen Menschen. Er hat die Gabe, Menschen zur Toleranz zu bewegen. Er überwindet verurteilende Geisteshaltungen, bietet denjenigen Unterstützung, die zuviel Verantwortung zu tragen haben und macht Mut, Eigenverantwortung zu übernehmen. Er bildet eine aufrechte, ausdauernde und dynamische Persönlichkeit aus. Er kann alte, der Selbstverteidigung dienende Muster aufbrechen.

Aquamarin beruhigt den Geist, indem er belanglose Gedanken entfernt. Er filtert die Informationen, die im Gehirn eintreffen, läutert die Wahrnehmung, schärft den Verstand und wirkt klärend bei Verwirrung. Da er hilft, Unabgeschlossenes zu Ende zu führen, ist Aquamarin bei Blockaden auf allen Ebenen nützlich. Bei festgefahrener Kommunikation trägt er zur Verständigung bei und unterstützt bei der Selbstdarstellung. Er hilft, die einer Situation zugrunde liegende emotionale Verfassung zu erkennen und zu interpretieren, wie eine Person sich fühlt. Er verringert Ängste und erhöht die Empfindsamkeit.

Im spirituellen Bereich schärft Aquamarin die Intuition. Aquamarin ist ein wunderbarer Meditationsstein, der hohe Bewusstseinszustände und spirituelle Achtsamkeit hervorruft sowie zum Dienst am Nächsten auffordert.

Aquamarin bringt die Chakren in Einklang. Er reinigt dabei das Halschakra und führt Kommunikation von einer höheren Ebene herbei. Außerdem stimmt er die physischen und spirituellen Aspekte aufeinander ab.

HEILWIRKUNG Aquamarin hilft bei Halsschmerzen, geschwollenen Drüsen und Schilddrüsenbeschwerden. Er harmonisiert Hypophyse und Schilddrüse, reguliert den Hormonhaushalt und das Wachstum. Dieser Stein wirkt ganz allgemein stärkend. Er kräftigt die reinigenden Organe des Körpers und hilft Augen, Kiefern, Zähnen und Magen. Man kann ihn wirksam gegen Kurz- und Weitsichtigkeit einsetzen, als Beruhigungsmittel bei Überreaktion des Immunsystems sowie bei Autoimmunkrankheiten wie Heuschnupfen.

ANWENDUNG Auf die entsprechenden Stellen auflegen oder darüber halten. Kann auf die Augen gelegt oder als Elixier eingenommen werden.

ARAGONIT

Braun, „Sputnik"-Form

Weiße „Fächer"-Form

Weiße „Korallen"-Form

FARBE	Weiß, gelb, goldfarben, grün, blau, braun
AUSSEHEN	Verschiedene Formen, normalerweise klein. Kalkartig und faserig oder durchscheinend oder durchsichtig mit einzelnen Vorsprüngen; wie kleine Sputniks
HÄUFIGKEIT	Leicht erhältlich
HERKUNFT	Namibia, Großbritannien, Spanien

MERKMALE Aragonit ist ein zuverlässiger Erdheiler und ein erdender Stein. Er steht für Erhalt und Wiederverwertung. Dieser Stein wandelt geopathische Belastungen um und stellt den Fluss in blockierten Erdenergiebahnen wieder her – sogar aus der Entfernung. Dank seiner Fähigkeit, physische Energien zu zentrieren und zu erden, ist er in Zeiten der Belastung hilfreich. Aragonit stabilisiert Wurzel- und Erdchakren und vertieft die Verbindung zur Erde. Er führt Sie behutsam in die Kindheit zurück, um die Vergangenheit zu entdecken.

Auf der psychischen Ebene lehrt Aragonit Geduld und Annahmebereitschaft und korrigiert Überempfindlichkeit. Er tut Menschen gut, die zu viel von sich selbst verlangen, denn er erleichtert es, Dinge zu delegieren. Seine zweckorientierte Energie fördert Disziplin und Zuverlässigkeit und verhilft zu einer pragmatischen Lebenseinstellung.

Auf der mentalen Ebene erhöht er das Vermögen, sich auf die aktuelle Angelegenheit zu konzentrieren und macht den Verstand flexibel und tolerant. Er vermittelt Erkenntnisse über die Ursachen von Problemen und Situationen. In emotionaler Hinsicht bekämpft Aragonit Ärger und gefühlsmäßigen Belastungen. Er gibt Stärke und wirkt unterstützend.

In Bezug auf die physische Ebene sorgt Aragonit dafür, dass man sich im eigenen Körper zufrieden und wohl fühlt. Er bekämpft Leiden, insbesondere nervöses Zucken und Krämpfe, die ihre Ursache in innerer Unruhe haben. Aragonit ist ein stabilisierender, im Körper erdender und zentrierender Stein.

In spiritueller Hinsicht stabilisiert Aragonit außer Kontrolle geratene Entwicklungen. Da er beruhigend und zentrierend wirkt, stellt er das Gleichgewicht wieder her und bereitet auf die Meditation vor, indem er Schwingungen auf eine höhere spirituelle Ebene bringt und dem Körper Energie gibt.

HEILWIRKUNG Aragonit wärmt die Extremitäten, denn er lässt Energie durch den Körper fließen. Er ist wirkungsvoll gegen die Reynaud'sche Krankheit und Schüttelfrost, heilt Knochen, unterstützt die Kalziumaufnahme und gibt den Bandscheiben Elastizität zurück. Ferner lindert er Schmerzen. Aragonit beendet nächtliche Zuckungen und Muskelkrämpfe. Er stärkt das Immunsystem und reguliert Abläufe, die zu schnell voran schreiten. Er hilft „abgehobenen" Menschen, sich wieder in ihrem Körper zu verankern.

ANWENDUNG Stein über die betroffene Körperstelle halten oder auflegen bzw. mit dem Elixier ein Bad bereiten. Gegen nächtliche Unruhe unter das Kissen legen. Nützlicher Handschmeichler. Kann zum Erden als Anhänger getragen werden.

ATACAMIT

Atacamit auf Matrix

FARBE	Dunkles Türkis
AUSSEHEN	Winzige Kristalle auf einer Matrix, ähnelt Chrysocoll
HÄUFIGKEIT	Recht selten, zunehmend verbreiteter
HERKUNFT	USA, Australien, Mexiko, Chile

MERKMALE Der Kristall Atacamit wurde erst in jüngster Zeit entdeckt und seine Eigenschaften sind noch nicht vollständig erforscht. Er wird bisweilen mit dem Schmuckstein Chrysocoll verwechselt, und hat auch möglicherweise einige Eigenschaften mit diesem gemein.

Trotz seiner ungestümen Wirkung ist Atacamit ein Kristall, mit dem man sich sehr sicher fühlen, das geistige Sehvermögen fördern und Visualisierungen unterstützen kann. Dieser Stein birgt sehr viel Klarheit. In der Meditation eingesetzt, geleitet er sicher zu den allerhöchsten Ebenen.

Atacamit stellt das Ur-Vertrauen wieder her. Atacamit hilft bereitwillig, das obere Herzchakra zu öffnen. So bringt er mehr bedingungslose Liebe in Ihr Leben und regt die Funktion von Thymusdrüse und Immunsystem an.

HEILWIRKUNG Atacamit reinigt die Nieren, befreit von Angst und fördert Ausscheidungen auf allen Ebenen. Kraftvoll reinigt er das Stirnchakra. Er kann zum Heilen der Geschlechtsorgane eingesetzt werden; man sagt, er mache widerstandsfähiger gegenüber Herpes und Geschlechtskrankheiten. Legt man ihn auf den Hals, so wirkt sich Atacamit wohltuend auf die Schilddrüse aus, öffnet das Halschakra und löst Blockaden, die die Selbstdarstellung hemmen und die die eigentliche Ursache für Schilddrüsenunterfunktion sein können. Wegen seiner beruhigenden Farbe (grün) wirkt er sich positiv auf das Nervensystem aus, hilft bei Stress und angespannten Nerven.

ANWENDUNG Zur Stimulierung von Visualisierungen auf das Stirnchakra legen oder aber auf die betroffenen Organe. Bei Meditation in der Hand halten.

AVENTURIN

Blau, unbearbeitet

FARBE	Grün, blau, rot, braun, pfirsichfarben
AUSSEHEN	Opak, viele glänzende Einsprengsel, alle Größen, häufig als Trommelstein
HÄUFIGKEIT	Leicht erhältlich
HERKUNFT	Italien, Brasilien, China, Russland, Tibet, Nepal

MERKMALE Aventurin ist ein sehr positiver Erfolgsstein. Er wurde in Form eines Steinkreises um Gärten und Häuser gelegt, um sie gegen geopatische Belastungen zu schützen. Durch Tragen eines Aventurins wird elektromagnetischer Smog absorbiert und der Träger ist gegen Umweltschadstoffe besser geschützt. Zum Schutz vor den Strahlungen eines Mobiltelefons kann man einen Aventurin mit Klebeband darauf befestigen. Dieser Kristall entschärft negative Situationen und wendet sie ins Gegenteil.

Im psychischen Bereich festigt Aventurin Führungsqualitäten und Entschlossenheit. Er fördert die Fähigkeit des Mitleidens, Empathie und Ausdauer. Er führt Sie in die Vergangenheit, zur Ursache des Leidens. Er hilft bei Stottern und Neurosen und öffnet Verständnis für die Faktoren, die sich dahinter verbergen. Aventurin stabilisiert den Gemütszustand, regt die Wahrnehmung an und steigert die Kreativität. Aventurin hilft, Alternativen und Möglichkeiten zu erkennen, insbesondere entsprechende Vorschläge Dritter. Dieser Stein vereinigt den mentalen und den emotionalen Körper. Aventurin besänftigt Ärger und Gereiztheit. Er fördert die emotionale Genesung und befähigt, im eigenen Herzen zu leben.

Auf der physischen Ebene trägt er zum Wohlbefinden bei. Er reguliert das Wachstum in den ersten sieben Jahren nach der Geburt. Er bringt maskuline und feminine Energien ins Gleichgewicht und wirkt auf das Herz verjüngend. Im spirituellen Bereich schützt Aventurin das Herzchakra.

ANWENDUNG Über die betreffende Stelle halten oder auflegen.

BESONDERE FARBEN Zusätzlich zu den allgemeinen Merkmalen weisen die nachstehend aufgeführten Farben folgende Eigenschaften auf:

Pfirsichfarbener Aventurin (unbearbeitet)

Blauer Aventurin besitzt starke mentale Heilkräfte.

Grüner Aventurin spendet Trost und heilt das Herz, harmonisiert ganz allgemein, schützt das Herz. Er hilft, die Dinge wieder unter Kontrolle zu bekommen und unterstützt bei heimtückischen Krankheiten. Er wirkt bei Übelkeit beruhigend und löst negative Gefühle und Gedanken. Aventurin ist ein Allround-Heilstein, der Wohlbefinden und emotionale Ruhe schenkt.

Grüner Aventurin (Trommelstein)

Roter Aventurin (unbearbeitet)

AZURIT

Unbearbeitet

FARBE	Dunkelblau
AUSSEHEN	Sehr kleine, glänzende Kristalle (als Trommelstein nicht sichtbar), oft kleine Trommelsteine
HÄUFIGKEIT	Leicht erhältlich, häufig in Kombination mit Malachit
HERKUNFT	USA, Australien, Chile, Peru, Frankreich, Namibia, Russland, Ägypten

MERKMALE Azurit leitet die seelische und intuitive Entwicklung. Er treibt die Seele zur Erleuchtung.

Er reinigt und stimuliert das Stirnchakra. Azurit ist ein kraftvoller Heilstein, der hilft, die Auswirkungen, die Verstand und Gefühle auf den Körper haben können, zu erfassen.

Auf der mentalen Ebene führt Azurit zu klarerem Verständnis, eröffnet neue Perspektiven und erweitert den Horizont. Er hebt lange bestehende Sperren in der Kommunikation auf und fördert das Gedächtnis. Azurit hilft, die Sicht auf die Realität zu hinterfragen, vorgegebene Überzeugungen zu verlassen, sich ohne Angst in unbekannte Gefilde zu wagen und dort zu tieferer Erkenntnis und einer neuen Realität zu gelangen. Alte Überzeugungen steigen langsam in das Bewusstsein auf, um dort an der Wahrheit gemessen zu werden.

In emotionaler Hinsicht beseitigt Azurit Stress, Sorgen, Kummer und Traurigkeit, so dass mehr Licht in die Gefühle scheinen kann. Er verwandelt Angst und Phobien und hilft, zu verstehen, warum diese eigentlich entstehen konnten. Er beruhigt Menschen, die aus Nervosität zu viel reden oder macht Menschen Mut, die sich zu stark zurück nehmen.

HEILWIRKUNG Azurit kann bei Halsproblemen, Arthritis und Gelenkproblemen eingesetzt werden; er richtet die Wirbelsäule auf und wirkt auf der Zellebene, wo er Blockaden löst. Ferner heilt er Nieren-, Gallenblasen- und Leberprobleme, kann bei der Behandlung von Milz, Schilddrüse, Knochen und Haut sowie bei Entgiftung helfen. Er unterstützt die embryonale Entwicklung im Mutterleib. Azurit stellt eine besondere Resonanz zu Abläufen im Geistesbereich her, unterstützt bei geistigem Heilen und der Stressbeseitigung. Er kann Energie liefern und Geist und Körper aufeinander abstimmen; ferner reinigt er die Chakren. Ein Elixier aus Azurit lindert Krisen in Heilungsprozessen, wenn Symptome sich vorübergehend verschlimmern, bevor die Besserung eintritt.

ANWENDUNG Auf der rechten Seite und mit direktem Hautkontakt tragen oder an der entsprechenden Stelle direkt auf den Körper legen, insbesondere auf das Stirnchakra. Kann Herzklopfen verursachen; dann ist der Stein sofort zu entfernen.

KOMBINATION Gemeinsame Anwendung von Azurit und Malachit kombiniert die positiven Eigenschaften beider Kristalle; starke Energieleitfähigkeit. Zugang zur geistigen Entwicklung wird ermöglicht, die Fähigkeit zur Visualisierung gestärkt, das Stirnchakra geöffnet. Auf emotionaler Ebene bewirken die beiden Kristalle Heilung in der Tiefe, uralte Sperren oder Denkmuster werden eingerissen.

Azurit mit Malachit (getrommelt)

BERNSTEIN

geformt

gelb, farblos

FARBE	Goldbraun oder gelb; grün bedeutet künstliche Färbung
AUSSEHEN	Undurchsichtiger oder durchscheinender Harz, Einschlüsse in Gestalt von Insekten oder Pflanzenmaterial, unterschiedliche Größen
HÄUFIGKEIT	Leicht erhältlich
HERKUNFT	Großbritannien, Polen, Italien, Rumänien, Russland, Deutschland, Myanmar, Dominikanische Republik

MERKMALE Streng genommen ist Bernstein kein Kristall, sondern fest gewordenes und versteinertes Baumharz. Bernstein ist sehr stark erdverbunden und erdet daher höhere Energien. Er hat mächtige heilende und reinigende Kräfte, befreit den Körper von Leiden und wirkt belebend auf das Gewebe. Außerdem reinigt er die Umgebung und die Chakren.

Er absorbiert negative Energien und verwandelt sie in positive Kräfte, die die Selbstheilungskräfte im Körper anregen. Er ist ein kraftvoller Schutzstein.

Auf der psychischen Ebene bringt Bernstein Stabilität in das Leben, motiviert jedoch auch, denn er verknüpft Wunsch und Bereitschaft, sich anzustrengen. Seine warmen, heiteren Energien bewirken eine fröhliche und spontane Grundeinstellung, die in der Traditionen trotz allem respektiert werden. Bernstein kann helfen, Neigungen zu Selbstmord oder Depression entgegen zu wirken.

In mentaler Hinsicht regt Bernstein den Verstand an, befreit von Depression und ist einem positiven mentalen Zustand sowie kreativem persönlichen Ausdruck zuträglich. Er wirkt ausgleichend, erhöht die Geduld und hilft dank seiner Wirkung als Gedächtnisstütze bei Entscheidungsprozessen. Seine Flexibilität hebt Widersprüche auf. In emotionaler Hinsicht macht Bernstein friedfertiger und begünstigt die Entwicklung von Vertrauen. Spirituell gesehen fördert Bernstein die Nächstenliebe und schenkt Weisheit.

HEILWIRKUNG Bernstein reinigt und heilt die Chakren. Physisch tränkt er den Körper mit Vitalität. Er hat die Kraft, den Körper von Leiden zu befreien. Er absorbiert Schmerzen und negative Energien und ermöglicht dem Körper auf diese Weise, das Gleichgewicht wieder zu finden und sich selbst zu heilen. Bernstein lindert Stressleiden. Er stellt Resonanz zum Hals her und wirkt solchermaßen gegen Kröpfe und andere Halsprobleme. Er heilt Magen, Milz, Nieren, Blase, Leber und Gallenblase, lindert Gelenkprobleme und kräftigt die Schleimhäute. Als Elixier und bei der Wundheilung stellt er ein hervorragendes natürliches Antibiotikum dar.

Bernstein kann das Sakralchakra stimulieren und helfen, Energien im Körper zu erden.

ANWENDUNG Über längere Zeiträume tragen, insbesondere am Handgelenk oder am Hals oder aber auf der entsprechenden Körperstelle. Ist der Bernstein für Säuglinge oder Kinder bestimmt, so soll die Mutter ihn zuerst eine Zeitlang tragen.

BERYLL

Blau

Goldfarben

FARBE	Rosa, goldfarben, gelb, grün, weiß, blau
AUSSEHEN	Prismen, können durchsichtig und pyramidal sein, alle Größen
HÄUFIGKEIT	Die meisten Varietäten sind leicht erhältlich, können aber teuer sein
HERKUNFT	USA, Russland, Australien, Brasilien, Tschechische Republik, Frankreich, Norwegen

MERKMALE Beryll lehrt Sie, wie Sie nur das tun, was Sie tun müssen. Beryll ist *der Stein schlechthin* für die Organisation eines stressigen Lebens und um unnötigen Ballast abzuwerfen. Er hilft, sich sowohl auf die Führung als auch auf die Dinge, die man machen muss, einzustellen. Er steht für die Reinheit des Seins und hilft, Potenzial umzusetzen. Öffnet und aktiviert Scheitel- und Solarplexuschakren.

Auf der psychischen Ebene macht Beryll mutig, baut Stress ab und beruhigt das Gemüt. In mentaler Hinsicht bestärkt Beryll dank seiner Fähigkeit,

Ablenkungen herauszufiltern und Hyperstimulation zu verringern, eine positive Einstellung. Er hilft, weniger zu analysieren und weniger ängstlich zu sein. Im emotionalen Bereich erweckt Beryll die Liebe in Menschen wieder neu, deren Ehe eine Art Stillstand erreicht hat.

HEILWIRKUNG Beryll unterstützt alle ausscheidenden Organe, stärkt Lungen- und Kreislaufsystem und erhöht die Abwehrkräfte gegen Gifte und Umweltschadstoffe. Beryll kann unterstützend bei der Behandlung von Leber, Herz, Magen und Wirbelsäule wirken und heilt Gehirnerschütterungen. Beryll ist ein beruhigender Stein. Beryll-Elixier kann bei Halsinfektionen eingenommen werden.

ANWENDUNG Auf die entsprechende Stelle auflegen.

BESONDERE FARBEN Zusätzlich zu den allgemeinen Merkmalen weisen die nachstehend aufgeführten Farben zusätzliche Eigenschaften auf:

Goldberyll Dieser Kristall fördert die Reinheit des Seins. Er lehrt, initiativ und unabhängig zu sein, spornt den Willen zum Erfolg an und fördert die Fähigkeit, Potential in der Realität umzusetzen. Er öffnet Scheitel- und Solarplexuschakra.

Goldberyll (poliert)

Morganit (rosafarbener Beryll) zieht Liebe an und erhält sie. Er fördert das von Liebe getragene Denken und Handeln und schafft so Raum, um das Leben zu genießen. Über die Farbe Rosa aktiviert und reinigt er das Herzchakra, bringt Ruhe in ein stressiges Leben und wirkt sich positiv auf das Nervensystem aus. Dieser Stein hilft Ihnen, die Hintertürchen, Engstirnigkeiten und egoistischen Verhaltensweisen zu erkennen, die der spirituellen Weiterentwicklung im Wege stehen. Er hilft, sich der bislang nicht beachteten Bedürfnisse der Seele bewusst zu werden, unerfüllte emotionale Bedürfnisse und unausgesprochene Gefühle zu erkennen. Morganit hat viel Kraft, bewusste oder unbewusste

Morganit (rosafarbener Beryll)

Widerstände gegenüber Heil- und Umwandlungsprozessen abzubauen, denn er befreit von der Opfer-Mentalität und öffnet das Herz für bedingungslose Liebe und heilende Kräfte. Morganit hält den emotionalen Körper stabil, während psychosomatische Veränderungen vonstatten gehen. In Heilprozessen wirkt Morganit gegen Stress und stressbedingte Krankheiten. Zellen reichert er mit Sauerstoff an und restrukturiert sie, er wirkt bei TB, Asthma, Lungenaufblähung, Herzproblemen, Höhenangst, Impotenz und Ablagerungen in der Lunge.

Bixbit (roter Beryll) öffnet die Wurzelchakren und gibt ihnen neue Energie.

(*Siehe ebenfalls* Smaragd, Seite 252).

BERYLL: CHRYSOBERYLL

Unbearbeitet

Facettiert

FARBE	Goldgelb, gelb mit braun, grün mit rot
AUSSEHEN	Tafelförmige durchsichtige Kristalle. Alexandrit scheint in natürlichem Licht grün und in künstlichem Licht rot. Katzenauge oder Cymophan ist gebändert oder augenähnlich gemustert.
HÄUFIGKEIT	Chrysoberyll leicht erhältlich, Katzenauge eventuell teuer, Alexandrit selten
HERKUNFT	Australien, Brasilien, Myanmar, Kanada, Ghana, Norwegen, Zimbabwe, Russland

MERKMALE Die Beryllvarietät Chrysoberyll ist ein Stein des Neuanfangs. Er bringt Mitleid und Vergebung, Großzügigkeit und Zuversicht. Da er Solarplexus- und Scheitelchakra in Einklang bringt, bezieht er den Verstand in spirituelle Bestrebungen mit ein und öffnet das Scheitelchakra. So steigert er sowohl die spirituelle als auch die persönliche Kraft und fördert solchermaßen die Kreativität.

Auf der psychischen Ebene stärkt Chrysoberyll das Selbstwertgefühl und entfernt ausgediente Energiemuster. In mentaler Hinsicht hilft Chrysoberyll dabei, beide Seiten eines Problems oder einer Situation zu betrachten und strategisch vorzugehen. Im emotionalen Bereich fördert er die Fähigkeit, denen zu vergeben, die Ungerechtigkeiten begangen haben.

HEILWIRKUNG In Verbindung mit anderen Kristallen zeigt Chrysoberyll die Ursache des Leidens auf. Er unterstützt die Selbstheilung, gleicht Adrenalin und Cholesterin aus, kräftigt den Thorax und stärkt die Leber.

BESONDERE VARIETÄTEN Zusätzlich zu den allgemeinen Merkmalen weisen die nachstehend aufgeführten Chrysoberyllvarietäten zusätzliche Eigenschaften auf:

Alexandrit ist ein Kristall der Kontraste. Er öffnet Intuition, stärkt den Willen und die Anziehungskraft einer Person. Er wirkt erneuernd, richtet die Selbstachtung wieder auf. Alexandrit zentriert mentalen, emotionalen und spirituellen Körper, gibt ihnen neue Kraft und bringt sie miteinander in Einklang. Er schenkt Freude, steigert die Kreativität, beschleunigt Veränderungen und macht Dinge leichter sichtbar. Er wirkt emotional beruhigend und lehrt uns, wie man mit weniger Aufwand zum Ziel kommt. Er regt das Imaginäre an, einschließlich der Träume und der Phantasie. Bei Heilprozessen unterstützt er Nervensystem, Milz, Bauchspeicheldrüse, männliche Reproduktionsorgane und regeneriert Nervengewebe. Alexandrit wirkt gegen Nichtaufnahme von Eiweiß, einer Begleiterscheinung der Leukämie, und entspannt die Halsmuskulatur. Er wirkt sehr stark entgiftend und regt die Leber an.

Alexandrit

Das **Katzenauge** ist ein erdender Stein, der zugleich der Intuition förderlich ist. Er befreit von negativen Energien und spendet Schutz. Er gibt Vertrauen, macht glücklich und heiter und ist ein Glücksbringer. Das Katzenauge hilft bei Augenproblemen und verbessert die Sehfähigkeit im Dunkeln. Er wirkt gegen Kopf- und Gesichtsschmerzen. Tragen Sie ihn auf der rechten Körperseite.

Katzenauge

Cymophan ist eine Varietät des Katzenauges. Er regt den Verstand an und stabilisiert ihn und fördert geistige Wendigkeit. Er vertieft bedingungslose Liebe.

Cymophan

BOJI-STEIN

Unbearbeitet

(Männlich) *(Weiblich)*

FARBE	Bräunlich, manche blau
AUSSEHEN	Sieht metallisch aus, glatt (weiblich) oder mit quadratischen Erhebungen (männlich), klein bis mittelgroß
HÄUFIGKEIT	Echte Boji-Steine sind unter Umständen schwer erhältlich
HERKUNFT	USA, Großbritannien

MERKMALE Boji-Steine zählen zu den effektivsten Erdungssteinen. Sie haben eine starke Schutzfunktion und sind sehr nützlich, wenn Blockaden überwunden werden müssen.

Die glatten Steine besitzen weibliche, die vorstehenden Steine männliche Energie. Boji-Steine wirken ausgleichend, geben neue Energie und wenn sie paarweise eingesetzt werden, bringen sie männliche und weibliche Energie im Körper ins Gleichgewicht und die Chakren in Einklang.

Dank ihrer starken Erdbindung sind Boji-Steine für Pflanzen und Ernten segensreich, allerdings kann sich der Stein zersetzen, wenn er in der Erde gelassen oder der Witterung ausgesetzt wird.

Auf der psychischen Ebene beleuchten Boji-Steine Blockaden auf allen Ebenen. Sie beseitigen emotionale Sperren und heilen schmerzliche Erinnerungen. Ferner legen sie negative Denkmuster und Selbstschutz-Verhaltensweise offen, damit man daran arbeiten kann. Sie dringen an die Ursache psychosomatischer Erkrankungen vor und lösen Blockaden im physischen oder feinstofflichen Körper. Einen Boji-Stein zu halten bringt den Menschen in Einklang mit seinem Schattenselbst, zeigt dessen unterdrückte Eigenschaften auf und man kann die loslassen und ihren Wert erkennen.

Auf der physischen Ebene regt der Boji-Stein den Energiestrom in den Meridianen an. In mentaler Hinsicht lenkt er die Aufmerksamkeit auf Prägungen der Vergangenheit. Boji-Steine können emotional stabilisierend wirken.

HEILWIRKUNG Boji-Steine heilen Energieblockaden, befreien von Schmerzen und fördern die Regeneration des Gewebes. Sie sind sehr nützlich, wenn die physische Energie gering oder eine Krankheit hartnäckig ist. Sie bringen die Chakren in Einklang und spenden Energie.

ANWENDUNG Halten Sie ein Boji-Steine-Paar etwa zehn Minuten lang in den Händen oder legen Sie es auf eine blockierte beziehungsweise schmerzende Stelle.

CERUSSIT

Erinnerungsstein (Achten Sie auf die Winkel)

FARBE	Weiß, grau, schwarz-grau, gelb
AUSSEHEN	Weiße und gelbe durchscheinende Kristalle oder grau und schwarz, körnig, normalerweise auf einer Matrix
HÄUFIGKEIT	Im spezialisierten Fachhandel erhältlich
HERKUNFT	Namibia

MERKMALE Cerussit besitzt hervorragende erdende Eigenschaften und hilft, sich in der Umgebung wohl zu fühlen. Dieser Stein hilft, die Vergangenheit und ihre Auswirkungen loszulassen.

Cerussit ist auf Reisen zu geschäftlichen aber auch privaten Zwecken von Vorteil, denn er erleichtert Jet-Lag-Beschwerden und unterstützt dabei, sich in eine andere Kultur einzufügen. Dieser Stein hilft, kurzfristige Kompromisse einzugehen und sich an Situationen anzupassen, gegen die man einen starken inneren Widerstand spürt.

Cerussit ist ein pragmatischer Stein. Er fördert Entscheidungsprozesse und regt das Wachstum an. Da er lehrt, wie man flexibel wird und Verantwortung übernimmt, baut er Spannungen und Ängste ab und zeigt auf, wie man notwendige Veränderungen meistert. Er lehrt die Fähigkeit, in jeder Situation taktvoll zu sein und hilft, anstelle des Rückzuges extrovertiertes Verhalten zu fördern.

Da Cerussit die Kommunikation fördert, wird Übereinstimmung leichter erreicht; er verleiht die Gabe des aufmerksamen Zuhörens. Er bringt die rechte und linke Hirnhälfte ins Gleichgewicht und erhöht die Kreativität. Dieser Stein ist hervorragend geeignet für alle in der Kunst tätigen Menschen.

Das Cerussit-Elixier wirkt auch als Insektizid: Sie können es als Schutz vor Schädlingen und Krankheiten auf Zimmerpflanzen sprühen oder als Raumspray verwenden.

HEILWIRKUNG Cerussit ist ein wunderbarer Stein, der Vitalität und Energie spendet, insbesondere bei einer über einen längeren Zeitraum andauernden Krankheit. Er reguliert das Nervensystem, wirkt gegen unwillkürliche Bewegungen und stärkt Muskeln und Knochen. Er ist bei der Parkinson-Krankheit und dem Tourette-Syndrom hilfreich. Er bewältigt Schlafstörungen und Alpträume.

ANWENDUNG In geeigneter Art und Weise aufstellen oder halten. Als Elixier zur Schädlingskontrolle und bei Zimmerpflanzen verwenden.

CHALZEDON

Weiße Druse

Blauer Trommelstein

FARBE	Weiß, rosa, blau, rot, gräulich
AUSSEHEN	Durchsichtig oder opak, manchmal gebändert, alle Größen, oft als Druse oder kleiner Trommelstein
HÄUFIGKEIT	Verbreitet
HERKUNFT	USA, Österreich, Tschechische Republik, Slowakei, Island, Mexiko, Großbritannien, Mexiko, Neuseeland, Türkei, Russland, Brasilien, Marokko

MERKMALE Chalzedon ist ein nährender Stein, ein Stein der Brüderlichkeit, der den guten Willen und die Stabilität innerhalb einer Gruppe fördert.

In früheren Zeiten wurden Kelche aus Chalzedon gefertigt und mit Silber ausgekleidet. Man sagte, dies beuge Vergiftungen vor.

Chalzedon bringt Verstand, Körper, Gefühle und Geist in Einklang. Er beschert Gefühle des Wohlwollens und der Großzügigkeit, beseitigt Feindseligkeiten und verwandelt Melancholie in Freude. In psychischer Hinsicht schafft er Linderung bei Selbstzweifeln und erleichtert es, konstruktiv nach innen zu schauen. Er macht die Menschen offen und begeisterungsfähig, nimmt negative Gedanken, Gefühle und schlechte Träume auf und wandelt sie um.

HEILWIRKUNG Chalzedon reinigt mit großer Kraft, auch offene Wunden. Er unterstützt den mütterlichen Instinkt und regt den Milchfluss an, verbessert die Aufnahme von Mineralien und baut Mineralablagerungen in den Adern ab. Chalzedon lindert die Auswirkungen von Demenz und Senilität. Dieser Stein steigert die körperliche Energie. Er bringt Körper, Gefühle, Verstand und Geist in Einklang und heilt die Augen, die Gallenblase, die Knochen, Milz, Blut und Kreislaufsystem.

ANWENDUNG Am Finger oder um den Hals bzw. als Gürtelschnalle tragen oder an der entsprechenden Stelle auflegen, insbesondere über den Organen und direkt auf der Haut.

BESONDERE FARBEN
Neben den allgemeinen Merkmalen weisen die nachstehend aufgeführten Farben und Varietäten zusätzliche Eigenschaften auf:

Blauer Chalzedon (unbearbeitet)

Blauer Chalzedon ist ein kreativer Stein. Er öffnet den Verstand, so dass neue Ideen einfließen können; er hilft dabei, veränderte Situationen anzunehmen. Blauer Chalzedon verleiht mentale Flexibilität und erhöht die Sprachgewandtheit, verbessert die Fähigkeiten, zuzuhören und zu kommunizieren. Er fördert das Erlernen neuer Sprachen und das Gedächtnis. Blauer Chalzedon vermittelt ein Gefühl der Leichtigkeit im Herzen und die Fähigkeit, optimistisch nach vorne zu schauen. Er verbessert das Selbstbild. Traditionell wurde dieser Stein für Wetterzauber eingesetzt und um Beschwerden zu lindern, die mit Wetterwechsel in Zusammenhang gebracht wurden.

Auf der körperlichen Ebene unterstützt der blaue Chalzedon die Regeneration der Schleimhäute und lindert Leiden, die von Wetterfühligkeit oder Druck erzeugt werden. Blauer Chalzedon stärkt das Immunsystem. Er regt den Lymphfluss an und beugt Ödemen vor, wirkt entzündungshemmend, Fieber und Blutdruck senkend. Er heilt die Lungen und reinigt die Atmungswege von den Auswirkungen des Rauchens.

Dendriten-Chalzedon fördert klares, präzises Denken. Er ist sehr hilfreich, wenn man unter Druck steht oder angegriffen wird, denn er erleichtert ein ruhiges Gespräch, bei dem man entspannt bleibt. Er macht Mut, im Jetzt zu leben und hilft, unangenehmen Tatsachen ins Gesicht zu schauen. Dendriten-Chalzedon hilft, Erinnerungen zu bearbeiten und bringt Freude ins Leben. Er unterstützt eine unkomplizierte und freundliche Art, auf Menschen zuzugehen. Er fördert tolerante, wertfreie Interaktion.

Dendriten-Chalzedon hilft bei chronischen Erkrankungen. In solchen Fällen sollte er über längere Zeiträume getragen werden. Ferner ist er nützlich bei Problemen im Zusammenhang mit dem Rauchen, denn er stärkt das Immunsystem. Er fördert die Kupferaufnahme des Körpers, entgiftet die Leber und heilt Entzündungen der weiblichen Sexualorgane sowie Pilzerkrankungen der Vagina.

Rosa Chalzedon unterstreicht ein freundliches Wesen und alle guten Eigenschaften. Er fördert die Fähigkeit zutage, sich mit den Augen eines Kindes zu wundern, aber auch die Bereitschaft, Neues zu lernen. Auch die Erzählkunst als eine Spielart von Kreativität beeinflusst er positiv. Rosa Chalzedon ist

Rosa Chalzedon (unbearbeite

ein spiritueller Stein, der Empathie und inneren Frieden verstärkt und zu tiefem Vertrauen verhilft.

Dieser Stein ist ganz besonders für die Behandlung psychosomatischer Leiden geeignet. Rosa Chalzedon stärkt das Herz und unterstützt das Immunsystem. Er hilft bei Stillproblemen und fördert den Fluss von Lymphflüssigkeiten.

Roter Chalzedon verleiht Stärke und Ausdauer, wenn es darum geht, Ziele zu erreichen. Er rät, wann man kämpfen oder aber charmant aufgeben soll. Als Stein der Zuversicht hilft er, Träume bewusst zu machen und Strategien zu entwerfen, sie auf möglichst positive Art und Weise zu realisieren. Als Heilstein regt roter Chalzedon den Kreislauf an, ohne den Blutdruck zu erhöhen; ferner fördert er die Blutgerinnung. Er reduziert Hungerattacken, sollte allerdings nicht über längere Zeit angewendet werden, denn er hemmt die Nährstoffaufnahme und kann zeitweilig Übelkeit hervorrufen.

ANMERKUNG In Marokko und andernorts werden gefärbte Chalzedondrusen verkauft (Silber oder andere Farben). Die Farbe geht in nassem Zustand ab und darunter wird der weiße oder graue Chalzedon sichtbar. Die Merkmale sind identisch mit den Merkmalen des normalen Chalzedon.

CHAROIT

Poliert

FARBE	Flieder
AUSSEHEN	Marmoriert, strukturiert und geädert, häufig klein bis mittelgroß, getrommelt oder poliert
HÄUFIGKEIT	Zunehmend leichter erhältlich
HERKUNFT	Russland

MERKMALE Charoit ist ein Stein der Verwandlung, der Seelenstein, der Ängste überwindet. Charoit ist dem Blick nach innen und der spirituellen Erkenntnis förderlich und hilft, sich mit einschneidenden Veränderungen auf der spirituellen Ebene abzufinden. Zu diesem Zweck synthetisiert er Herz- und Scheitelchakra und fördert bedingungslose Liebe. Gleichzeitig schenkt er tiefe körperliche und emotionale Heilung. Er hilft, den gegenwärtigen Moment als perfekt anzunehmen.

Auf der psychischen Ebene integriert Charoit „negative Eigenschaften"; andere anzunehmen wird einfacher. Er befreit von tief sitzenden Ängsten und ist ganz besonders gut einzusetzen, um Widerstände zu überwinden oder Dinge sachlich zu betrachten. Er verleiht Antriebskraft, Schwung und Spontanität, kann Stress und Sorgen mindern und zu einer entspannten Einstellung verhelfen. Mit Charoit können Zwänge und Obsessionen überwunden werden. Er bringt das Scheitelchakra ins Gleichgewicht und hilft, das Gefühl der Entfremdung oder Frustration zu überwinden.

Auf der mentalen Ebene fördert Charoit die Fähigkeiten zur beobachtenden Wahrnehmung und Analyse und wendet dies an, um rasche Entscheidungen zu erleichtern. Er hilft denjenigen, die stärker von den Gedanken und Plänen anderer angetrieben sind als von den eigenen.

In spiritueller Hinsicht erdet Charoit das spirituelle Selbst in der Realität des Alltags. Er zeigt Möglichkeiten auf, im Dienste der Menschlichkeit zu wirken, öffnet das Scheitelchakra und bringt es ins Gleichgewicht.

HEILWIRKUNG Charoit verwandelt negative Energie in Heilkraft und Leiden in Wohlbefinden. Er schenkt dem Körper bei Erschöpfung neue Energie, heilt Dualitäten, formt aus ihnen ein einheitliches Ganzes und reguliert den Blutdruck. Mit Charoit kann man Augen, Herz, Leber und Bauchspeicheldrüse behandeln. Er verschafft Linderung bei Krämpfen und Schmerzen vieler Art. Charoit beschert tiefen Schlaf mit kraftvollen Träumen, wirkt gegen Schlafstörungen und lässt Kinder ruhig schlafen. Er hilft, wo Funktionsstörungen des autonomen Nervensystems das Herz beeinflussen. Charoit – so sagt man – heilt Autismus und bipolare Funktionsstörungen.

ANWENDUNG Über dem Herzen oder an der betreffenden Stelle mit Hautkontakt auflegen. Ein Steinkreis mit Charoit ist sehr wirkungsvoll. Als Edelstein-Elixier reinigt er den physischen Körper und stabilisiert, wenn man aufgewühlt ist.

CHIASTOLITH

Auch als Kreuzstein oder Andalusit bekannt.

Andalusit

Grün

Braun

FARBE	Graubraun, rosa, grau, rötlich braun, olivgrün
AUSSEHEN	Charakteristisches Kreuz im Querschnitt; häufig kleine Trommelsteine
HÄUFIGKEIT	Leicht erhältlich
HERKUNFT	Chile, Russland, Spanien

MERKMALE Chiastolith ist ein kraftvoller Schutzstein. In früheren Zeiten verwendete man ihn zur Abwehr böser Verwünschungen und Flüche. Er hat die Eigenschaft, Uneinigkeit in Harmonie zu verwandeln. Chiastolith ist ein kreativer Stein und besitzt die Energie, negative Gedanken und Gefühle aufzulösen. Er verwandelt Konflikte in Harmonie und hilft bei der Lösung von Problemen sowie bei Veränderungen.

Auf der psychischen Ebene entlarvt Chiastolith Illusionen und beruhigt Ängste. Er gibt Menschen die Kraft, sich der Realität zu stellen und hilft insbesondere, Angst vor dem Verrücktwerden zu besiegen. In der Übergangsphase von einer Situation in die nächste wirkt er vor allem auf der psychischen Ebene unterstützend und befreit von überkommenen Verhaltens- und Erziehungsmustern.

In mentaler Hinsicht hilft Chiastolith bei Problemlösungsprozessen, indem er analytische Fähigkeiten stärkt. Emotional gesehen beseitigt Chiastolith Schuldgefühle und stabilisiert die Gefühlslage.

HEILWIRKUNG Chiastolith wirkt fiebersenkend, blutstillend und entsäuernd, wodurch er Rheuma und Gicht heilt. Bei stillenden Müttern regt er den Milchfluss an. Dieser Stein behebt Chromosomenschäden und bringt das Immunsystem ins Gleichgewicht, heilt Lähmungen und stärkt die Nerven.

ANWENDUNG Auf die betreffende Stelle auflegen oder als Halskette tragen.

Grüner Andalusit reinigt das Herz und wirkt ausgleichend. Er hebt emotionale Blockaden und Chakrablockaden auf, die ihre Ursache in angestautem Ärger und alten emotionalen Traumata haben. In der Psycho- oder Kristalltherapie ist er sehr hilfreich.

CHLORIT

Chlorit-Phantom

FARBE	Grün
AUSSEHEN	Mehrere Formen, normalerweise opak, kann in Quarz eingeschlossen sein (allgemeine Bezeichnung einer Gruppe)
HÄUFIGKEIT	Leicht erhältlich
HERKUNFT	Russland, Deutschland, USA

MERKMALE Ein kraftvoller, positiver Heilstein, nützlich für das Umfeld oder das individuelle Energiefeld. Zusammen mit Amethyst, Karneol und Rubin hilft er, psychische Angriffe abzuwehren.

HEILWIRKUNG Chlorit hilft, Gifte auszuscheiden und Vitamin A und E, Eisen, Magnesium und Kalzium aufzunehmen. Schmerz bekämpft er sehr wirkungsvoll und entfernt Hautwucherungen und Leberflecken. Er fördert die Vermehrung nützlicher Bakterien.

ANWENDUNG Auf betreffende Stelle auflegen oder darüber halten.

(*siehe auch* Chlorit-Phantom, Seite 217 sowie Serafinit, Seite 246).

CHRYSANTHEMENSTEIN

Naturbelassen

FARBE	Braun, grau mit weiß
AUSSEHEN	Ähnelt der Blume Chrysantheme, mittelgroß
HÄUFIGKEIT	Leicht erhältlich
HERKUNFT	China, Japan, Kanada, USA

MERKMALE Der Chrysanthemenstein strahlt ruhige Zuversicht aus und bereichert auf unaufdringliche Art und Weise seine Umgebung. Er verströmt Harmonie, synthetisiert Veränderung und Gleichgewicht und zeigt, wie diese beiden Faktoren zusammen wirken können. Dieser Stein hilft, das Verankertsein in der Gegenwart zu genießen und lässt das Selbst erblühen. Er inspiriert, versorgt mit neuer Energie und führt die Anstrengungen zum Erfolg. Der Chrysanthemenstein lehrt, die Kinderseele zu bewahren, Freude zu genießen, auf dem spirituellen Weg arglos zu sein und der Selbstentfaltung verleiht er ein gewisses Ungestüm. Er stärkt den Charakter, bezwingt Bigotterie, Ignoranz, Engstirnigkeit, Selbstgerechtigkeit und Eifersucht und macht Mut, der Welt mit mehr Liebe zu begegnen – im Gegenzug kommt mehr Liebe in Ihr Leben.

Auf der mentalen Ebene wirkt der Chrysanthemenstein Oberflächlichkeit entgegen. Er verleiht den Gedanken Tiefe, schützt vor Ablenkung und hilft, übergeordnete Zusammenhänge zu verstehen. In emotionaler Hinsicht bringt er Stabilität und Vertrauen, denn er räumt Verbitterung und Feindseligkeit aus.

HEILWIRKUNG Der Chrysanthemenstein kann den körperlichen Reifeprozess und das Erwachsenwerden unterstützen. Er heilt die Haut, das Knochengerüst und die Augen und ist nützlich beim Zersetzen von Giften und Tumoren.

ANWENDUNG Tragen, mitführen oder in der Umgebung aufstellen. Als Elixier verwenden, aber mit der indirekten Methode, also den Stein in eine Glasschale im Wasserbehälter legen, da sonst die „Blume" beschädigt wird.

CHRYSOKOLL

Unbearbeitet

Poliert

FARBE	Grün, blau, türkis
AUSSEHEN	Opak, oft gebändert oder mit Einschlüssen, alle Größen, häufig als Trommelstein oder poliert
HÄUFIGKEIT	Verbreitet
HERKUNFT	USA, Großbritannien, Mexiko, Chile, Peru, Zaire, Russland

MERKMALE Die Wirkung des Chrysokoll äußert sich als Ruhe, Unterstützung. Er hilft bei Meditation und Kommunikation. Chrysokoll nimmt negative Energien aller Art hinweg. Er kann helfen, Situationen, die sich konstant ändern, mit heiterer Gelassenheit zu akzeptieren und große innere Stärke aufzubauen. Auf krisengeschüttelte Partnerschaften wirkt er positiv, stabilisiert und heilt sowohl das Heim als auch die Interaktion der Personen.

Chrysokoll beruhigt und reinigt alle Chakren und spendet ihnen Energie. Legt man ihn auf das Solarplexuschakra, so vermindert er destruktive, negative Energien. Auf dem Herzchakra heilt er Herzschmerzen und steigert die

Liebesfähigkeit. Auf dem Hals aufgelegt, verbessert er die Kommunikation, hilft aber auch zu erkennen, wann man besser schweigt.

Auf der psychischen Ebene ist Chrysokoll der Selbsterkenntnis und dem inneren Gleichgewicht zuträglich, er verleiht Zutrauen und Einfühlungsvermögen. Er verbessert die individuelle Kraft und regt die Kreativität an. Da er hilft, Phobien zu überwinden, beseitigt er Negatives und motiviert antriebsschwache Menschen. Auf der mentalen Ebene verringert Chrysokoll Spannungen und hilft, einen kühlen Kopf zu bewahren. Eigenschaften wie Objektivität und Aussprechen der Wahrheit stärkt er, lindert in emotionalen Bereich Schuld und schenkt Freude.

HEILWIRKUNG Chrysokoll wirkt heilsam bei Arthritis, Knochenleiden, Muskelkrämpfen, Beschwerden des Verdauungstraktes, bei Geschwüren, Bluterkrankungen und Lungenproblemen. Er entgiftet Leber, Nieren und Darm. Blut und Zellen der Lunge reichert er mit Sauerstoff an, vergrößert dadurch das Lungen- und Atemvolumen, regeneriert die Bauchspeicheldrüse, reguliert den Insulinhaushalt und das Blut. Dieser Stein stärkt die Muskeln und lindert Muskelkrämpfe. Dank seiner kühlenden Wirkung kann er bei Infektionen eingesetzt werden – insbesondere bei Hals- und Mandelentzündungen; er senkt den Blutdruck und verschafft Linderung bei Verbrennungen. Er wirkt gegen Arthritis-Schmerzen, stärkt die Schilddrüse und regt den Stoffwechsel an. Der „Frauenstein" Chrysokoll ist gut gegen prämenstruelle Beschwerden und Menstruationsschmerzen.

ANWENDUNG An der betreffenden Stelle auf die Haut oder auf das Stirnchakra auflegen.

KOMBINATION
Chrysokoll aus einer Druse kombiniert die Eigenschaften von Chrysokoll und Quarz. Ein solcher Stein verfügt über große Klarheit und wirkt äußerst schnell.

Chrysokoll aus einer Druse

CHRYSOPRAS

Trommelstein

Zitronenfarben (getrommelt)

Unbearbeitet

FARBE	Apfelgrün, Zitrone
AUSSEHEN	Opak, gefleckt, häufig klein und getrommelt
HÄUFIGKEIT	Verbreitet
HERKUNFT	USA, Russland, Brasilien, Australien, Polen, Tansania

MERKMALE Chrysopras vermittelt das Gefühl, ein Teil des göttlichen Ganzen zu sein. Er führt in Zustände tiefer Meditation. Die Menschen früherer Zeiten sprachen ihm die Bedeutung zu, er fördere die Wahrheitsliebe, und als solcher auch die Hoffnung und individuelle Erkenntnis. Er bringt Talente zum Vorschein und regt die Kreativität an.

In geschäftlichen Dingen und zwischenmenschlichen Beziehungen fördert er Ehrlichkeit. Dieser Kristall versorgt Herz- und Sakralchakren mit Energie.

Auf der psychischen Ebene wirkt Chrysopras beruhigend, hilft, nicht egoistisch zu sein und schafft somit Offenheit für neue Situationen. Er unterstützt Prozesse, in denen in der Vergangenheit liegende egoistische Beweggründe und ihre Auswirkung auf die Entwicklung betrachtet werden; er stimmt Ideale und Verhalten einer Person aufeinander ab. Da er hilft, zwanghaftes oder impulsives Denken und Handeln abzugewöhnen, lenkt er die Aufmerksamkeit auf positive Ereignisse. Dieser Stein wirkt dagegen, generell alles und jeden zu bewerten und fördert die Eigenschaft, andere und sich selbst anzunehmen. Er unterstützt Vergeben und Mitleid.

Auf der mentalen Ebene fördert Chrysopras flüssige Rede und lässt den Verstand wendiger werden. Er schützt davor, im Zorn unbedacht Dinge auszusprechen. Von beklemmenden, wiederkehrenden Bildern befreit er und beugt somit insbesondere bei Kindern Alpträumen vor. In emotionaler Hinsicht vermittelt Chrysopras ein Gefühl von Sicherheit und Zutrauen. Er ist hilfreich beim Heilen von Koabhängigkeiten, denn er unterstützt die Unabhängigkeit unter gleichzeitiger Förderung von Engagement in Beziehungen.

HEILWIRKUNG Chrysopras sorgt hervorragend für Entspannung und erholsamen Schlaf. Er baut eine Resonanz zum Sakralchakra auf und fördert folglich die Fruchtbarkeit; infektionsbedingte Unfruchtbarkeit kann er rückgängig machen und kann den Körper bei Krankheiten unterstützen, die durch Geschlechtsverkehr übertragen werden. Chrysopras hilft bei Gicht, Augenleiden und Geisteskrankheit. Man setzt ihn zur Behandlung von Hautkrankheiten, Herzproblemen und Kröpfen ein; er reguliert den Hormonhaushalt und beruhigt das Verdauungssystem. Chrysopras stärkt bei Gebrechlichkeit. Er erhöht die Vitamin C-Aufnahme. In Kombination mit Rauchquarz kann er zur Behandlung von Pilzinfektionen eingesetzt werden. Das Elixier wirkt bei stressbedingten Magenproblemen beruhigend. Chrysopras heilt das innere Kind, denn er bricht Gefühle auf, die ein Mensch seit seiner Kindheit in seinem Inneren verbirgt. Er verringert Klaustrophobie und Alpträume.

ANWENDUNG Tragen oder an der entsprechenden Stelle aufstellen. In akuten Fällen als Elixier einnehmen.

CINNABARIT

Auch als Drachenblut bekannt

Unbearbeiteter Kristall auf Matrix

FARBE	Rot, rotbraun, grau
AUSSEHEN	Kleine kristalline oder körnige Masse auf einer Matrix
HÄUFIGKEIT	Leicht erhältlich, jedoch teuer
HERKUNFT	China, USA

MERKMALE Cinnabarit schafft Reichtum. Er erhöht Überzeugungskraft und Durchsetzungsfähigkeit im Verkauf und unterstützt dabei, den eigenen Anstrengungen zum Erfolg zu verhelfen, ohne jedoch zu Aggressivität anzustacheln. Er hilft bei organisatorischer und gemeinschaftlicher Arbeit, bei geschäftlichen und finanziellen Angelegenheiten. Cinnabarit hilft, die eigene Rolle oder das eigene Image zu ändern, denn er stattet die Person mit Würde und Kraft aus, ihr Gebaren wird ästhetisch schön und elegant. In mentaler Hinsicht erwirkt er flüssiges, geschicktes Denken und Reden. Er hilft, alles anzunehmen, so, wie es ist. Er löst Energieblockaden und bringt die Energiezentren in Einklang.

HEILWIRKUNG Cinnabarit heilt und reinigt das Blut. Er verleiht dem physischen Körper Stärke und Flexibilität, stabilisiert das Gewicht und fördert die Fruchtbarkeit.

ANWENDUNG Halten oder an geeigneter Stelle aufstellen. In die Kasse legen.

COELESTIN

Blaue Druse

Blaue Spitze

FARBE	Blau, gelb, rot, weiß
AUSSEHEN	Durchsichtige, pyramidale Kristalle in mittelgroßen bis großen Stufen oder Drusen, tafelige Stücke
HÄUFIGKEIT	Leicht erhältlich, jedoch recht teuer
HERKUNFT	Großbritannien, Ägypten, Mexiko, Peru, Polen, Libyen, Madagaskar

MERKMALE Coelestin besitzt eine hohe Schwingung. Spiritueller Entwicklung vermag er den entscheidenden Anstoß zu geben und drängt Sie gewissermaßen der Erleuchtung entgegen. Der wunderschöne Stein fördert die Reinheit des Herzens und bringt Glück. Der tiefe Frieden, der ihm innewohnt, steht einem bei der Bewältigung von Konflikten zur Seite und hilft, in anstrengenden Zeiten eine harmonische Atmosphäre zu erhalten.

Coelestin kann helfen, gestörte Beziehungen zu reparieren, denn er schafft Raum für friedliche Verhandlungen.

Coelestin ist ein kreativer Stein und besonders in der Kunst sehr nützlich.

In psychischer Hinsicht vermittelt Coelestin sanfte Stärke und enormen inneren Frieden, wobei er gleichzeitig größere Offenheit für neue Erfahrungen erwirkt. Er lehrt Vertrauen in die unendliche göttliche Weisheit. Dank seiner beruhigenden Wirkung ist er in der Lage, hochkochende Gefühle zu besänftigen.

In mentaler Hinsicht beruhigt und schärft Coelestin den Verstand. Er zerstreut Sorgen und fördert klares Denken und flüssige Kommunikation. Er hilft bei der Analyse komplexer Ideen. Dieser Stein synthetisiert Intellekt mit Instinkt und fördert das mentale Gleichgewicht.

Er vermittelt die Vorstellung einer friedvollen Koexistenz mit der gesamten Schöpfung und birgt somit die Möglichkeit vollkommener Harmonie.

HEILWIRKUNG Coelestin ist ein exzellenter Heilstein, der Schmerzen abbaut und Liebe in das Leben bringt. Er ist bei Funktionsstörungen der Augen und Ohren einsetzbar, hilft, Gifte auszuscheiden und Zellen zu ordnen. Sein besänftigender Einfluss löst Muskelverspannungen und beruhigt bei übergroßen Sorgen. Wie alle blauen Kristalle öffnet auch Coelestin sehr effektiv das Halschakra und heilt die mit diesem assoziierten Krankheiten.

ANWENDUNG Auf betreffende Stelle auflegen oder zum Meditieren verwenden. Ein großer Coelestin in einem Raum erhöht die Schwingungen in diesem Raum. Nicht unmittelbar dem Sonnenlicht aussetzen, denn dann bleicht die Farbe aus.

DANBURIT

Rosa

FARBE	Rosa, gelb, weiß, fliederfarben
AUSSEHEN	Klar mit Streifungen, alle Größen
HÄUFIGKEIT	Leicht erhältlich
HERKUNFT	USA, Tschechische Republik, Russland, Schweiz, Japan, Mexiko, Myanmar

MERKMALE Danburit ist ein äußerst spiritueller Stein. Er birgt eine sehr reine Schwingung und wirkt auf die Herzensenergie. Er aktiviert den Intellekt.

Danburit erleichtert einschneidende Veränderungen und hilft, die Vergangenheit hinter sich zu lassen. Das Herzchakra bringt er mit dem Scheitelchakra in Einklang (siehe Seiten 338 – 339, Kristalle und die Chakren). Und er sorgt für klare Träume.

In psychischer Hinsicht schenkt Danburit Geduld und inneren Frieden, wodurch er Leichtigkeit fördert und aufsässige Verhaltensweisen ändert.

HEILWIRKUNG Danburit ist ein sehr kraftvoller Heilstein. Er beseitigt Allergien und chronische Krankheiten; ferner wirkt er entgiftend. Mit Danburit kann man Leber und Gallenblase behandeln. Erforderlichenfalls erhöht er das Körpergewicht. Er unterstützt Muskelfunktion und Motorik.

ANWENDUNG An der betreffenden Stelle auflegen, insbesondere in Höhe des Herzens. Für klare, freundliche Träume unter das Kopfkissen legen.

BESONDERE FARBEN

Neben den allgemeinen Merkmalen weist die nachstehend aufgeführte Farbe zusätzliche Eigenschaften auf:

Rosa Danburit öffnet das Herz und fördert die Fähigkeit, sich selbst zu lieben.

Fliederfarbener Danburit

DIAMANT

Facettiert

Unbearbeitet

FARBE	Farblos, gelb, blau, braun, rosa
AUSSEHEN	In geschnittenem und poliertem Zustand kleiner, klarer und durchsichtiger Edelstein.
HÄUFIGKEIT	Teuer
HERKUNFT	Afrika, Australien, Brasilien, Indien, Russland, USA

MERKMALE Der Diamant symbolisiert Reinheit. Sein reines, weißes Licht kann dabei helfen, das eigene Leben zu einem zusammenhängenden Ganzen zusammen zu setzen. Er festigt Beziehungen und bringt Liebe und Klarheit in eine Partnerschaft. Man sagt, er stärke die Liebe eines Mannes zu seiner Frau, daher gilt er als Zeichen für Verbindlichkeit und ehrliche Überzeugung. Über Jahrtausende symbolisierte der Diamant Reichtum; er ist einer der offenbarenden Steine, die Wohlstand anziehen. Je größer der Diamant, umso größer der Reichtum. Ein großer Diamant kann auch hervorragend zum Blockieren geopathischer oder elektromagnetischer Belastungen und zum Schutz vor Mobiltelefonen eingesetzt werden.

Diamant verstärkt Energie. Er ist einer der wenigen Steine, die nie aufgeladen werden müssen. Er verstärkt die Energien aller Dinge, mit denen er in Kontakt kommt und ist sehr wirkungsvoll, wenn man ihn zu Heilzwecken gemeinsam mit anderen Steinen verwendet, denn er erhöht ihre

Kraft. Genau wie die positive Energie kann er jedoch auch negative Energie steigern.

Auf der psychischen Ebene verleiht der Diamant Eigenschaften wie Furchtlosigkeit, Unbesiegbarkeit und Tapferkeit. Das erbarmungslose Licht des Diamanten zeigt alles auf, was negativ ist und verwandelt werden muss. Er nimmt emotionale und mentale Schmerzen, verringert Angst und führt zu neuen Anfängen. Er ist ein sehr kreativer Stein, der Phantasie und Erfindungsgabe anregt.

In mentaler Hinsicht stellt der Diamant eine Verbindung zwischen Intellekt und höherem Verstand her. Er schenkt dem Verstand Klarheit.

Auf der spirituellen Ebene reinigt der Diamant von allem, was das innere Licht eines Menschen verschleiert und lässt das Licht der Seele erstrahlen. Er erinnert an die Sehnsucht der eigenen Seele und fördert die spirituelle Entwicklung. Er aktiviert das Scheitelchakra.

HEILWIRKUNG Der Diamant hilft bei grünem Star, klärt die Sicht und wirkt sich positiv auf das Gehirn aus. Er kann bei Allergien und chronischen Krankheiten eingesetzt werden und bringt den Stoffwechsel wieder ins Gleichgewicht. Er wurde traditionellerweise als Antidot verwendet.

ANWENDUNG Mit Hautkontakt tragen, halten oder auf die betreffende Stelle auflegen. Als Ohrring getragen ist er besonders wirkungsvoll, vor allem gegen Strahlungen von Mobiltelefonen.

DIOPTAS

Blaugrün (nicht kristallin)

Kristallin

FARBE	Tiefes blaugrün oder smaragdgrün
AUSSEHEN	Strahlende kleine Kristalle, normalerweise auf einer Matrix oder nicht kristalline Masse
HÄUFIGKEIT	Recht selten und teuer
HERKUNFT	Iran, Russland, Namibia, Demokratische Republik Kongo, Nordafrika, Chile, Peru

MERKMALE Dioptas übt eine starke Heilwirkung auf das Herz aus und öffnet das obere Herzchakra. Seine wunderbare blaugrüne Farbe bringt alle Chakren in ihrer Funktion auf eine höhere Ebene. Er hat eine geradezu dramatische Wirkung auf das menschliche Energiefeld.

In psychischer Hinsicht unterstützt Dioptas dabei, im Jetzt zu leben. Er fördert eine positive Lebenseinstellung und verleiht die Fähigkeit, sich auf die eigenen Ressourcen einzustellen. In allen Bereichen des Lebens kann er negativ in positiv umwandeln, überwindet in jeder Hinsicht das Gefühl eines Mangels und ermöglicht es, Potentiale auszuschöpfen. Er ist besonders dann hilfreich, wenn Sie nicht wissen, was als nächstes zu tun ist.

Auf der mentalen Ebene wirkt Dioptas reinigend und entgiftend. Er befreit von dem Bedürfnis, andere zu kontrollieren. Emotional gesehen kann Dioptas als Brücke zu emotionaler Heilung fungieren, insbesondere für das innere Kind. Die grünen Strahlen des Dioptas dringen tief in das Herz hinein und absorbieren schwellende Wunden und vergessene Verletzungen. Er löst Kummer, Verrat und Sorgen und heilt mit äußerster Effektivität Herzschmerzen und den Schmerz des Verlassenseins.

Dioptas lehrt, dass Schmerz und Schwierigkeiten in einer Beziehung letztlich die innerliche Trennung vom Selbst wiederspiegeln. Er setzt diese Verbindung instand, erfüllt auf allen Ebenen mit Liebe und heilt so ein emotionales schwarzes Loch, das für die Liebe fatal ist. Dieser Stein nimmt Standpunkte hinweg, die vorgeben, wie Liebe sein solle und erzeugt eine neue, liebevolle Schwingung.

HEILWIRKUNG Dioptas wirkt regulierend bei Zellfunktionsstörungen, aktivierend auf T-Zellen und Thymusdrüse, heilend bei der Menière-Krankheit, lindernd bei Bluthochdruck sowie Schmerzen und Migräne. Er beugt Herzinfarkten vor und heilt Herzkrankheiten. Dioptas lindert Erschöpfung und hilft, Schocks zu überwinden. Er wirkt entgiftend, wobei er Übelkeit reduziert und der Leber hilft, gesund zu werden. Im Kampf gegen Abhängigkeiten und Stress ist er besonders effektiv. Bei Kopf- und sonstigen Schmerzen als Elixier einnehmen.

ANWENDUNG Über dem oberen Herzchakra. Hervorragend als Edelstein-Essenz.

EISENPYRIT

Auch bekannt als Katzengold.

Pyritblume

Kubischer Pyrit

FARBE	Golden oder bräunlich
AUSSEHEN	Metallisch, kann kubisch sein, klein bis mittelgroß
HÄUFIGKEIT	Leicht erhältlich
HERKUNFT	Großbritannien, Nordamerika, Chile, Peru

MERKMALE Eisenpyrit dient hervorragend als Energie-Schutzschild. Auf allen Ebenen wehrt er negative Energie und Schadstoffe ab, auch Infektionskrankheiten.

Eisenpyrit ist ein sehr positiver Stein. Er überwindet Antriebslosigkeit und Unausgeglichenheiten. Mit ihm fällt es leichter, Fähigkeiten und Potenziale auszuschöpfen, denn er regt den Ideenfluss an. Ein Eisenpyrit auf dem Schreibtisch schenkt der Umgebung Energie. Er ist hilfreich, wenn Konzepte für größere Geschäfte entwickelt werden. Er lehrt uns, einen Blick hinter die Fassade auf das Eigentliche zu werfen, und macht diplomatischer.

Auf der psychischen Ebene lindert Pyrit Ängstlichkeit und Frustration. Stattdessen steigert er das Selbstwertgefühl und macht zuversichtlicher.

Die Wirkung kann Männern helfen, die sich minderwertig fühlen, denn er stärkt ihr Vertrauen in sich und ihre Männlichkeit. Für die so genannten „Machos" ist er eventuell jedoch zu intensiv und ruft womöglich Aggressivität hervor. Er hilft Frauen, sich aus der Rolle der „Dienstleistungskraft" und von Minderwertigkeitskomplexen zu befreien.

Eisenpyrit beschleunigt geistige Tätigkeiten, denn er erhöht den Blutstrom in Richtung Gehirn. Er verbessert Gedächtnis und Erinnerungsvermögen. Insbesondere der kubische Pyrit vergrößert und strukturiert das mentale Leistungsvermögen und gleicht zwischen Instinkt und Intuition sowie zwischen Kreativität und Analysedenken aus.

In emotionaler Hinsicht hilft Pyrit bei Melancholie und tiefer Verzweiflung. Im körperlichen Bereich steigert Pyrit die Energie und lindert Erschöpfung. Eisenpyrit erhöht die Sauerstoffversorgung des Blutes und stärkt das Kreislaufsystem. Dieser Stein trägt das Ideal einer perfekten Gesundheit und des perfekten Wohlbefindens in sich. Er ist ein äußerst schnell wirkender Heilstein, der die Ursache des Leidens ans Licht bringt, damit sie untersucht wird. Er hilft insbesondere dabei, an die Wurzel psychosomatischem Leiden zu dringen.

HEILWIRKUNG Eisenpyrit ist zur Behandlung der Knochen einsetzbar und reduziert die Zellbildung, er wirkt angeblich sogar positiv gegen DNA-Schädigungen, bringt die Meridiane in Einklang und hilft bei Schlafstörungen infolge von Magenreizungen. Er kräftigt den Verdauungstrakt und neutralisiert Gifte, ist gut für das Kreislauf- und Atemsystem und erhöht den Sauerstoffanteil im Blutkreislauf. Eisenpyrit hat eine sehr positive Wirkung auf die Lungen und lindert Asthma und Bronchitis.

ANWENDUNG In einem Beutel auf den Hals oder unter das Kissen legen.

FLUORIT

FARBE	Farblos, blau, grün, rosa, gelb, braun
AUSSEHEN	Durchsichtige, kubische oder oktaedrische Kristalle, alle Größen
HÄUFIGKEIT	Verbreitet
HERKUNFT	USA, Großbritannien, Australien, Deutschland, Norwegen, China, Peru, Mexiko, Brasilien

MERKMALE Fluorit ist ein wirkungsvoller Schutzstein, insbesondere auf der psychischen Ebene. Er hilft, zu erkennen, wenn äußere Einflusse in Ihrem Innern am Werke sind, er beendet psychische Manipulation und unangebrachte mentale Beeinflussung. Er wirkt sehr effektiv gegen von Computern ausgehende elektromagnetische Belastungen. Entsprechend aufgestellt blockiert er geopathische Belastungen. Als Heilstein beseitigt er negative Energien und Stress aller Art. Alles, was im Körper nicht perfekt in Ordnung ist, reinigt, klärt und beseitigt er und strukturiert es neu. Wenn es darum geht, Unorganisiertheit aller Art zu überwinden, so ist Fluorit der beste Stein.

Fluorit fördert unvoreingenommene Objektivität und erhöht die intuitiven Kräfte, spirituelle Realitäten rücken ins Bewusstsein vor und können das spirituelle Erwachen beschleunigen.Fluorit stabilisiert Gruppen, denn er vereint sie anhand eines gemeinsamen Zieles.

Der Stein wird auf vielen Ebenen mit Fortschritt assoziiert, denn er hilft, den Alltag zu strukturieren. Dieser Stein kann Chaos besiegen und die physischen, emotionalen und mentalen Körper neu organisieren.

Auf der psychischen Ebene bricht Fluorit feste Verhaltensmuster auf und öffnet die Tür ins Unbewusste. Dadurch kommen unterdrückte Gefühle an die Oberfläche und können bearbeitet werden. Er stärkt das Selbstvertrauen und die Geschicklichkeit.

Fluorit verbessert körperliche und mentale Koordination und wirkt gegen Gemütskrankheiten. Er löst festgefahrene Vorstellungen auf und hilft, den Blick von engstirnigen Standpunkten auf das große Ganze zu lenken. Fluorit entlarvt Illusionen und enthüllt die Wahrheit. Er ist eine große Hilfe, wenn unparteiisches, objektives Handeln Not tut.

Fluorit ist eine hervorragende Lernhilfe: Er organisiert und verarbeitet Informationen und verknüpft das bereits vorhandene mit dem gerade neu erworbenen Wissen; ferner erhöht er die Konzentration. Er hilft, neue Informationen aufzunehmen und fördert rasches Denken.

In emotionaler Hinsicht wirkt Fluorit stabilisierend. Er hilft, die Auswirkungen von Verstand und Gefühl auf den Körper zu verstehen. In Bezug auf Beziehungen vermittelt er die Wichtigkeit von Ausgewogenheit.
Auf der körperlichen Ebene unterstützt Fluorit Gleichgewicht und Koordination.

HEILWIRKUNG Fluorit ist ein kraftvolles Heilwerkzeug in Bezug auf Infektionen und Funktionsstörungen. Er ist gut für die Zähne, die Zellen und die Knochen und unterstützt angeblich die Heilung bei Schädigungen der DNA. Er bekämpft Viren, insbesondere als Elixier. Fluorit regeneriert Haut und Schleimhäute – vor allem in den Atemwegen – und heilt Geschwüre und Wunden. Er wirkt gegen Erkältungen, Grippe und Stirn- oder Nebenhöhlenentzündung. Dank der Fähigkeit, Verwachsungen zu lösen und die Beweglichkeit von Gelenken zu erhöhen, lindert Fluorit Arthritis, Rheuma und Wirbelsäulenverletzungen. Streicht man mit dem Stein in Richtung des Herzens über den Körper, so reduziert er Schmerzen. Bei Beschwerden wie Gürtelrose und anderen, die Nerven bedingten Problemen, kann er Linderung verschaffen, er heilt die Haut, beseitigt Schönheitsflecken und Falten. Er kann bei zahnärztlichen Behandlungen zum Einsatz kommen. Fluorit regt die Libido an.

ANWENDUNG Am Ohrläppchen tragen oder in der persönlichen Umgebung aufstellen. Zum Heilen an entsprechender Stelle auflegen. Fluorit entfernt negative Energie und Stress. Er muss nach jeder Anwendung gereinigt werden. Auf den Computer oder zwischen sich und die Elektrosmog-Quelle stellen. Edelstein-Essenz versprühen.

BESONDERE FARBEN

Neben den allgemeinen Merkmalen weisen die nachstehend aufgeführten Farben zusätzliche Eigenschaften auf:

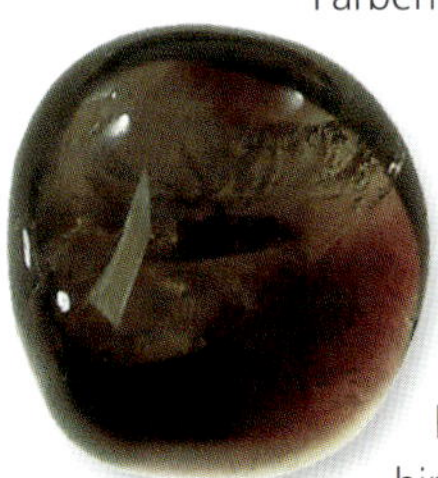

Blauer Fluorit

Blauer Fluorit fördert kreatives, geordnetes Denken und klare Kommunikation. Dieser Stein mit zweierlei Wirkung beruhigt oder belebt die Energie, je nach Bedarf des physischen oder biomagnetischen Körpers. Blauer Fluorit ist wirkungsvoll bei Problemen der Augen, der Nase, der Ohren und bei Halsproblemen. Er verstärkt die Selbstheilungskräfte, in dem er die Gehirntätigkeit stark fokussiert.

Farbloser Fluorit auf Matrix

Farbloser Fluorit stimuliert das Scheitelchakra und harmonisiert Intellekt und Geist. Er bringt die Chakren in Einklang. Dieser Stein verstärkt die Wirkung anderer Steine in einer Heilbehandlung und kann einen verdunkelten Blick erhellen.

Grüner Fluorit erdet überschüssige Energie, löst emotionale Traumata und besiegt Infektionen. Besonders effektiv absorbiert er negative Energien aus der Umwelt. Er fördert Informationen aus dem Unbewussten zutage und weist den Weg zur Intuition. Er reinigt Chakren und Geist und entfernt überkommene Beeinflussungen. Er befreit von Magenstörungen und Krämpfen im Verdauungstrakt.

Grüner Fluorit

Violetter Fluorit

Violetter und Rosa Fluorit stimulieren das Stirnchakra und verleihen eine Portion gesunden Menschenverstand. Sie eignen sich hervorragend für die Meditation. In der Behandlung von Knochen und Knochenmarksstörungen sind sie hilfreich.

Gelber Fluorit fördert die Kreativität und stabilisiert die Energie einer Gruppe. Insbesondere für Teamwork aller Art ist er eine Hilfe. Er unterstützt intellektuelle Tätigkeiten. Auf der körperlichen Ebene baut er Gifte ab. Er ist hilfreich im Hinblick auf Cholesterin und Leber.

Yttrium-Fluorit weicht in der Form etwas von den anderen Fluoriten ab. Er wirkt nicht korrigierend auf schlecht Organisiertes ein. Dennoch ist er ein sehr effektiver Heilstein im Zusammenhang mit anderen Krankheiten, die mit Fluorit assoziiert werden. Er steigert die geistigen Aktivitäten.

Gelber Fluorit

FUCHSIT

Auch als grüner Muskovit bekannt.

Unbearbeitet

FARBE	Grün
AUSSEHEN	Tafelartig und in Schichten (Glimmer) alle Größen
HÄUFIGKEIT	Über den Fachhandel erhältlich
HERKUNFT	Brasilien

MERKMALE Mit Fuchsit verstehen Sie Ihre Interaktion mit anderen Menschen besser und sind den grundsätzlichen Belangen des Lebens näher.

Eine Neigung ins Märtyrerhafte verkehrt er ins positive Gegenteil. Er ist sehr gut für Menschen geeignet, die plötzlich in die Rolle eines Retters oder Helfers schlüpfen (gegenüber Einzelpersonen oder Gruppen), und ganz schnell selbst zum Opfer werden. Er zeigt, wie man anderen einen Dienst erweisen kann, ohne sich in Machtkämpfe oder falsche Bescheidenheit zu verstricken. Viele Menschen, die anderen dienen, tun dies aus dem Gefühl heraus, „nicht gut genug" zu sein, und Fuchsit lehrt uns den wahren eigenen Wert.

Fuchsit zeigt auf, wie man nur das tut, was wirklich angemessen und notwendig ist, damit die Seele eines anderen wachsen kann und hilft, ruhig dabei zu stehen, wenn andere ihre Lektionen lernen. Er kombiniert bedingungslose Liebe mit der konsequenten Liebe, die Grenzen setzen kann. Er ist nützlich in einer Situation, in der eine Person augenscheinlich „hilft", tatsächlich aber psychologisch gesehen große Befriedigung aus dem Umstand zieht, die andere Person in Abhängigkeit zu sich selbst zu halten.

Ganz besonders hilfreich ist Fuchsit für den identifizierten Patienten innerhalb einer Familie oder Gruppe, auf den die Leiden und Spannungen projiziert werden. Dieser identifizierte Patient (Symptomträger) wird „für" die Familie krank oder abhängig. Wenn die anderen gesund werden wollen, übt die Familie oft Druck auf den Patienten aus, damit er „krank" oder abhängig bleibt. Fuchsit verleiht diesem Patienten die Stärke, gesund zu werden und sich dem Familienkonflikt zu entziehen. Fuchsit hilft, Koabhängigkeiten und emotionale Erpressung zu überwinden. Nach einem Trauma oder Situationen emotionaler Spannung macht Fuchsit belastbar.

HEILWIRKUNG Fuchsit verstärkt die Energie der Kristalle und erleichtert die Übertragung. Er bewegt die Energie zum niedrigsten Punkt und stellt das Gleichgewicht wieder her. Blockaden, die durch überschüssige Energie entstanden, baut er ab und leitet die Energie in positive Kanäle um. Er bringt das Verhältnis von roten und weißen Blutkörperchen ins Gleichgewicht, ist beim Karpal-Tunnel-Syndrom und der durch zuviel Arbeit am Computer ausgelösten Krankheit RSI (Repetitve Strain Injury) einsetzbar und richtet die Wirbelsäule wieder gerade. Fuchsit steigert die Flexibilität des Bewegungsapparates.

ANWENDUNG Auf die betreffende Stelle auflegen oder bei der Meditation halten.

(*Siehe auch*: Muskovit, Seite 179).

GAGAT

Geformt

Unbearbeitet

FARBE	Schwarz
AUSSEHEN	Kohleartiges Aussehen, meistens polierte, kleine Stücke
HÄUFIGKEIT	Leicht erhältlich
HERKUNFT	Weltweit, vor allem USA

MERKMALE Gagat besteht im Grunde aus versteinertem Holz, sieht aber aus wie Kohle. Seit der Steinzeit diente Gagat als Talisman. Er leitete angeblich negative Energie aus und linderte übertriebene Angst. Wird er um den Hals getragen, so wirkt er als Schutzstein. Er behütet vor Gewalt und Krankheit.

In früheren Zeiten diente er als Talisman zum Schutz vor „Wesen der Dunkelheit".

Traditionellerweise hieß es, Gagat wachse mit dem zusammen, der ihn trage. Daraus ist zu schließen, dass ererbter oder gekaufter Gagat-Schmuck mit besonderer Sorgfalt zu reinigen ist. Ein als Heilstein verwendeter Gagat ist nach jeder Behandlung gründlich zu reinigen.

Gagat steht in dem Ruf, die Finanzlage zu stabilisieren und die Geschäftstätigkeit zu schützen. Man kann ihn in die Kasse oder in die Wohlstandsecke des Heims (hinterste linke Ecke) beziehungsweise der Geschäftsräume legen.

Auf der psychischen Ebene unterstützt Gagat dabei, die Kontrolle über das eigene Leben zu übernehmen. Er gleicht Stimmungsschwankungen aus, lindert Depressionen und sorgt so für Stabilität und Gleichgewicht.

Gagat reinigt das Wurzelchakra und stimuliert den Aufstieg der Kundalini-Energie. Durch Auflegen auf die Brust leitet er die Kundalini-Energie in Richtung Scheitelchakra.

HEILWIRKUNG Mit Gagat kann man Migräne, Epilepsie und Erkältungen behandeln. Er bildet Mandel- und Lymphknotenschwellungen zurück und wirkt gegen Magenschmerzen. Traditionell wurde er zur Linderung von Menstruationskrämpfen eingesetzt.

ANWENDUNG Überall. Als Schmuckstein idealerweise in Silber fassen.

GALENIT

Unbearbeitet

FARBE	Metallisches grau-lila
AUSSEHEN	Kleine, glänzende Masse, größere körnig-klumpige Stücke
HÄUFIGKEIT	Im Fachgeschäft erhältlich
HERKUNFT	USA, Großbritannien, Russland

MERKMALE Galenit ist ein „Harmoniestein", der auf allen Ebenen für Ausgleich sorgt. Er erdet, verankert und führt zur Mitte. Er unterstützt das ganzheitliche Heilen. Ärzten, Homöopathen und Naturheilkundlern ist er eine hervorragende Ergänzung. Er regt dazu an, mehr nachzufragen und auszuprobieren. Galenit öffnet den Geist, erweitert die Vorstellungen und baut in der Vergangenheit festgelegte Prämissen ab, mit denen sich der Mensch selbst Grenzen setzt.

HEILWIRKUNG Galenit bildet Entzündungen und Ausschläge zurück, regt den Kreislauf an und ist gut für die Adern. Er verstärkt die Selen- und Zinkaufnahme. Ferner ist er sehr gut für das Haar.

ANWENDUNG An entsprechender Stelle auflegen. Da Galenit Blei enthält, dürfen Elixiere nur mit der indirekten Methode (siehe S. 343) zubereitet und äußerlich auf nicht offene Stellen aufgetragen werden.

GRANAT

Unbearbeitet

Poliert

Granatkristall

Granatstein

FARBE	Rot, rosa, grün, orange, gelb, braun, schwarz
AUSSEHEN	Durchsichtige oder durchscheinende Kristalle, häufig klein und facettiert oder größere undurchsichtige Stücke
HÄUFIGKEIT	Verbreitet
HERKUNFT	Weltweit

MERKMALE Granat spendet Energie und regeneriert, reinigt die Chakren und versorgt auch sie mit neuer Energie. Energien werden belebt, aufbereitet und in Einklang gebracht. So stellen sich je nach Situation heitere Gelassenheit ein oder Leidenschaft. Man sagt Granat nach, er könne vor aufziehender Gefahr warnen, daher trug man ihn früher als Talisman. Granat zählt zu den am häufigsten vorkommenden Steinen und liegt – je nach Ausgangsmineralien – in mehreren Varietäten vor. Zusätzlich zu den allgemeinen Merkmalen besitzen die Varietäten unterschiedliche Eigenschaften.

Granat inspiriert Liebe und Hingabe. Er wirkt ausgleichend auf den Sexualtrieb und lindert emotionale Unstimmigkeiten. Insbesondere roter Granat regt den kontrollierten Aufstieg der Kundalini-Energie an und fördert die sexuelle Potenz. Granat ist ein Bindungsstein.

In schwierigen Zeiten ist es hilfreich, einen Granat zu besitzen. Er hilft in Situationen, in denen es keinen Ausweg zu geben scheint, in denen das Leben zerbricht oder traumatische Züge annimmt. Er ermutigt, aktiviert, stärkt den Überlebensinstinkt, und so wachsen Mut und Hoffnung in scheinbar hoffnungslosen Situationen. Die Krise wird unter dem Einfluss des Granats zur Herausforderung. Ferner fördert er den Beistand der Menschen untereinander in schwierigen Zeiten.

Granat besitzt eine Verbindung zur Hypophyse. Granat aktiviert andere Kristalle und verstärkt deren Wirkung. Er beseitigt negative Chakra-Energie.

Quadratisch geschnittene Granate gelten in geschäftlichen Angelegenheiten als Glücksbringer.

Auf der psychischen Ebene schärft Granat die Selbst- und die Fremdwahrnehmung. Er bricht festgefahrene Verhaltensmuster auf, die keine Hilfe mehr sind, und überbrückt Widerstände oder selbstverursachte unbewusste „Sabotage". In mentaler Hinsicht hilft der Granat, nutzlose, alte oder überkommene Vorstellungen loszulassen. Im emotionalen Bereich baut Granat Hemmschwellen und Tabus ab. Er öffnet das Herz und schenkt Selbstvertrauen.

HEILWIRKUNG Granat regeneriert den Körper und regt den Stoffwechsel an. Er ist bei Wirbelsäulen- und Zellfunktionsstörungen einsetzbar, reinigt Herz, Lungen und das Blut, versorgt das Blut mit neuer Energie und regeneriert die DNA. Er fördert die Aufnahme von Mineralien und Vitaminen.

ANWENDUNG Ohrläppchen, Finger oder über dem Herzen. Direkt am Körper tragen. Zum Heilen auf die betreffende Körperstelle auflegen (Hautkontakt).

GRANATVARIETÄTEN

Neben den allgemeinen Merkmalen weisen die nachstehend aufgeführten Varietäten und Farben zusätzliche Eigenschaften auf:

Almandin Granat ist ein Heilstein mit stark regenerierender Wirkung, der Stärke und Ausdauer verleiht. Er unterstützt dabei, sich Zeit für sich zu nehmen, bringt tiefe Liebe und hilft, Wahrheit und Zuneigung in das höhere Selbst zu integrieren. Er öffnet den höheren Verstand und lässt Nächstenliebe und Mitleid wachsen. Almandin legt den Weg zwischen Wurzel- und Scheitelchakra frei. Almandin fördert die Eisenaufnahme im Darmtrakt, die Sehkraft und kann zur Heilung von Leber und Bauchspeicheldrüse eingesetzt werden.

Almandin Granat

Andranit Granat ist dynamisch und flexibel. Er regt die Kreativität an und bringt die Faktoren in Ihre zwischenmenschlichen Beziehungen, die für Ihre Entwicklung am wichtigsten sind. Er baut Gefühle der Isolation und der Fremdheit ab und sorgt für vertrauensvolle Begegnungen mit anderen. Andradit fördert Eigenschaften, die als männlich gelten, beispielsweise Mut, Ausdauer und Kraft. Er bringt die Magnetfelder des Körpers wieder in Einklang. Andradit regt die Blutbildung an und versorgt die Leber mit Energie. Er fördert die Aufnahme von Kalzium, Magnesium und Eisen.

In schwierigen Zeiten und Rechtsstreitigkeiten ist es gut, einen **Grossular** zu haben. Er lehrt, zu entspannen, sich dem Fluss der Ereignisse zu überlassen und inspiriert die Bereitschaft, entgegen zu kommen und zu kooperieren. Er fördert die Fruchtbarkeit und die Vitamin-A-Aufnahme. Er wirkt hervorragend bei Arthritis und Rheuma, kräftigt die Nieren und ist gut für Schleimhäute und Haut.

Hessonit fördert die Selbstachtung, räumt Schuld- und Minderwertigkeitsgefühle aus und man wird entgegenkommender. Er hilft, neue Herausforderungen zu erkennen, macht offen für Intuition. Er reguliert die Hormonproduktion, kann bei Unfruchtbarkeit und Impotenz helfen, heilt das Geruchssystem und nimmt negative, die Gesundheit schädigende Energie hinweg.

Melanit stärkt die Widerstandskraft und fördert Ehrlichkeit. Er befreit Herz- und Halschakra von Blockaden und verleiht die Gabe, Wahrheiten auszusprechen. Das Fehlen von Liebe überwindet er in jeder Situation, denn er baut Ärger, Neid, Eifersucht und Misstrauen ab. Er bringt eine Partnerschaft in ihre nächste Phase, wie auch immer diese aussieht. Melanit stärkt die Knochen und hilft dem Körper, sich auf Medikamente einzustellen. Er kann bei Krebs, Schlaganfällen, Rheuma und Arthritis eingesetzt werden.

Pyrop verleiht Lebenskraft, Charisma und erstklassige Lebensqualität. Er vereint die inneren kreativen Kräfte einer Person. Dieser Stein schützt Wurzel- und Scheitelchakren und verbindet das Erdende des Wurzelchakras mit der Weisheit des Scheitelchakras. Pyrop wirkt stabilisierend. Er stärkt den Kreislauf und kann zur Behandlung des Verdauungstraktes eingesetzt werden. Er neutralisiert Sodbrennen und lindert Halsschmerzen.

Rhodolit steht für Wärme, Vertrauen und Aufrichtigkeit. Er verbessert Kontemplation, Intuition und Inspiration. Rhodolit schützt das Wurzelchakra, fördert eine gesunde Sexualität und hilft, Frigidität zu überwinden. Er regt den Stoffwechsel an und kann zur Behandlung von Herz, Lungen und Hüften eingesetzt werden.

Spessartin hat eine sehr hohe Schwingungsfrequenz. Er bewirkt, dass man anderen bereitwillig hilft und kräftigt das Herz. Er ist analytischen Vorgängen und der verstandesmäßigen Vernunft förderlich, wirkt als Antidepressivum und hält Alpträume fern. Spessartin befreit von Problemen im sexuellen Bereich und kann bei Laktoseunverträglichkeit und Kalziummangel bzw. -überschuss angewendet werden.

Uwarowit fördert Individualität ohne Selbstgefälligkeit. Er regt das Herzchakra an. Uwarowit ist ruhig, friedvoll und hilft, Alleinsein nicht als Einsamkeit zu erfahren. Er wirkt entgiftend und fiebersenkend und verringert Entzündungen. Er ist bei der Behandlung von Azidose, Leukämie und Frigidität einzusetzen.

Roter Granat steht für Liebe. Er stellt eine Resonanz zur Herzenergie her, belebt Gefühle neu und steigert die Sexualität. Roter Granat kontrolliert die Wut, vor allem die Wut auf sich selbst.

HÄMATIT

Unbearbeitet (kristallin)

Trommelsteine

Unbearbeitet

FARBE	Silber, rot
AUSSEHEN	„Hirnartig" geformt, unpoliert rot oder grau. Poliert glänzt er. Schwer. Alle Größen.
HÄUFIGKEIT	Verbreitet
HERKUNFT	Großbritannien, Italien, Brasilien, Schweden, Kanada, Schweiz

MERKMALE Hämatit ist ein sehr wirkungsvoller Erdungs- und Schutzstein. Er harmonisiert Verstand, Körper und Geist.

Bei Hämatit ist das Element Yang, das die Meridiane in Einklang bringt, sehr ausgeprägt, wodurch Yin-Unausgewogenheiten ausgeglichen werden. Er baut Negativität ab. So gibt er dem Körper Frieden und Harmonie zurück.

Es heißt, Hämatit wirke in juristischen Angelegenheiten positiv.

Hämatit ist auf der psychischen Ebene stark. Er unterstützt schüchterne Frauen, erhöht das Selbstwertgefühl und die Überlebensfähigkeit, fördert Willenskraft und Zuverlässigkeit und verleiht Vertrauen. Er beseitigt selbstbegrenzende Faktoren und fördert die Entfaltung. Dieser Stein ist bei der Überwindung von Zwängen und Abhängigkeiten von Nutzen. Hämatit lenkt die Aufmerksamkeit auf die unerfüllten Wünsche, die die treibende Kraft im Leben sind. Er ist einsetzbar bei übermäßigem Essen, Rauchen und übermäßigem Genuss aller Art. Hämatit hilft, sich mit Fehlern abzufinden und sie nicht als Katastrophen zu verbuchen, sondern als Erfahrung.

Auf der mentalen Ebene fördert er die Konzentration und die Fähigkeit, zu fokussieren. Er stärkt das Gedächtnis und das eigenständige Denken. Die Aufmerksamkeit des Verstandes wird auf die grundsätzlichen Überlebensbedürfnisse gelenkt, Probleme werden gelöst. Er ist nützlich bei der Beschäftigung mit mathematischen und technischen Themen.

Im körperlichen Bereich ist der Hämatit eng mit dem Blut verbunden. Er fördert und reguliert alle Stufen der Blutbildung und kann Hitze aus dem Körper ausleiten.

HEILWIRKUNG Hämatit hilft bei Kreislaufproblemen wie der Reynaudschen Krankheit sowie Blutkrankheiten, beispielsweise Anämie. Er unterstützt die Nieren in ihrer blutreinigenden Funktion und regeneriert das Gewebe. Hämatit steigert die Eisenaufnahme und die Bildung roter Blutkörperchen. Er findet bei Beinkrämpfen, Ängstlichkeit und Schlafstörungen Anwendung, unterstützt bei Wirbelsäulenkorrekturen und Brüchen. Bei Fieber das Elixier einnehmen.

ANWENDUNG Am unteren und oberen Ende der Wirbelsäule zur Erleichterung von Wirbelsäulenbehandlungen. Zum Heilen oder Beruhigen in der Hand halten oder an der betreffenden Körperstelle auflegen. Hämatit darf nicht bei akuten Entzündungen sowie über längere Zeiträume angewendet werden.

HELIOTROP

Getrommelt

Unbearbeitet

FARBE	Rot-grün
AUSSEHEN	Grüner Quarz mit rotem oder gelbem Jaspis gefleckt, oft mittelgroße Trommelsteine
HÄUFIGKEIT	Leicht erhältlich
HERKUNFT	Australien, Brasilien, China, Tschechische Republik, Russland, Indien

MERKMALE Die englische Bezeichnung „Bloodstone" lässt darauf schließen: Der Heliotrop reinigt das Blut und ist ein kraftvoller Heilstein. In früheren Zeiten galt der Heliotrop als „Klangorakel", das sich über Klänge mitteile. Er steigert Intuition und Kreativität. Er regt die Träume an und belebt.

Auf der psychischen Ebene wirkt der Heliotrop ermutigend und lehrt die Menschen, gefährliche Situationen durch strategisch geschickten Rückzug und Wendigkeit zu vermeiden. Er fördert Selbstlosigkeit und Idealismus und hilft einzusehen, dass Chaos vor Veränderung kommt. Heliotrop unterstützt darin, im gegenwärtigen Augenblick zu handeln.

In mentaler Hinsicht beruhigt er den Geist, klärt Verwirrung auf und ist in Entscheidungsprozessen förderlich. Bei mentaler Erschöpfung kann er den Geist beleben. Dieser Stein unterstützt bei der Umstellung auf ungewohnte Umstände.

Emotional gesehen hilft Heliotrop, die Herzensenergie zu erden. Er verringert Reizbarkeit, Aggressivität und Ungeduld. Er hilft, Spiritualität in den Alltag einzubinden.

HEILWIRKUNG Der Heliotrop reinigt Energien und regt bei akuten Infektionen die Immunabwehr an. Er stimuliert den Lymphfluss und die Stoffwechselprozesse, belebt und versorgt mit neuer Energie, wenn Körper und Geist erschöpft sind. Er reinigt das Blut, entgiftet Leber, Darm, Nieren, Milz und Blase. Der Heliotrop wirkt positiv auf blutreiche Organe aus, reguliert und fördert den Blutfluss und ist gut für den Kreislauf. Er reduziert Eiterbildung und neutralisiert bei Übersäuerung. Bei Leukämie wirkt er unterstützend, da er das Blut stärkt und Gifte entzieht. Im alten Ägypten setzte man ihn ein, um Tumore zu schrumpfen. Er reinigt die unteren Chakren und bringt ihre Energien in Einklang.

ANWENDUNG Situationsbedingt. Tragen Sie ihn stets, um die Gesundheit zu fördern. Legen Sie ihn in ein Gefäß mit Wasser neben Ihrem Bett für erholsamen Schlaf. Zur Stärkung der Immunabwehr auf dem Thymus tragen.

HERKIMER DIAMANT

Klein

Groß, mit rauchartigen Einschlüssen

FARBE	Farblos
AUSSEHEN	Farblos, ölig, innere Regenbögen, normalerweise Doppelender, klein bis groß.
HÄUFIGKEIT	Teuer, aber leicht erhältlich
HERKUNFT	USA, Mexiko, Spanien, Tansania

MERKMALE Dieser Stein liefert Energie, heitert auf und fördert die Kreativität. Vor allem die kleineren und außergewöhnlich klaren Kristalle sind hervorragend für die Einstimmung geeignet. Er steigert Erinnerungsvermögen und Verständnis von Träumen. Er fördert die bewusste Einstimmung auf das eigene Potential.

Herkimer Diamanten zählen im Bezug auf das Entfernen von elektromagnetischer Umweltverschmutzung oder Radioaktivität zu den stärksten Kristallen. Sie blockieren geopathische Belastungen.

HEILWIRKUNG Der Herkimer Diamant wirkt entgiftend. Er schützt vor Radioaktivität und ist beim Behandeln von Krankheiten, die durch Berührung ausgelöst werden, einsetzbar. Er lindert Schlafstörungen aufgrund von geopathischen Belastungen oder elektromagnetischer Umweltverschmutzung; er korrigiert die DNA, Zellfunktionsstörungen und Stoffwechselschwankungen. Er befreit den Körper von Stress und Spannung. Mit Herkimer Diamant lässt sich ein hervorragendes Raumspray oder Edelstein-Elixier zubereiten.

ANWENDUNG Als Anhänger oder Ohrring tragen (nur über kurze Zeit). Am unteren Ende der Wirbelsäule oder an der entsprechenden Stelle auflegen. Stellen Sie ihn zwischen sich und der Quelle des Elektrosmogs auf oder verwenden Sie das Raumspray.

Rauchiger Herkimer (rauchig, Farbe tendiert ins Graue) hat eine besonders starke Erdungsenergie, die das Erdchakra und die Umwelt heilt, dabei elektromagnetische Verschmutzungen und geopathische Belastungen beseitigt.

Herkimer mit Zitrin hilft hervorragend gegen durch negative Energien verursachte Erschöpfung.

HOWLITH

Trommelstein

FARBE	Grün, weiß, blau; häufig künstlich gefärbt
AUSSEHEN	Marmorierter Stein, oft als Trommelstein. Alle Größen
HÄUFIGKEIT	Leicht erhältlich
HERKUNFT	USA

MERKMALE Howlith wirkt extrem beruhigend. Legt man ihn unter das Kopfkissen, so wirkt er wunderbar gegen Schlafstörungen, vor allem, wenn diese durch rastlose Hirnaktivität verursacht werden. Man kann auch das Elixier verwenden und es eine Stunde vor dem Zubettgehen in kleinen Schlucken trinken.

Auf der psychischen Ebene lehrt Howlith Geduld und hilft, Zorn und unkontrollierten Ärger zu eliminieren. Ein Howlith-Stück in der Tasche absorbiert Ihren eigenen und den gegen Sie gerichteten Ärger. Ferner hilft er, unzufriedene und egoistische Neigungen abzulegen und stärkt die positiven Charakterzüge.

Howlith besänftigt den Geist, beruhigt den Schlaf und eignet sich gut für die Meditation. Er ermöglicht ruhige und vernünftige Gespräche. Er stärkt das Gedächtnis und regt den Wissensdurst an.

Howlith kann aufschäumende Gefühle beruhigen. Er löst die Bande zwischen alten Gefühlen und dem Jetzt.

HEILWIRKUNG Howlith wirkt gegen Schlafstörungen. Er reguliert den Kalziumhaushalt im Körper und unterstützt Zähne, Knochen und weiches Gewebe. Aus Howlith wird ein nützliches Elixier zubereitet.

ANWENDUNG Auf entsprechende Stelle auflegen, bei der Meditation und zum Mäßigen von Wut in der Hand halten.

BESONDERE FARBEN
Neben den allgemeinen Merkmalen weist die nachstehend aufgeführte Farbe zusätzliche Eigenschaften auf:

Blauer Howlith fördert das Vermögen, sich an Träume zu erinnern und die darin verborgenen Erkenntnisse zu erfassen.

Blauer Howlith (künstlich gefärbt)

IDOKRAS

Trommelstein

FARBE	Grün, braun, gelb, hellblau, rot
AUSSEHEN	Harzig, kleine transparente Kristalle mit Flecken
HÄUFIGKEIT	Im Fachhandel erhältlich
HERKUNFT	USA

MERKMALE Idokras baut auf der psychischen Ebene Gefühle der Gefangenschaft und des Zwangs ab. Er befreit vom Zorn, lindert Angst und schenkt innere Sicherheit. Idokras hat starke mentale Verbindungen. Er öffnet den Verstand und entfernt negative Gedankenmuster, so dass der Verstand klarer arbeiten kann. Er regt Erfindungsgeist und Entdeckerdrang an und verknüpft sie mit Kreativität.

HEILWIRKUNG Idokras kräftigt den Zahnschmelz und stellt den Geruchssinn wieder her. Er unterstützt die Nährstoffaufnahme aus den Lebensmitteln. Idokras vertreibt die Niedergeschlagenheit.

ANWENDUNG Auf die betroffene Stelle auflegen.

IOLITH

Unbearbeitet

FARBE	Grau, violett, blau, gelb
AUSSEHEN	Klein, durchscheinend, Farbe wechselt je nach Blickwinkel des Betrachters.
HÄUFIGKEIT	Im Fachhandel erhältlich
HERKUNFT	USA

MERKMALE Iolith gilt als ein „Seherstein". Er stärkt den Bezug zum inneren Wissen. Schamanen setzten ihn bei ihren Zeremonien ein.

Auf der psychischen Ebene hilft Iolith, die Ursachen für Abhängigkeiten zu verstehen und zu beheben. Er hilft, dem wahren und von den Erwartungen des Umfelds befreiten Ich Ausdruck zu verleihen. Auf der mentalen Ebene beseitigt Iolith festgefahrene Gedankenmuster.

In emotionaler Hinsicht löst Iolith Unstimmigkeiten in Beziehungen. Da er Kraft gibt, Verantwortung für sich zu übernehmen, kann er Koabhängigkeiten innerhalb einer Partnerschaft überwinden.

HEILWIRKUNG Iolith sorgt für eine kräftige Konstitution. Er reduziert Fettablagerungen im Körper, mildert die Auswirkungen von Alkohol, unterstützt Entgiftungsprozesse und hilft der Leber, zu regenerieren. Er ist bei Malaria und Fiebererkrankungen einsetzbar, wirkt positiv auf Hypophyse, Stirn- und Nebenhöhlen, Atmungssystem und lindert Migräne-Kopfschmerzen. Ferner tötet er Bakterien ab.

ANWENDUNG Auf der betreffenden Körperstelle.

JADE

Auch als Jadeit oder Nephrit bekannt, beides sind Mineralien der Jade-Gruppe.

Grün (Trommelstein)

Grün (poliert)

Blau

FARBE	Grün, orange, braun, blau, blau-grün, champagnerfarben, lavendel, rot, weiß
AUSSEHEN	Durchscheinend (Jadeit) oder cremig (Nephrit), seifig. Alle Größen.
HÄUFIGKEIT	Die meisten Farben sind erhältlich, manche hingegen selten. Nephrit findet man einfacher als Jadeit.
HERKUNFT	Großbritannien, China, Italien, Myanmar, Russland, Nahost

MERKMALE Jade ist das Symbol der Reinheit und der heiteren Gemütsruhe. In Fernost wird Jade sehr geschätzt und steht für ruhe- und friedvoll erworbene Weisheit. Sie wird mit dem Herzchakra assoziiert und verstärkt die Liebe und das nährende Element. Jade ist ein Schutzstein, der den Träger vor Unheil bewahrt und Harmonie schenkt.

In psychischer Hinsicht stabilisiert Jade die Persönlichkeit und stimmt Verstand und Körper aufeinander ab. Sie fördert die Fähigkeit, sich selbst genug zu sein. Auf der mentalen Ebene befreit Jade von negativen Gedanken, besänftigt den Verstand und lässt Aufgaben weniger kompliziert erscheinen, so dass man sich sofort an die Arbeit heranwagt.

Im Bereich der Emotionen hilft Jade, während des Schlafes Gefühle abzubauen, insbesondere Ärger. Er wird deshalb auch „Traumstein" genannt.

In spiritueller Hinsicht macht Jade Mut, der Mensch zu werden, der man tatsächlich ist.

Auf der körperlichen Ebene reinigt Jade und unterstützt die filternden und ausscheidenden Körperorgane. Sie ist der Nieren-Heilstein schlechthin. Jadeit und Nephrit besitzen identische Heilkräfte, die jeweiligen Farben hingegen haben spezifische Merkmale.

HEILWIRKUNG Jade ist bei Nierenleiden und für die Nebennieren einsetzbar, entzieht dem Körper Giftstoffe, wirkt positiv auf Zellsystem und Knochengerüst und heilt Stiche. Sie fördert die Fruchtbarkeit, erleichtert die Geburt und wirkt ferner positiv auf Hüften und Milz. Jade gleicht den Körperflüssigkeitshaushalt und die Wasser-Salz-/Säure-Alkali-Anteile aus.

ANWENDUNG Tragen oder an der betreffenden Stelle auflegen. In China glaubt man, durch Halten eines Jadesteins gingen dessen Heilkräfte in den Körper über.

BESONDERE FARBEN

Neben den allgemeinen Merkmalen weisen die nachstehend aufgeführten Farben zusätzliche Eigenschaften auf:

Blaue/Blaugrüne Jade symbolisiert Frieden und Besinnung, verschafft innere Gelassenheit und Geduld. Diese Jadeart ist gut für langsam aber stetig verlaufende Prozesse. Sie hilft Menschen, die sich von Situationen überwältigt fühlen, die sich ihrer Kontrolle entziehen.

Blaugrüne Jade

Braune Jade ist ein stark erdender Stein. Er verbindet mit der Erde, spendet Trost und vermittelt Beständigkeit. Er hilft, sich an eine neue Umgebung zu gewöhnen.

Grüne Jade ist die verbreitetste Jadeart. Sie beruhigt das Nervensystem und leitet Leidenschaft in konstruktive Bahnen. Grüne Jade kann zur Harmonisierung gestörter Beziehungen eingesetzt werden.

Lavendeljade besänftigt emotionale Verletzungen und Traumata und verleiht inneren Frieden. Sie lehrt Feingefühl und Zurückhaltung in emotionalen Dingen und errichtet klare Grenzen.

Lavendeljade

Orangefarbene Jade ist energiegeladen und leicht anregend. Sie bringt Freude und belehrt über die Vernetzung aller Lebewesen.

Farblich changierende Jade

Rote Jade ist die leidenschaftlichste und anregendste Jadeart, assoziiert mit Liebe und „Abreagieren". Sie hilft, so mit Wut umzugehen und die Spannung so zu reduzieren, dass etwas Konstruktives entstehen kann.

Weiße Jade leitet Energie auf die konstruktivste Art und Weise. Sie filtert Ablenkungen, macht auf das bestmögliche Ergebnis aufmerksam und hilft durch Einbringen wichtiger Informationen bei der Entscheidungsfindung.

Gelbe Jade ist energetisch, auf reife Art und Weise stimulierend und schenkt Freude und Glück. Sie lehrt, dass alle Lebewesen miteinander verbunden sind. Ferner unterstützt sie die Verdauungs- und Ausscheidungssysteme des Körpers.

JASPIS

Trommelsteine

Rot, unbearbeitet

Brekzienjaspis, unbearbeitet

FARBE	Rot, braun, gelb, grün, blau, violett
AUSSEHEN	Opak, gemustert, oft vom Wasser glatt geschliffen oder kleine Trommelsteine.
HÄUFIGKEIT	Verbreitet
HERKUNFT	Weltweit

MERKMALE Jaspis ist bekannt für seine hervorragenden „fürsorglichen" Qualitäten: er unterstützt in Zeiten der Belastung und bringt Ruhe und Ganzheitlichkeit. Beim Einsatz als Heilstein vereint er alle Aspekte des Lebens. Jaspis erinnert die Menschen daran, einander zu helfen.

Jaspis koordiniert die Chakren. Jede Farbe ist einem bestimmten Chakra zuzuordnen. Jaspis bringt Yin und Yang ins Gleichgewicht. Er beseitigt elektromagnetische und umweltverschmutzende Schadstoffe (auch Strahlungen) und hilft Rutengängern.

Auf der psychischen Ebene verleiht Jaspis Zielstrebigkeit und den Mut, Probleme fest in den Griff zu bekommen. Er ermutigt zu Ehrlichkeit gegenüber sich selbst und steht bei unausweichlichen Konflikten zur Seite.

In mentaler Hinsicht fördert Jaspis flinkes Denken, organisatorische Fähigkeiten und die Fähigkeit, Projekte zu Ende zu bringen. Er regt die Phantasie an und hilft, Ideen in die Tat umzusetzen.

Auf der körperlichen Ebene erhöht Jaspis den sexuellen Genuss. Er wirkt während langwieriger Krankheiten oder Krankenhausaufenthalten unterstützend und gibt dem Körper neue Energie.

HEILWIRKUNG Jaspis unterstützt Kreislauf- und Verdauungssystem sowie die Sexualorgane. Er gleicht den Mineralhaushalt im Körper aus und ist besonders als Edelstein-Elixier wirksam, da dies den Körper nicht übermäßig anregt.

ANWENDUNG An der betreffenden Körperstelle mit Hautkontakt. Spezielle Punkte sind bei den Farben jeweils angegeben. Über lange Zeiträume anwenden, da Jaspis langsam wirkt. Für die Absorption negativer Energie einen großen und schönen braunen Jaspis in einem Raum aufstellen.

BESONDERE FARBEN

Neben den allgemeinen Merkmalen weisen die nachstehend aufgeführten Farben zusätzliche Eigenschaften auf:

Blauer Jaspis regt das Halschakra an, gleicht Yin- und Yang-Energie aus. Dieser Stein liefert dem Körper während des Fastens Energie, heilt degenerative Erkrankungen und gleicht Mineralstoffmängel aus.

Blauer Jaspis (getrommelt)

Brauner Jaspis (und Bilder- oder Landschaftsjaspis) ist mit der Erde verbunden und steigert das Umweltbewusstsein. Das Ergebnis sind Stabilität und Ausgewogenheit. Er ist besonders hilfreich, wenn geopathische und umweltbedingte Belastungen zu reduzieren sind. Er hilft, tief zu meditieren, zur Mitte zu kommen. Dieser Stein verbessert die Sehkraft im Dunkeln. Er bringt das Immunsystem in Schwung, entfernt Schadstoffe und Gifte aus dem Körper und regt die Reinigungsorgane an. Er heilt die Haut. Brauner Jaspis gibt Stärke bei dem Entschluss, das Rauchen aufzugeben. *Anwendung* Stirn oder betreffende Stelle.

Grüner Jaspis (unbearbeitet)

Grüner Jaspis heilt und lindert Leiden. Er wirkt auf Lebensbereiche ausgleichend, die zum Nachteil anderer eine immense Wichtigkeit erlangt haben. Er regt das Herzchakra an. Grüner Jaspis hat eine positive Wirkung bei Hautstörungen und Bläschen. Er heilt ferner Beschwerden im Oberkörper, im Verdauungstrakt und den reinigenden Organen. Er verringert Toxizität und Entzündung.

Violetter Jaspis regt das Stirnchakra an. Er löst Widersprüche auf. Die *Anwendung* erfolgt über das Scheitelchakra.

Roter Jaspis (und Brekzienjaspis) wirkt leicht anregend. Roter Jaspis bringt Probleme ans Licht, bevor sie zu groß werden und gewährt Erkenntnisse über die schwierigsten Situationen. Legt man einen roten Jaspis unter das Kopfkissen, so hilft er, sich an die Träume zu erinnern. Er regt das Wurzelchakra an. Er ist ein Gesundheitsstein, der das Kreislaufsystem, Blut und Leber kräftigt und entgiftet. Er baut Ablagerungen in der Leber oder im Gallenleiter ab. *Anwendung* Wurzelchakra oder an entsprechender Stelle.

Gelber Jaspis (getrommelt)

Gelber Jaspis kanalisiert positive Energie, verbessert das körperliche Wohlbefinden und versorgt das endokrine System mit Energie. Gelber Jaspis regt das Solarplexuschakra an. Er baut Giftstoffe ab, heilt Verdauungsprobleme und den Magen. *Anwendung* Stirn, Brust, Hals, Handgelenk oder auf die schmerzende Stelle auflegen, bis der Schmerz nachlässt.

Mookait (australischer Jaspis) bringt innere und äußerliche Erfahrungen in Einklang. Er verleiht sowohl den Wunsch nach neuen Erfahrungen als auch die tiefe Ruhe, mit der man diesen begegnet. Der vielseitige Mookait fördert die Vielfalt, zeigt die ganze Bandbreite der Möglichkeiten auf und hilft, sich für die richtige zu entscheiden. Körperlich wirkt Mookait stabilisierend und stärkt das Immunsystem, heilt Wunden und reinigt das Blut.

Mookait (getrommelt)

Bilder- oder Landschaftsjaspis (siehe brauner Jaspis) vermittelt ein Gefühl für Verhältnismäßigkeiten und Harmonie, schenkt Trost und lindert Angst. Er regt das Immunsystem an und reinigt die Nieren.

Kugeljaspis fördert den Dienst am Nächsten, hilft, zu Verantwortung zu stehen und verleiht Geduld. Seine kreisrunden Zeichnungen stellen eine Resonanz zur gleichmäßig-rund fließenden Atmung her und erleichtern sie. Er baut Gifte ab, die einen unangenehmen Körpergeruch verursachen.

Kugeljaspis

Blumenjaspis öffnet das Scheitelchakra. Dieser Stein entfernt Widersprüche und hilft, die eigene Würde zu wahren. Mental und emotional wirkt er stabilisierend.

Brekzienjaspis (Hämatit geäderter Jaspis) hilft, realistisch zu sein und emotionale Stabilität zu erlangen. Er befreit den Kopf von überschüssiger Energie und fördert mentale Klarheit.

(*Siehe auch* Rhyolith, Seiten 231 – 232)

KOMBINATION

Tigereisen ist eine Kombination aus Jaspis, Hämatit und Tigerauge. Er fördert die Vitalität und hilft, Veränderungen zu durchlaufen. Er ist für Menschen nützlich, die auf irgendeiner Ebene sehr erschöpft sind, vor allem bei emotionalem oder mentalem burn-out oder bei familiären Problemen. Er unterstützt Veränderungen, denn er schafft einen Raum, in dem man die Erfordernisse betrachten kann und verleiht anschließend die Energie,

Tigereisen (unbehandelt)

die es zum Handeln braucht. Tigereisen liefert normalerweise pragmatische, einfach Lösungen. Er ist kreativ und künstlerisch und bringt natürliche Begabungen zum Vorschein.

Tigereisen wirkt auf das Blut ein und bringt die Anzahl der roten und weißen Blutkörperchen ins Gleichgewicht, baut Giftstoffe ab und heilt durch Stärkung der Muskeln Hüften, untere Gliedmaßen und Füße. Er fördert die Vitamin-B-Aufnahme und produziert natürliche Steroide. Tigereisen mit Hautkontakt anwenden.

KALZIT

Braun, Spitze

Rhombisch, naturbelassen

Mangan, getrommelt

FARBE	Grün, blau, gelb, orange, farblos, braun, rosa, grau, rot
AUSSEHEN	Durchscheinend und wächsern, häufig gebändert (eventuell zur Verstärkung der Farbe säurebehandelt), alle Größen, manchmal getrommelt
HÄUFIGKEIT	Verbreitet
HERKUNFT	USA, Großbritannien, Belgien, Tschechische Republik, Slowakei, Peru, Island, Rumänien, Brasilien

MERKMALE Kalzit verstärkt und reinigt Energie. Bereits durch die schlichte Anwesenheit eines Kalzites in einem Raum werden negative Energien aus der Umwelt entfernt und Ihre Energie nimmt zu. Im Körper bringt er stagnierende Energie wieder in Bewegung. Kalzit ist ein aktiver Kristall, der Entwicklung und Wachstum beschleunigt.

In psychischer Hinsicht verknüpft Kalzit Gefühle und Verstand miteinander; das Ergebnis ist emotionale Intelligenz. Kalzit besitzt eine positive Wirkung, vor allem dort, wo jemand die Hoffnung oder die Motivation verloren hat. Er bekämpft Faulheit und hilft, auf allen Ebenen energetischer zu werden.

In mentaler Hinsicht beruhigt Kalzit den Geist, lehrt Einsicht und Analyse, fördert Erkenntnisse und stärkt das Gedächtnis. Er hilft, zu merken, welche Information wichtig ist und sie zu behalten. Kalzit verleiht die Fähigkeit, Ideen in die Tat umzusetzen. Beim Lernen ist er sehr nützlich.

Kalzit reduziert emotionalen Stress und ersetzt ihn durch heitere Gelassenheit. Er ist ein stabilisierender Stein, der das Zutrauen zu sich selbst sowie die Fähigkeit, Rückschläge zu überwinden, stärkt.

HEILWIRKUNG Kalzit reinigt die Ausscheidungsorgane. Er fördert die Kalziumaufnahme in den Knochen, löst zugleich jedoch Kalkablagerungen auf und kräftigt Knochengerüst und Gelenke. Er lindert Darm- und Hauterkrankungen. Kalzit fördert die Blutgerinnung und Heilprozesse des Gewebes. Es stärkt das Immunsystem und kann bei jüngeren Kindern das Wachstum günstig beeinflussen. Als Elixier wirkt Kalzit rasch, kann in dieser Form auf die Haut, Geschwüre, Warzen und eiternde Wunden aufgetragen werden. Kalzit reinigt die Chakren und versorgt sie mit Energie.

ANWENDUNG Über die entsprechende Stelle halten oder auflegen. Als Anhänger tragen. Als Edelstein-Essenz verwenden.

BESONDERE FARBEN

Neben den allgemeinen Merkmalen weisen die nachstehend aufgeführten Farben zusätzliche Eigenschaften auf:

Schwarzer Kalzit ist ein Erinnerungsstein. Man geht in die Erinnerungen zurück, fördert Erinnerungen wieder zutage, so dass die Vergangenheit bewältigt werden kann. Er bringt die Seele nach Traumata oder Stress wieder ins Gleichgewicht, lindert Depression und ist ein hilfreicher Begleiter, wenn die Seele dunkle Stunden durchlebt.

Schwarzer Kalzit (unbearbeitet)

auer alzit

Blauer Kalzit ist ein Stein für Erholung und Entspannung. Er senkt den Blutdruck und befreit auf allen Ebenen von Schmerzen. Er besänftigt die Nerven, bringt Licht in Ängste und befreit somit von negativen Gefühlen. Auf dem Halschakra ist er der klaren Kommunikation förderlich, insbesondere in Konfliktsituationen. Blauer Kalzit kann Energie aufnehmen, filtern und zum Wohle des Absenders wieder zurückgeben.

loser alzit

Farbloser Kalzit ist ein „Allheilmittel", vor allem als Elixier, und entgiftet. Auf der körperlichen Ebene wirkt er antiseptisch und auf den feinstofflichen Ebenen reinigt er alle Chakren – obere und untere – und koordiniert sie. Farbloser Kalzit schenkt der Seele Linderung.

Goldkalzit eignet sich hervorragend für die Meditation. Er verleiht mentale Wachheit. Auf das Sakral- oder das Scheitelchakra auflegen.

Goldkalzit (unbearbeitet)

Grüner Kalzit heilt den Geist. Er bricht starre Überzeugungen auf und bringt den Geist wieder ins Gleichgewicht. Er hilft, Dinge loszulassen, die vertraut und bequem sind, aber nicht mehr gebraucht werden und fördert die Kommunikationsfähigkeiten und den Übergang von einer stagnie-

Grüner Kalzit

renden zu einer positiven Situation. Grüner Kalzit hilft Kindern, in Diskussionen zu bestehen. Kraftvoll regt er das Immunsystem an. Dieser Stein nimmt Negativität auf und befreit den Körper von bakteriellen Infektionen. Er verbessert Arthritis und Muskel- oder Bänderzerrungen und wirkt unterstützend bei Knochenkorrekturen. Der grüne Strahl kühlt Fieber, Verbrennungen und Entzündungen. Beruhigt die Nebennieren und besänftigt Leiden, die auf Verdruss zurückzuführen sind.

Wird grüner Kalzit regelmäßig auf den Körper aufgelegt, so absorbiert er Leiden; nach Gebrauch sollte er sorgfältig gereinigt werden.

Isländischer Doppelspat (Optischer Kalzit) verstärkt Bilder und heilt die Augen. Er kann dabei helfen, Doppeldeutigkeiten hinter den Worten zu erkennen und reduziert Migräne verursachende Spannungen.

Isländischer Doppelspat

Honigkalzit versorgt mit Energie und reinigt mit großer Kraft, insbesondere die unteren Chakren. Honigkalzit wirkt emotional ausgleichend, nimmt Ängste hinweg und bekämpft Depressionen. Er hilft, Probleme zu lösen und das Potenzial voll auszuschöpfen. Dieser Stein heilt das Reproduktionssystem, die Gallenblase, Darmfunktionsstörungen wie das Reizdarm-Syndrom (irritable bowel syndrome IBS) und entfernt Schleim.

Honigkalzit

Rosa Kalzit (Mangankalzit) ist ein Herzkristall. Ein Stein der Vergebung; befreit das Herz von Angst und Kummer, die es in der Vergangenheit gefangen halten und senkt bedingungslose Liebe hinein. Er fördert das Selbstwertgefühl und die Selbstakzeptanz, heilt Nervenkrankheiten und erleichtert Zustände von Spannung und

Ängstlichkeit. Dieser Stein schützt vor Alpträumen. Die liebevolle Energie des rosa Kalzit lässt Widerstände schmelzen. Er hilft Menschen, die Traumata oder Überfälle erlitten haben.

Roter Kalzit

Roter Kalzit erhöht die Energie, erhellt das Gemüt, ist der Willenskraft zuträglich und öffnet das Herzchakra. Er bringt angestaute Energie wieder in Bewegung – hilft auch bei Verstopfung – und löst Blockaden. Er stellt Resonanz zu den Wurzelchakren her, die er mit Energie versorgt und heilt.

Er beruhigt bei Angst und hilft, die Ursache dafür zu verstehen. Die von ihm ausgehende Vitalität mischt Ihre Feier auf! Auf der körperlichen Ebene heilt er Hüfte und Probleme in den unteren Extremitäten, denn er fördert die Beweglichkeit der Gelenke und auf der feinstofflichen Ebene entfernt er Blockaden, die Sie daran hindern, im Leben voran zu kommen.

Rhombischer Kalzit stellt die Unruhe im Kopf ab. Er sammelt den Geist und heilt Wunden aus der Vergangenheit.

Gelber Kalzit

Gelber oder goldener Kalzit hilft, Dinge auszuscheiden und stärkt den Willen. Seine Energie – vor allem als Elixier – wirkt moralisch aufrichtend. Er verbessert die Qualität der Meditation, denn er senkt einen Zustand tiefer Entspanntheit und Spiritualität in den Geist. Legen Sie ihn auf das Scheitel- und das Solarplexuschakra auf. Die Energie des goldenen Kalzit reicht sehr weit.

Grüner Kalzit, zur Hervorhebung seiner Farbe und der Textur säurebehandelt.

KARNEOL

Natürlicher Wuchs

FARBE	Rot, orange, rosa, braun
AUSSEHEN	Kleine, durchscheinende Steine, oft im Wasser geschliffen oder getrommelt
HÄUFIGKEIT	Verbreitet
HERKUNFT	Großbritannien, Indien, Tschechische Republik, Slowakei, Peru, Island, Rumänien

MERKMALE Karneol erdet und verankert die Menschen in der Realität der Gegenwart. Er stabilisiert, ist reich an Energie und ist wunderbar geeignet, neu zu beleben, zu motivieren und die Kreativität anzuregen. Er hilft, wenn Ziele sehr stark angestrebt werden. Karneol kann andere Steine reinigen.

In psychischer Hinsicht verleiht Karneol die Fähigkeit, den Kreislauf des Lebens zu akzeptieren und nimmt die Angst vor dem Tode. In früheren Zeiten gab man ihn Verstorbenen als Schutz mit auf ihre Reise ins Jenseits. Er schenkt Mut, fördert positive Entscheidungen im Leben, wirkt gegen Apathie und motiviert zum Erfolg in geschäftlichen und anderen Dingen. Karneol unterstützt, wo Misshandlungen aller Art zu überwinden sind. Er hilft, sich selbst und den eigenen Wahrnehmungen zu vertrauen. Er geht den Dingen, die Sie bewegen, auf den Grund, überwindet negative Beeinflussungen und macht standhafter.

Auf der mentalen Ebene verbessert Karneol die analytischen Fähigkeiten und klärt die Wahrnehmung. Meditationen hält er frei von fremden Gedanken, Tagträumer holt er in die alltägliche Realität. Er schärft die Konzentration und befreit von mentaler Lethargie. Emotional gesehen schützt dieser Stein mit Macht vor Neid, Zorn und Verbitterung, und zwar sowohl vor eigenen Gefühlen dieser Art als auch vor denen Dritter. Er besänftigt Ärger und vertreibt negative Gefühle, die er durch Liebe für das Leben ersetzt.

HEILWIRKUNG Karneol ist voller Lebenskraft und Vitalität und regt den Stoffwechsel an. Er aktiviert das Wurzelchakra, wirkt auf die weiblichen Reproduktionsorgane und erhöht die Fruchtbarkeit. Er überwindet Frigidität und Impotenz, heilt Probleme im unteren Rückenbereich, Rheumatismus, Arthritis, Neuralgie und Depression, insbesondere bei Menschen im fortgeschrittenen Alter. Er reguliert den Körperflüssigkeitshaushalt und die Nieren, beschleunigt Heilprozesse der Knochen und der Bänder und wirkt blutstillend. Karneol verbessert die Aufnahme von Vitaminen und Mineralien und sorgt für eine gute Durchblutung der Organe und des Gewebes.

ANWENDUNG Als Anhänger oder Gürtelschnalle tragen oder auf der entsprechenden Stelle mit Hautkontakt auflegen. Ein Karneol in der Nähe der Haustür ruft Schutz und Wohlstand für das Haus herbei.

Rosa Karneol

BESONDERE FARBEN

Neben den allgemeinen Merkmalen weisen die nachstehend aufgeführten Farben zusätzliche Eigenschaften auf:

Orangefarbener Karneol

Rosa Karneol verbessert die Eltern-Kind-Beziehung. Er hilft, nach Misshandlungen oder Vertrauensbrüchen wieder Liebe und Vertrauen wachsen zu lassen.

Roter Karneol wärmt und spendet Energie. Insbesondere bei Trägheit schafft er Abhilfe. Er stählt Körper und Geist.

KUNZIT

Rosa

Grün (Hiddenit)

FARBE	Rosa, grün, gelb, (hell-)violett, farblos
AUSSEHEN	Durchsichtiger oder durchscheinender streifiger Kristall, alle Größen.
HÄUFIGKEIT	Zunehmend einfacher erhältlich
HERKUNFT	USA, Madagaskar, Brasilien, Myanmar, Afghanistan

MERKMALE Kunzit ist ein ruhiger Stein mit hoher Schwingung. Er erweckt die Mitte des Herzens, die bedingungslose Liebe und bringt liebevolle Gedanken und Kommunikation hervor. Er strahlt Frieden aus und verbindet die Menschen. Kunzit führt einen tiefen und auf die Mitte gerichteten Zustand der Meditation herbei und ist hilfreich für Menschen, die nur schwerlich in diesen Zustand finden. Ferner steigert er die Kreativität, fördert Menschlichkeit und die Bereitschaft zum Dienst am Nächsten.

Kunzit ist ein Schutzstein, der sowohl auf das Individuum als auch auf die Umgebung wirkt. Er hat die Kraft, Negativität zu verbannen. Auf diese Weise verleiht er die Fähigkeit, selbst inmitten einer Menschenmenge eine gewisse Distanz zu wahren; er stärkt das den Körper umgebende Energiefeld.

In psychischer Hinsicht fördert Kunzit die Selbstdarstellung und hilft, Gefühle frei zu äußern. Er entfernt Hindernisse und hilft, sich an den Druck des Lebens anzupassen. Er kann dabei helfen, blockierte Erinnerungen wieder zu entdecken und ist ein segensreiches Heilinstrument für Menschen, die zu schnell erwachsen werden mussten; er bringt ihnen verlorene Werte wie Vertrauen und Unschuld wieder. Er fördert Toleranz gegenüber sich selbst und anderen und unterstützt dabei, stressbedingte Ängste zu reduzieren.

Auf der mentalen Ebene erleichtert Kunzit die Selbstbeobachtung und schenkt die Fähigkeit, konstruktive Kritik zu bearbeiten. Er hat die Kraft, Intellekt, Intuition und Inspiration zu vereinen.

Kunzit kann eingesetzt werden, um emotionale Trümmer zu beseitigen und die Gefühle zu befreien; dabei heilt er seelischen Kummer, vor allem Schmerzen, die man aus anderen Leben mitgebracht hat. Er reißt Widerstände ein und hilft, Kompromisse zwischen eigenen und fremden Bedürfnissen umzusetzen. Kunzit hellt die Stimmung auf, und das macht ihn bei gefühlsbedingten Depressionen sehr nützlich. Bei Panikattacken wirkt er beruhigend.

In spiritueller Hinsicht aktiviert Kunzit das Herzchakra und koordiniert es mit Hals- und Stirnchakra.

Körperlich kann Kunzit eingesetzt werden, um geopathische Belastungen zu blockieren. Am wirkungsvollsten ist Kunzit als Anhänger oder wenn er mit einem Heftpflaster auf das Mobiltelefon bzw. eine andere elektromagnetische Quelle geklebt wird.

HEILWIRKUNG Kunzit stärkt Kreislaufsystem und Herzmuskel. Er hilft bei Nervenerkrankungen wie Neuralgie. Er lindert Epilepsien und Gelenkschmerzen, neutralisiert die Auswirkungen einer Anästhesie und regt das Immunsystem an.

Kunzit enthält Lithium und ist bei der Heilung psychischer Störungen und Depressionen heilsam, vor allem als Elixier. Kunzit hilft dem physischen Körper, sich von den Auswirkungen emotionalen Stresses zu erholen.

ANWENDUNG Halten oder an der betreffenden Stelle auflegen oder als Elixier einnehmen (Kunzit bleicht unter Sonnenlichteinwirkung aus). Als Anhänger tragen oder auf Mobiltelefon oder Computer befestigen. Lindert Panik über das Solarplexuschakra (auflegen oder halten).

BESONDERE FARBEN

Neben den allgemeinen Merkmalen weisen die nachstehend aufgeführten Farben zusätzliche Eigenschaften auf:

Gelber Kunzit beseitigt Umweltsmog und leitet Strahlungen und Mikrowellen ab. Er bringt die Chakren in Einklang, restrukturiert angeblich die DNA, stabilisiert die Zellstruktur und das Kalzium-Magnesium-Gleichgewicht im Körper.

(Hell-)violetten Kunzit könnte man auch als „Tor zum Himmel" bezeichnen. Er symbolisiert Unendlichkeit. Als solcher hilft er dem Meditierenden, Erleuchtung zu erlangen und den Geist und die Seele zu befreien.

Violett[e] Kunzi[t]

Hiddenit (grüner Kunzit) variiert farblich von gelb bis smaragdgrün. Hiddenit ist nützlich bei intellektuellen und emotionalen Erfahrungen. Das Gefühl des Scheiterns baut er ab. Wer es versteht, zu unausweichlichen Fakten „eine gute Miene" zu machen, wird von Hiddenit darin unterstützt, Trost und Unterstützung von anderen Menschen anzunehmen. Hiddenit hat die Kraft, Intellekt und Liebe zu kombinieren, und Unbekanntes entsteht. Dieser Stein unterstützt bei Neuanfängen. Als Heilstein verwendet, kann Hiddenit durch sanftes „Streichen" über den Körper bei der Diagnose helfen. Er findet die geschwächten Körperbereiche sowie Kälte und Leiden. Er tut Thymus und Brustbereich gut.

Hidden[it]

KYANITH

Auch als Disthen bekannt.

Blau (blättrig, perlmuttartig)

FARBE	Blau-weiß, rosa, grün, gelb, grau, schwarz
AUSSEHEN	Streifiger, blättriger Kristall, kann durchsichtig oder opak und „perlmuttartig" sein, alle Größen.
HÄUFIGKEIT	Leicht erhältlich
HERKUNFT	Brasilien

MERKMALE Kyanith eignet sich hervorragend für die Einstimmung und die Meditation. Er wirkt beruhigend. Dabei stimuliert er die Intuition. Er kann helfen, spirituelle Erfahrungen in Gedanken zu fassen. Dieser Kristall schenkt die Fähigkeit des Mitleidens. Er führt zu geistiger Ganzheit und Reife. Er hilft, sich an Träume zu erinnern, fördert heilsame Träume.

Kyanith bringt mit unmittelbarer Wirkung Chakren in Einklang und reinigt Bahnen und Meridiane. Er gibt Körper und Organen Qi-Energie zurück. Als Heilstein verwendet, stabilisiert er das biomagnetische Feld nach der Reinigung.

Da Kyanith Negativität nicht speichert, muss er nie gereinigt werden.

Auf der psychischen Ebene macht Kyanith Mut, individuelle Wahrheiten zu äußern und Ängste und Blockaden zu überwinden. Er öffnet das Halschakra und fördert Selbstdarstellung und Kommunikation. Er überwindet Ignoranz und öffnet für die spirituelle und seelische Wahrheit.

Kyanith hilft bei Verwirrung und baut Blockaden, Illusionen, Wut, Frustration und Stress ab. Er erhöht das Vermögen, logisch und „auf direktem Wege" zu denken, regt den höheren Verstand an und verbindet mit der Ursachen-Ebene.

In spiritueller Hinsicht hilft Kyanith, sich von der Vorstellung eines unausweichlichen Schicksals zu lösen. Er zeigt die Rolle des Selbst im Hinblick auf die Entstehung der Ursachen auf und die Maßnahmen, die es braucht, um die Vergangenheit zu harmonisieren.

HEILWIRKUNG Kyanith ist einsetzbar bei Funktionsstörungen der Muskeln, bei Fieber, für das urogenitale System, für Schilddrüse und Nebenschilddrüse, Nebennieren, Hals und Gehirn. Als natürliches Schmerzmittel senkt er den Blutdruck und heilt Infektionen.

Er baut Übergewicht ab, fördert das Kleinhirn und die motorischen Reaktionen des Körpers. Kyanith hilft, die Yin- und Yang-Energien auszugleichen.

ANWENDUNG An der entsprechenden Stelle, insbesondere zwischen Nabel und Herz auflegen. Als Anhänger tragen.

BESONDERE FARBEN

Neben den allgemeinen Merkmalen weisen die nachstehend aufgeführten Farben zusätzliche Eigenschaften auf:

Blauer Kyanith kräftigt die Stimme und heilt Hals und Kehlkopf. Hilfreich für Darsteller und Redner.

Schwarzer Kyanith erdet den Körper beim Harmonisieren der Chakren sowie während oder nach der Meditation.

LABRADORIT

Auch als Spektrolith bekannt.

Poliert

FARBE	Gräulich bis schwarz mit blau, gelb
AUSSEHEN	Alle Größen, normalerweise poliert: dunkel; wenn Licht darauf fällt, irisierende blaue oder goldene Schimmer. Gelbe Varietät ist durchsichtig, normalerweise klein und getrommelt.
HÄUFIGKEIT	Leicht erhältlich
HERKUNFT	Italien, Grönland, Finnland, Russland, Kanada, Skandinavien

MERKMALE Der irisierende Labradorit gilt als Schutzstein und beugt Energieverlusten vor.

In psychischer Hinsicht vertreibt Labradorit Ängste und Unsicherheiten und den seelischen Schutt früherer Enttäuschungen. Er stärkt den Glauben an das Selbst und das Vertrauen in das Universum. Er befreit von Projektionen Dritter.

Labradorit beruhigt den überaktiven Geist und versorgt die Phantasie mit Energie, so dass neue Ideen entstehen können. Analyse und Vernunft werden mit der inneren Einstellung in Einklang gebracht. Labradorit verleiht die Gabe zu Kontemplation und Selbstbeobachtung. Er synthetisiert intellektuelles Denken und intuitive Weisheit – so reißt er Illusionen nieder, dringt zur Wurzel eines Problems vor und zeigt die wahren Beweggründe hinter Gedanken und Taten auf. Dieser Stein fördert unterdrückte Erinnerungen aus der Vergangenheit zutage.

Labradorit ist ein hilfreicher Begleiter in Zeiten der Veränderung, denn er verleiht Stärke und Beharrlichkeit.

HEILWIRKUNG Labradorit behandelt Funktionsstörungen der Augen, des Gehirns, befreit von Stress und reguliert den Stoffwechsel. Er ist bei Erkältung, Gicht und Rheuma einsetzbar, gleicht die Hormone aus, lindert Spannungen während der Menstruation und senkt den Blutdruck.

ANWENDUNG Über dem höheren Herzchakra tragen, halten oder an der betreffenden Stelle auflegen.

BESONDERE FARBE

Neben den allgemeinen Merkmalen weist die nachstehend aufgeführte Farbe zusätzliche Eigenschaften auf:

Gelber Labradorit tut dem Solarplexuschakra gut und erweitert den mentalen Körper durch höhere Weisheit. Er heilt Magen, Milz, Leber, Gallenblase und Nebennieren.
Anwendung: Auf das Stirnchakra oder den Solarplexus auflegen, oder halten.

Gelber Labradorit

LAPISLAZULI

Unbearbeitet

Poliert

FARBE	Tiefblau, Gold gefleckt
AUSSEHEN	Dichter, geäderter Lapislazuli sieht aus wie der Nachthimmel. Alle Größen, manchmal getrommelt.
HÄUFIGKEIT	Leicht erhältlich, aber teuer
HERKUNFT	Russland, Afghanistan, Chile, Italien, USA, Ägypten, Nahost

MERKMALE Lapislazuli öffnet das Stirnchakra und bringt das Halschakra ins Gleichgewicht. Schnell baut dieser Stein Stress ab und schenkt tiefen Frieden. Er birgt heitere Gelassenheit und ist der Schlüssel zu spirituellen Errungenschaften.

Lapislazuli harmonisiert die körperlichen, emotionalen, mentalen und spirituellen Ebenen. Ungleichgewichte zwischen diesen Ebenen können sich in Gestalt von Depressionen, Leiden und Ziellosigkeit äußern. Sind die Ebenen ausgeglichen, findet man zu tiefer innerer Selbsterkenntnis.

Lapislazuli spornt an, die Verantwortung für das eigene Leben zu übernehmen. Er legt die innere Wahrheit offen, stärkt das Selbstbewusstsein und ermöglicht Selbstausdruck ohne Zurückhaltung oder Kompromisse.

Wenn unterdrückter Ärger Hals- oder Kommunikationsprobleme verursacht, kann Lapislazuli helfen. Er verleiht der Persönlichkeit beständige Eigenschaften wie Ehrlichkeit, Mitleid und Aufrichtigkeit.

Lapislazuli verstärkt die Gedanken und hilft, sich der Wahrheit zu stellen, wo immer man ihr begegnet, und ihre Lehren anzunehmen. Er hilft, die eigene Meinung auszudrücken und harmonisiert bei Konflikten. Er lehrt den Wert des aktiven Zuhörens.

Auf der Beziehungsebene verbindet Lapislazuli in Liebe und Freundschaft und hilft, Gefühle auszudrücken. Er beendet Märtyrertum, Brutalität und Leid. Die Lapislazuli-Essenz hilft, sich aus emotionaler Hörigkeit zu lösen.

HEILWIRKUNG Lapislazuli lindert Schmerzen, insbesondere Migränekopfschmerzen. Er hilft, Depressionen zu überwinden, tut dem Atem- und dem Nervensystem gut und ist nützlich für Hals, Kehlkopf und Schilddrüse; er reinigt Organe, Knochenmark, Thymus und Immunsystem. Er wirkt gegen Verlust des Hörvermögens, reinigt das Blut und kräftigt das Immunsystem, lindert Schlafstörungen und Höhenangst und senkt den Blutdruck.

ANWENDUNG Am Hals tragen oder dort bzw. auf das Stirnchakra auflegen. Sollte oberhalb des Zwerchfells, an einer Stelle zwischen Brustbein und Scheitel, aufgelegt werden.

LARIMAR

Auch als Atlantisstein oder blauer Pektolith bekannt.

Getrommelt

FARBE	Blau, blaugrün, grau oder rot, mit weiß
AUSSEHEN	Durchscheinend, weich, mit farbigen Wolken oder Adern, die durch die Grundfarbe zu sehen sind. Oft klein bis mittelgroß, getrommelt.
HÄUFIGKEIT	Leicht erhältlich
HERKUNFT	Dominikanische Republik, Bahamas

MERKMALE Der erst kürzlich entdeckte Larimar strahlt Liebe und Frieden aus und schenkt Ruhe.

Auf der psychischen Ebene entfernt Larimar selbstauferlegte Blockaden und Zwänge. Er setzt selbstzerstörerischem Verhalten ein Ende, insbesondere der Neigung zum Märtyrertum, und hilft, das Leben selbst in die Hand zu nehmen. Er trägt zur Linderung von Schuld- und Angstgefühlen bei. In Zeiten der Belastung und der unausweichlichen Veränderung hilft er, Herausforderungen gleichmütig zu begegnen.

In mentaler Hinsicht verleiht Larimar Gelassenheit, Klarheit und eine positive Denkweise. Er fördert die Kreativität und macht Mut, sich „dem Fluss hinzugeben".

Auf der emotionalen Ebene schenkt Larimar Ruhe und Gleichgewicht. Auf extreme Emotionen wirkt er wie ein Gegenmittel und er verbessert bipolare Störungen. Er heilt Herztraumata und gibt natürliche Ausgelassenheit und fröhliche, kindliche Energie zurück.

Der Larimar hilft Frauen, zu der ihnen eigenen Weiblichkeit zurückzufinden und ihre Verbindung zur Natur wieder zu leben. Legt man ihn auf die Erde, so wirkt er Erdenergieschwankungen und geopathischen Belastungen entgegen.

HEILWIRKUNG Wird ein Larimar auf das Herz, das Stirnchakra oder den Solarplexus aufgelegt bzw. streicht man sanft mit dem Stein über den Körper, stimuliert er Stirn-, Herz-, Scheitel- und Halschakren und regt die Selbstheilung an. Für die Knorpel und bei Erkrankungen im Hals ist er besonders hilfreich, denn er löst Energieblockaden in der Brust, im Kopf und im Nacken. Man kann ihn ferner auf Gelenke und verstopfte Arterien auflegen. Beim Auflegen auf eine schmerzende Stelle leitet er den Schmerz heraus. In der Reflexzonenmassage zeigt Larimar den Punkt auf, wo das Leiden sitzt und reinigt die Meridiane.

ANWENDUNG Über längere Zeit halten oder tragen; Fußsohlen.

LEPIDOLITH

Unbearbeitet (Glimmer)

Poliert

FARBE	Violett, rosa
AUSSEHEN	Tafelige Schichten, leicht glänzend, oder körnige Masse; alle Größen.
HÄUFIGKEIT	Leicht erhältlich
HERKUNFT	USA, Tschechische Republik, Brasilien, Madagaskar, Dominikanische Republik

MERKMALE Lepidolith wirkt gegen elektromagnetische Verunreinigung. Auf einem Computer absorbiert er die von diesem ausgehende Strahlung. Die Eigenschaften des Lepidolith-Glimmers sind stärker, er ist das effektivste „Säuberungsinstrument" überhaupt! Lepidolith will für das höchste Gut eingesetzt werden. Er baut Negativität ab, aktiviert und öffnet Hals-, Herz-, Stirn- und Scheitelchakren, entfernt Blockaden. Lepidolith ist bei der Reduzierung von Stress und Depressionen sehr nützlich, unterbricht obsessive Denkmuster, wirkt entlastend bei Verzagtheit und heilt Schlafstörungen. Lepidolith enthält Lithium und hilft, bei Stimmungsschwankungen und bipolaren Störungen zu stabilisieren. Er kann hervorragend zur Behandlung von emotionalen oder mentalen Abhängigkeiten aller Art eingesetzt werden, unterstützt in der Phase der Lösung aus Sucht und Leiden aller Art, einschließlich Magersucht. Als „Stein für Übergangsphasen" bricht er alte psychologische Muster und Verhaltensmuster auf, setzt sie neu zusammen und leitet Veränderungen ein. Lepidolith fördert die Unabhängigkeit und hilft, ohne Hilfe von außen Ziele zu erreichen.

Auf der mentalen Ebene stimuliert Lepidolith Verstand und analytische Fähigkeiten. Dank seiner objektivitäts- und konzentrationsfördernden Kraft beschleunigt er die Entscheidungsfindung. Lepidolith rückt das Wichtige ins Zentrum und filtert äußere Ablenkungen heraus.

Im emotionalen Bereich hilft Lepidolith, frei vom Einfluss anderer für sich selbst zu stehen. Er wirkt beruhigend, lindert Schlafstörungen und emotionale Belastungen und heilt auf einer tiefen emotionalen Ebene.

HEILWIRKUNG Lepidolith kann die Stelle des Leidens ermitteln. Beim Auflegen auf eine betroffene Körperstelle schwingt er sanft. Lepidolith lindert Allergien, stärkt das Immunsystem, restrukturiert die DNA und regt die Bildung negativer Ionen an. Er wirkt lindernd bei Erschöpfung, Epilepsie und Alzheimer. Er betäubt Ischias- und Nervenschmerzen und hilft bei Gelenkproblemen. Auf Haut und Bindegewebe wirkt er entgiftend. Lepidolith ist in der Menopause ein hervorragendes Mittel, insbesondere das Elixier. Er ist bei Beschwerden, die unter das Sick-Building-Syndrome fallen (Gesundheitsbeschwerden werden durch Schadstoffe o.ä. im Gebäude verursacht), sowie bei Computerbelastung einsetzbar.

ANWENDUNG An der entsprechenden Stelle tragen oder aufstellen. Gegen Schlafstörungen unter das Kopfkissen legen.

MAGNESIT

„Hirnartig"geformt (unbearbeitet)

Marmoriert (getrommelt)

FARBE	Weiß, grau, braun, gelb
AUSSEHEN	Größe und Gestalt variieren stark, kann „hirnartig" geformt, kalkig und marmoriert oder kristallin sein.
HÄUFIGKEIT	Leicht erhältlich, kristallin jedoch selten
HERKUNFT	Brasilien, USA

MERKMALE Magnesit bringt tiefen Frieden und Entspannung. Er öffnet das Herzchakra und stimuliert von Herzen empfundene Liebe, auch die Liebe zu sich selbst, ohne die man die Liebe anderer nicht annehmen kann.

Magnesit kann im Hinblick auf gelebte bedingungslose Liebe sehr hilfreich sein, wenn Beziehungen zu anderen Menschen bedingt durch deren Verhalten oder ihre Suchtprobleme schwierig sind. Er hilft, die eigene Ausgeglichenheit zu bewahren, mit einer gewissen Milde einfach da zu sein und dem anderen zu erlauben, völlig er selbst zu sein ohne Änderungen zu fordern, und ohne selbst in seine Schwierigkeiten involviert zu werden.

Auf der psychischen Ebene deckt Magnesit Selbsttäuschung in jeglicher Form auf. Er unterstützt darin, unbewusste Gedanken und Gefühle zu erkennen, ihre Gründe zu erforschen und dabei erforderlichenfalls auch in die Vergangenheit zurückzugehen. Er führt zu einer positiven Lebenseinstellung. Magnesit hilft egoistischen Menschen, sich zurückzustellen und lehrt sie, anderen aufmerksam zuzuhören.

Der hirnartig geformte Magnesit wirkt positiv auf den Verstand, bringt die Hirnhälften in Einklang, sorgt für Ideen und hilft bei der Umsetzung.

Magnesit beruhigt die Gefühle und erhöht die (emotionale) Stresstoleranz. Er unterstützt nervöse, ängstliche Menschen und hilft ihnen, gegen ihre Reizbarkeit und Intoleranz vorzugehen.

HEILWIRKUNG Magnesit hat einen hohen Magnesiumgehalt und unterstützt die Magnesiumaufnahme im Körper. Er entgiftet und neutralisiert Körpergeruch, wirkt krampflösend und entspannt die Muskeln; er ist zur Behandlung von Menstruations-, und Magenschmerzen, bei Darmbeschwerden und Gefäßkrämpfen sowie gegen Gallenblasenschmerzen und Nierensteine einsetzbar. Magnesit ist bei Zahn- und Knochenproblemen nützlich und beugt Epilepsie vor. Er verschafft Linderung bei Kopfschmerzen und Migräne und verlangsamt die Blutgerinnung. Magnesit beschleunigt den Fettstoffwechsel, senkt den Cholesterinspiegel, was wiederum Arterienverkalkung und Herzenge vorbeugt. Generell dient er der Vorbeugung von Herzerkrankungen. Er gleicht die Körpertemperatur aus, lindert Fieber und Schüttelfrost.

ANWENDUNG An der entsprechenden Stelle mit Hautkontakt auflegen. Die Essenz kann zur inneren und äußeren Anwendung dienen.

MAGNETIT

Auch als Magneteisen(stein) bekannt.

Unbearbeitet

FARBE	Schwarz, bräunlichgrau
AUSSEHEN	Dunkel und körnig, magnetisch (Eisenerz), alle Größen
HÄUFIGKEIT	Leicht erhältlich
HERKUNFT	USA, Kanada, Indien, Mexiko, Rumänien, Italien, Finnland, Österreich

MERKMALE Magnetit ist magnetisch und besitzt eine starke negativ-positiv-Polarität. Er kann in der Magnettherapie eingesetzt werden, in der er mit dem biomagnetischen Feld und den Meridianen des Körpers arbeitet.

Er erdet, und in den Händen eines erfahrenen Heilers kann er richtungsverkehrt fließende Energieströme im Körper oder in der Erde korrigieren.

Magnetit zieht an und weist ab, pusht und beruhigt. Bisweilen versucht der Körper zu heftig, sich selbst zu heilen, und durch einen Meridian fließt zuviel Energie. Ist ein Organ oder ein Meridian überaktiv, wirkt die negative Ladung des Magnetit beruhigend, bei Trägheit hingegen wirkt die positive Ladung aktivierend. Er ist bei Sportverletzungen sehr hilfreich, denn er lindert Muskelschmerzen.

Magnetit bringt vorübergehend die Chakren und die Meridiane so in Einklang, dass der Körper gestärkt wird.

Der Heilstein sorgt für eine wohl ausgewogene Sicht der Dinge und schenkt Zutrauen in die eigene Intuition.

Auf der psychischen Ebene kann Magnetit dazu dienen, negative Emotionen wie Angst, Wut, Kummer und übermäßige Anhänglichkeit abzuschwächen und positive Eigenschaften wie Zuverlässigkeit und Ausdauer einzubringen. Er zeigt Wege, sich aus schädlichen Situationen zurückzuziehen und fördert Objektivität. Dieser Stein gleicht zwischen Verstand und Gefühl aus und verleiht so innere Stabilität.

HEILWIRKUNG Magnetit liefert die zur Genesung erforderliche Heilenergie. Er wirkt sich bei Asthma, auf das Blut und das Kreislaufsystem, die Haut und das Haar positiv aus. Träge Organe regt er an und dämpft die Tätigkeit überaktiver Organe. Er wirkt entzündungshemmend, heilt Muskelzerrungen und Krämpfe. Er hilft, Nasenbluten zu stoppen.

ANWENDUNG Hinten in den Nacken legen oder an das untere Ende der Wirbelsäule oder auf das schmerzende Gelenk. Am Fußende des Bettes positioniert wirkt er gegen nächtliche Krämpfe.

MALACHIT

Getrommelt

Unbearbeitet

FARBE	Grün
AUSSEHEN	Konzentrisches Licht, dunkel gebändert, Rosetten. Alle Größen, häufig getrommelt oder poliert.
HÄUFIGKEIT	Leicht erhältlich
HERKUNFT	Rumänien, Sambia, Demokratische Republik Kongo, Nahost

MERKMALE Malachit besitzt große Wirkkraft, ist aber mit Vorsicht und am besten unter der Aufsicht eines qualifizierten Therapeuten einzusetzen. Er ist toxisch und darf nur poliert zur Anwendung kommen. Den Staub nicht einatmen. Das Elixier ist nur äußerlich anzuwenden, das zur

Einnahme vorgesehene Elixier muss mit dem indirekten Verfahren hergestellt werden. Legen Sie den Stein dazu in ein Glasgefäß und stellen Sie dieses so in Quellwasser, dass der Stein nicht mit dem Wasser in Berührung kommt.

Malachit verstärkt sowohl die positiven als auch die negativen Energien.

Malachit gilt als ein wichtiger Schutzstein. Leicht absorbiert er negative Energien und Schadstoffe; er entzieht sie der Atmosphäre und dem Körper. Vor und nach der Anwendung kann er zum reinigen auf eine Quarzstufe oder in die Sonne gelegt werden (kein Salz verwenden, Salz beschädigt die Oberfläche).

Malachit saugt schädliches Plutonium gewissermaßen auf und schützt vor Strahlungen aller Art. Jeder, der in der Nähe einer nuklearen oder natürlichen Strahlenquelle lebt, sollte einen Malachit in seinem Wohnbereich aufstellen. Malachit beseitigt ferner Elektrosmog.

Dieser Stein reinigt und aktiviert die Chakren, über das Herzchakra schenkt er Ausgeglichenheit und Harmonie. Er öffnet das Herz für die Liebe.

Malachit bringt tiefe Gefühle und psychosomatische Ursachen an die Oberfläche, bricht unliebsame Fesseln und überkommene Muster auf, und lehrt, wie Verantwortung für die eigenen Taten, Gedanken und Gefühle übernommen wird. Er hilft, Hemmungen zu überwinden und Gefühle auszudrücken, entwickelt Empathie für andere Menschen und führt vor Augen, wie es sich anfühlte, an deren Stelle zu sein. Er reduziert Schüchternheit und stärkt Freundschaften. Malachit ist bei psycho-sexuellen Problemen eine Hilfe.

Auf der mentalen Ebene dringt Malachit zum Kern eines Problems vor und fördert Intuition und Erkenntnis. Er hilft, mentale Störungen einschließlich psychischer Erkrankungen zu verbessern, und bekämpft Legasthenie. Er stärkt die Fähigkeit, Informationen aufzunehmen und zu verarbeiten, schärft die Beobachtung und hilft, schwierige Konzepte zu erfassen.

Über das Solarplexuschakra hilft Malachit bei tiefen, die Gefühle betreffenden Heilprozessen. Er befreit von negativen Erfahrungen und alten

Traumata, bringt unterdrückte Gefühle an die Oberfläche und lässt den Atem wieder tief fließen. Er bringt an diesem Punkt Herz- und Sakralchakra in Einklang und gibt Erkenntnisse frei. Auf der emotionalen Ebene kann er Stimmungen, aber auch Schwankungen intensivieren. Malachit kann helfen, sich selbst zu erforschen. Er regt die Träume an und ruft Erinnerungen wieder wach. In Heilprozessen muss Malachit eventuell mit anderen Steinen unterstützt werden.

HEILWIRKUNG Malachit ist ein äußerst wirkungsvoller Heilstein, der insbesondere bei Krämpfen (auch Menstruationskrämpfen) anwendbar ist und Geburten erleichtert. Dies hat ihm den Beinamen „Hebammenstein" beschert. Er stellt eine Resonanz zu den weiblichen Geschlechtsorganen her und wirkt bei Geschlechtskrankheiten aller Art. Er senkt den Blutdruck und wirkt sich positiv aus bei Asthma, Arthritis, Epilepsie, Knochenbrüchen, geschwollenen Gelenken, Wucherungen, Reisekrankheit, Höhenangst, Tumoren, wirkt auf den Sehnerv, die Bauchspeicheldrüse und die Milz sowie die Nebenschilddrüse. Er bringt DNA-und Zellstruktur in Einklang und stärkt das Immunsystem. Malachit fördert den Giftabbau in der Leber und reduziert auf diese Weise die Gewebe-Übersäuerung. Um die Taille getragen kann er zur Behandlung von Diabetes eingesetzt werden.

ANWENDUNG An der rechten Hand tragen oder auf das Stirnchakra legen. Zum Heilen auf die betroffene Stelle auflegen. Solarplexus zum Absorbieren negativer Gefühle. Elixier mit einem polierten Malachit und im indirekten Verfahren herstellen. Nur äußerlich anwenden. Achtung: Malachit kann leichtes Herzklopfen verursachen; in diesem Fall Stein sofort entfernen und einen Rosenquarz oder Rhodonit auflegen.

Malachit mit Chrysokoll (unbearbeitet)

KOMBINATION Malachit und Chrysokoll kann als klarer Edelsteinkristall mit sehr hoher Heilschwingung auftreten. Diese Kombination symbolisiert Ganzheit und Frieden. Durch Auflegen auf einen unausgeglichenen Bereich wird das Gleichgewicht wieder hergestellt. Wird ein Stein auf das Stirnchakra gelegt und ein anderer auf das Solarplexuschakra, so werden Verstand, Körper und Gefühle harmonisiert.

(*Siehe auch* Azurit mit Malachit, Seite 74).

Malachit mit Chrysokoll (poliert)

MERLINIT

Geformt und poliert

FARBE	Schwarz und weiß
AUSSEHEN	Zwei unterschiedliche Farben, normalerweise klein.
HÄUFIGKEIT	Zunehmend leichter erhältlich
HERKUNFT	US-Bundesstaat New Mexico

MERKMALE Merlinit ist ein besonderer Stein. Seine Zweifarbigkeit harmonisiert geistige Schwingungen und Erdschwingungen, wodurch angeblich der Zugang zu spirituellen und schamanischen Erfahrungen ermöglicht werden soll.

HEILWIRKUNG Mit Merlinit können Wunden aus der Vergangenheit geheilt werden, und so kommt Harmonie ins Leben. Er wirkt ausgleichend auf Yin- und Yang-Energien, maskuline und feminine Energien, Bewusstsein und Unterbewusstsein, Intellekt und Intuition.

ANWENDUNG Für die Kontaktaufnahme zu früheren Leben am Hals oder hinter den Ohren tragen.

MOLDAVIT

Kristallin

FARBE	Dunkelgrün
AUSSEHEN	Kleine transparente und ineinander gefaltete Masse, häufig glasig
HÄUFIGKEIT	Selten, trotzdem leicht erhältlich. Dies, obwohl der Preis zunehmend steigt, da das Vorkommen erschöpft ist.
HERKUNFT	Tschechische Republik, Deutschland, Moldawien

MERKMALE Moldavit gehört zu den Tektiten und es heißt, er habe seinen Ursprung im All und sei durch den Aufprall eines Meteoriten auf die Erde entstanden. Die dabei freiwerdende Hitze habe die umgebenden Felsen einer Metamorphose unterzogen und durch großräumiges Fortschleudern der entstandenen Kristalle ein „Streufeld" geschaffen. Dieser Stein von den Ufern der Moldau ist sehr selten, und es ist unwahrscheinlich, dass man ihn je an anderen Orten auf der Erde finden wird. Der Kristall wird eines Tages nicht mehr existieren.

Seit der Steinzeit dient Moldavit als Talisman und Amulett für Glück und Fruchtbarkeit. Er kann die Wirkung anderer Kristalle erheblich verstärken und sie in höchste Schwingungen versetzen.

Der halbtransparente Heilstein ermöglicht die Kommunikation mit dem höheren Selbst. Moldavit besitzt eine extrem hohe Schwingung, die die Chakren öffnet, von Blockaden befreit und in Einklang bringt. Er stellt eine Resonanz zum Scheitelchakra her.

Moldavit ist ein nützlicher Stein für empfindsame Menschen, die sich schwer damit tun, sich geborgen zu fühlen und die sich nicht an das Leiden und an tiefe Emotionen gewöhnen können. Diese Menschen müssen sich erden. Moldavit wird gemeinsam mit Erdungssteinen wie Hämatit und Rauchquarz eingesetzt und hilft bei diesem Prozess. Moldavit hat keine kristalline Struktur.

Auf der psychischen Ebene hilft Moldavit, sich von weltlichen, erdgebundenen Sicherheiten wie Geld oder aber von Zukunftssorgen zu lösen. Moldavit hilft, spirituelle Ziele zu finden und zu erreichen und integriert diese in das Leben. Er unterstützt Eigenschaften wie Empathie und Mitleid.

Auf der mentalen Ebene ist Moldavit unkonventionell und inspirierend und bringt unerwartete Lösungen ins Spiel. Er kann latente Erinnerungen wach rufen und über den Verstand zu spirituellen Informationen gelangen.

Auf der physischen Ebene kann durch das Halten eines Moldavits ein mächtiger Energiestoß im Körper mit starken metaphysischen Auswirkungen ausgelöst werden.

HEILWIRKUNG Moldavit heilt weniger einzelne Krankheiten, vielmehr macht er die Ursachen und die Quellen des Leidens bewusst und hilft, sie abzuschaffen und letztlich zu heilen. Er macht auf die im Leiden verborgene Chance aufmerksam. Moldavit kann bei der Diagnose eingesetzt werden. Menschen, die seine grüne Farbe nicht mögen, graut es häufig vor Gefühlen und sie müssen bedingungslose Liebe und Ganzheit erfahren. Möglicherweise leiden sie aber auch an verborgenen Traumata, die an die Oberfläche gebracht und geheilt werden müssen (dafür sind andere Kristalle nötig).

ANWENDUNG Auf dem Stirn-, Hals- oder Scheitelchakra. Achtung: Moldavit ist empfindlich und darf nicht mit Salz gereinigt werden, denn das zerkratzt die Oberfläche.

MONDSTEIN

Cremefarben (natürlicher Zustand)

Weiß

Farblos (poliert)

FARBE	Weiß, cremefarben, gelb, blau, grün
AUSSEHEN	Milchig, durchscheinend, alle Größen
HÄUFIGKEIT	Leicht erhältlich
HERKUNFT	Indien, Sri Lanka, Australien

MERKMALE Mondstein ist ein „Stein des Neuanfangs". Bereits der Name lässt einen engen Bezug zum Mond und zur Intuition vermuten. Wie der Mond hat auch dieser Stein einen Widerschein und erinnert uns daran, dass alle Dinge gleich dem stetig ab- und zunehmenden Mond Teil eines sich verändernden Kreislaufes sind. Seine stärkste Wirkung besteht darin, die Gefühle zu beruhigen.

Mondstein ruft Unbewusstes ins Bewusstsein und fördert Intuition und Empathie. Insbesondere bei Vollmond regt er die Träume an.

Auf der psychischen Ebene beruhigt Mondstein Überreaktionen auf Situationen und emotionale Erschütterungen. Mondstein ist erfüllt von empfangender, passiver und weiblicher Energie. Er gleicht männliche und weibliche Energie aus und unterstützt Männer, die ihre weibliche Seite erfahren möchten. Er ist ein ideales „Gegenmittel" für Männer mit übersteigerten Machoallüren oder für aggressive Frauen.

Auf der mentalen Ebene macht er den Verstand offen für plötzliche und irrationale Impulse. Es ist jedoch darauf zu achten, dass nicht infolge von starkem Wunschdenken Illusionen aufgebaut werden.

In emotionaler Hinsicht lindert Mondstein Schwankungen und Stress und stabilisiert. Er steigert die emotionale Intelligenz. Über den Solarplexus macht er alte Gefühlsmuster sichtbar und man kann sie verstehen und sich ihrer entledigen. Mondstein heilt tief liegende emotionale Probleme und Störungen des oberen Verdauungstraktes, die mit emotionalen Belastungen zusammen hängen.

Körperlich wirkt sich Mondstein auf den weiblichen Zyklus aus und lindert Menstruationsbeschwerden und -spannungen. Er wird mit der Zirbeldrüse assoziiert und gleicht das hormonelle System aus, stabilisiert Schwankungen im Flüssigkeitshaushalt und stellt sich auf die „Biouhr" ein. Er hilft bei Schocks und kann zur Beruhigung hyperaktiver Kinder eingesetzt werden.

HEILWIRKUNG Mondstein unterstützt das Verdauungs- und das Reproduktionssystem, die Nährstoffaufnahme und die Giftstoffabgabe und beseitigt Wasseransammlungen. Er mildert degenerative Erkrankungen von Haut, Haar und Augen sowie von fleischigen Organen wie Leber und Bauchspeicheldrüse. Er wirkt sich sehr positiv aus bei PMS, Empfängnis, Schwangerschaft, Geburt sowie auf das Stillen. Mondstein-Elixier wurde traditionellerweise gegen Schlafstörungen eingenommen; der Stein kann vorbeugend vor dem Schlafwandeln schützen.

ANWENDUNG Als Ring tragen oder auf die betreffende Körperstelle auflegen: Stirn für spirituelle Erfahrungen, Solarplexus oder Herz in Gefühlsdingen. Frauen müssen den Stein eventuell bei Vollmond entfernen.

MUSKOVIT

Auch als weißer Glimmer bekannt.

Unbearbeitet

FARBE	Rosa, grau, braun, grün, violett, gelb, rot, weiß
AUSSEHEN	Perlglanz-Glimmer, schichtartig aufgebaut, alle Größen
HÄUFIGKEIT	Leicht erhältlich
HERKUNFT	Schweiz, Russland, Österreich, Tschechische Republik, Brasilien, US-Staat New Mexico

MERKMALE Muskovit ist der häufigste Glimmer. Er regt das Herzchakra an. Muskovit besitzt die Fähigkeit, die Makel der Menschen zu erkennen. Zugleich regt er zur bedingungslosen Liebe und Annahme an. Besinnlich und mit Blick in den Spiegel der Vergangenheit bewirkt er, dass man eigene Projektionen erkennt – die Bereiche der eigenen Persönlichkeit, die man nicht erkennt und daher „außerhalb" verortet. Er hilft, Folgendes zu verstehen:

Was man an anderen nicht mag, sind im Grunde die Eigenschaften, die man an sich selbst nicht akzeptieren kann. Mit Muskovit fällt es leichter, diese Eigenschaften zu integrieren und umzuwandeln.

Muskovit löst Spannungen im Körper und bringt die Meridiane in Einklang und sorgt insgesamt für Gleichgewicht.

Auf der psychischen Ebene zerstreut Muskovit Unsicherheit, Selbstzweifel und Unbeholfenheit. Er hilft Menschen, die an Dyspraxie leiden oder links und rechts verwechseln. Muskovit baut Ärger und nervöse Belastungen ab und macht auf allen Ebenen des Seins flexibel. Er unterstützt dabei, froh in die Zukunft aber auch in die Vergangenheit zu blicken und alles schätzen zu können, was man gelernt hat. Mit Hilfe des Muskovit kann man sich selbst mit den Augen der anderen sehen und so hilft er, das Bild zu verändern, das der Außenwelt präsentiert wird. Er steht zur Seite, wenn man schmerzliche Gefühle ergründet.

In mentaler Hinsicht hilft Muskovit, Probleme zu lösen. Man wird schlagfertiger und kann Gedanken und Gefühle klarer ausdrücken. Auf der körperlichen Ebene verbessert Muskovit das Erscheinungsbild: das Haar glänzt, die Augen strahlen. Er hilft dem Körper, sein Idealgewicht zu erreichen.

HEILWIRKUNG Muskovit regelt den Blutzucker, reguliert die Bauchspeicheldrüsensekretion, wirkt lindernd bei Dehydration, beugt dem Hungergefühl während des Fastens vor und reguliert die Nierentätigkeit. Muskovit wirkt gegen Schlafstörungen und Allergien und heilt alle Erkrankungen, deren Ursachen im Leiden oder in der Verzweiflung liegen.

ANWENDUNG Mitführen oder halten. Über die Haut streichen.

BESONDERE FARBEN
Neben den allgemeinen Merkmalen weisen die nachstehend aufgeführten Farben zusätzliche Eigenschaften auf:

Violetter Muskovit öffnet die oberen Scheitelchakren.

(*Siehe auch* Fuchsit [Grüner Muskovit], Seite 116.)

NEBULASTEIN

Poliert

FARBE	Schwarz mit grünen Punkten
AUSSEHEN	Dichter Stein mit unterschiedlich ausgebildeten Flecken, normalerweise klein und getrommelt.
HÄUFIGKEIT	Neuer Stein, der erst in jüngerer Zeit auf dem Markt erscheint.
HERKUNFT	Südwesten der USA, Mexiko

MERKMALE Über den aus vier Mineralien bestehenden Nebulastein sagt man, er besitze einzigartige metaphysische Eigenschaften, die immer noch zu untersuchen sind. Man weiß, dass er die Schwingung des Lichtes seiner Quarzkomponente in den physischen Körper integriert und dabei die Zellen erleuchtet und ihr Bewusstsein aktiviert.

Schaut man in einen Nebulastein, so wird man in die Unendlichkeit, aber auch in die kleinsten Teilchen des Seins getragen und schließlich vereinen sich diese beiden. Es ist ein Stein der Nicht-Dualität und der Einheit.

HEILWIRKUNG Der Nebulastein kann in der Tiefe, auf der Zellebene, heilen.

ANWENDUNG In den Händen halten oder auf das Stirnchakra auflegen.

OBSIDIAN

Unbearbeitet

FARBE	Braun, schwarz, blau, grün, rot-schwarz, silberfarben, Regenbogenglanz, Goldglanz
AUSSEHEN	Glänzend, opak, wie Glas; alle Größen, manchmal getrommelt
HÄUFIGKEIT	Manche Farben sind leicht erhältlich, andere sind selten; bei manchen blaugrünen Steinen handelt es sich um Glasanfertigungen.
HERKUNFT	Mexiko und weltweit

MERKMALE Obsidian ist Lava, die so schnell erkaltete, dass das Gestein keine Kristalle ausbilden konnte. Für Obsidian existieren keine Grenzen oder Einschränkungen. Daher wirkt er extrem schnell und mit großer Kraft. Er ist der Wahrheit zuträglich, stimmt nachdenklich und zeigt unerbittlich Fehler, Schwächen und Blockaden auf. Er verdeutlicht präzise, wie destruktive und entkräftende Krankheiten verbessert werden können, treibt uns an, uns weiter zu entwickeln und unterstützt uns dabei. Er ist mit Bedacht anzuwenden, idealerweise unter der Anleitung eines qualifizierten Heilers, denn es kann geschehen, dass negative Gefühle und unangenehme Wahrheiten plötzlich zutage treten. Bei sachkundiger Anleitung können seine läuternden Eigenschaften ungeheuer wertvoll sein. Er heilt die Seele und kann dabei helfen, in frühere Leben zu gehen und schwärende Gefühle oder Traumata zu heilen, die bis in die Gegenwart mitgeschleppt wurden.

Obsidian gilt auch als Schutzstein und bildet ein Schild gegen Negativität. Er ist hilfreich für hochsensible Menschen. Er blockt psychische Angriffe ab und beseitigt negative spirituelle Einflüsse.

Ein großes Obsidian-Stück kann sehr wirkungsvoll sein, wenn geopathische Belastungen abzublocken oder Umweltschadstoffe aufzusaugen sind. Für Ratgeber ist er hilfreich, denn er macht es nicht nur einfacher, zum Kern einer Sache vorzudringen, sondern er nimmt die dadurch frei werdenden Energien auf. Schwarzer Obsidian oder Mahagoni-Obsidian sind für diesen Zweck am besten geeignet; Mahagoni-Obsidian ist weicher.

Ebenso kann ein neben dem Bett oder unter dem Kissen platzierter Obsidian mentale Belastung und Anspannung ausleiten und sich beruhigend auswirken, kann aber auch die Gründe für diesen Stress ans Licht bringen. Bevor dann Frieden einkehren kann, muss man sich mit ihnen befassen, und so wird das Problem dauerhaft gelöst, nicht nur gelindert. Für diese Aufgabe wäre eine der weicheren Obsidian-Varietäten wie Apachenträne oder Schneeflocken-Obsidian bestens geeignet. Da Obsidian so effektiv negative Energien aufnimmt, muss er nach einer solchen Anwendung stets unbedingt unter fließendem Wasser gereinigt werden.

Auf der spirituellen Ebene belebt Obsidian. Er eliminiert Energieblockaden, befreit von Spannungen, integriert die Schattenseiten der Persönlichkeit und erwirkt so innere Vollständigkeit. Er verankert den Geist im Körper, regt auf allen Ebenen die Entwicklung an und drängt den Menschen, Unbekanntes zu erforschen und sich neue Horizonte zu erschließen.

In mentaler Hinsicht bringt Obsidian dem Verstand Klarheit, beseitigt Verwirrung und beengende Überzeugungen. Er tut dies mitunter aber, indem er verdeutlicht, was der mentalen Belastung oder dem Leiden zugrunde liegt. Ist dies einmal geklärt, so erweitert Obsidian das Bewusstsein und betritt leicht und voller Vertrauen das unbekannte Reich.

Auf der psychologischen Ebene hilft Obsidian, sich selbst kennen zu lernen. Er konfrontiert die Menschen mit ihren Schattenseiten, lehrt sie, diese einzubinden und hilft, nunmehr veraltete Verhaltensmuster auszumachen. Obsidian löst emotionale Blockaden und alte Traumata; Gefühle erhalten Tiefe und Klarheit. Er fördert die Eigenschaften Mitleid und Stärke.

HEILWIRKUNG Obsidians größtes Geschenk ist die Erkenntnis der Leidensursache. Er hilft, schwer Verdauliches aller Art zu bewältigen und regt auch auf der körperlichen Ebene die Verdauung an. Er wirkt entgiftend, löst Blockaden und Spannungen im Körper (auch verhärtete Arterien). Er verringert den Schmerz bei Arthritis, Gelenkproblemen, Krämpfen und Verletzungen. Das Elixier tut gut bei Schock, lindert Schmerzen, stillt Blutungen und wirkt somit auch positiv auf den Kreislauf. Der Stein wärmt die Extremitäten. Er kann eingesetzt werden, um die Prostata zu verkleinern oder zu vergrößern.

ANWENDUNG An der entsprechenden Stelle auflegen.

BESONDERE FARBEN
Neben den allgemeinen Merkmalen weisen die nachstehend aufgeführten Farben zusätzliche Eigenschaften auf:

Der **schwarze Obsidian** ist ein sehr kraftvoller und kreativer Stein. Durch die Anwendung dieses Steines wird die Selbstkontrolle verstärkt.

Schwarzer Obsidian erwirkt, dass man seinem wahren Ich begegnet und dabei tief in das eigene Unterbewusstsein vorstößt. Er fördert Unausgeglichenheiten und Schattenseiten ans Licht, damit man sie bearbeiten kann. Dabei unterstreicht er verborgene Faktoren. Er vergrößert alle negativen Energien, damit man sie vollständig erfassen und abbauen kann. Diese Heilwirkung reicht bis in frühere Leben zurück und kann die Ahnenreihe und die Familienreihe beeinflussen. Schwarzer Obsidian zersetzt die Vergangenheit wie in einem biologischen Abbauprozess, so dass fruchtbare Energie frei wird und zum Nährboden für die Seele werden kann. Früheren Machtmissbrauch macht er rückgängig, versieht alle Ebenen mit Kraft und lehrt, dass der Besitz von Macht nicht bedeutet, sie auch für persönliche Zwecke zu handhaben, sondern vielmehr, sie zum Wohle der Allgemeinheit zu kanalisieren.

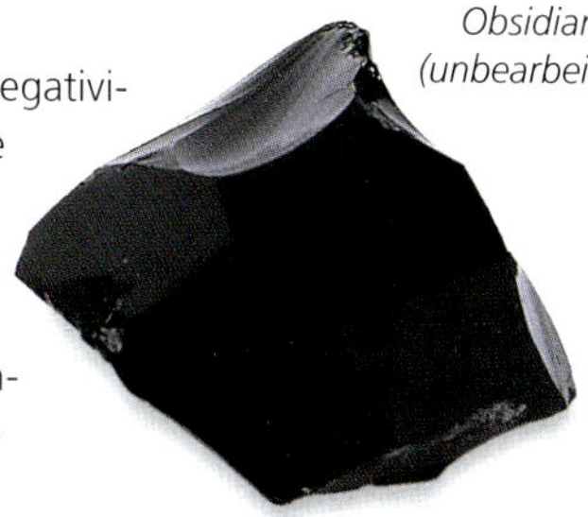

Schwarzer Obsidian (unbearbeitet)

Schwarzer Obsidian gilt als Schutzstein. Er weist Negativität ab und zerstreut lieblose Gedanken. Er hilft, „alte Liebe" loszulassen und unterstützt in Zeiten der Veränderung.

In schamanischen Zeremonien wurde schwarzer Obsidian eingesetzt, um körperliche Funktionsstörungen zu behandeln und diente ebenfalls zum prophetischen Sehen.

Als Heilstein kann schwarzer Obsidian über das Sakralchakra Energie im Körper erden. Hält man ihn kurz über das Stirnchakra, so durchbricht er mentale Barrieren und hebt mentale Konditionierungen auf. Behutsam eingesetzt, kann er zerstreute Energie verknüpfen und eine emotionale Befreiung fördern.

Blauer Obsidian wirkt unterstützend bei Fantasiereisen. Er aktiviert das Halschakra und fördert die Kommunikationsfähigkeiten. Als Heilstein öffnet der blaue Obsidian den Menschen für Heilungsprozesse. Er kann zur Behandlung von Sprachstörungen, Augenleiden, Alzheimer, Schizophrenie und der dissoziativen Identitätsstörung (multiple Persönlichkeit) eingesetzt werden. Durch Auflegen auf die betreffende Stelle wird Schmerz gelindert.

Blaugrüner Obsidian öffnet Herz- und Halschakren, hilft, persönliche Wahrheiten auszusprechen und mit dem Herzen zu verstehen. Er unterstützt Heilbehandlungen und bringt Verstand, Körper und Geist miteinander in ein Gleichgewicht. Blaugrüner Obsidian verbessert die Aufnahme der Vitamine A und E und fördert das Sehvermögen im Dunkeln.

Stahlblauer Obsidian ist intuitiv. Er regt die Fantasie an, öffnet das Stirnchakra und unterstützt bei Reisen ins Innere. Wie alle Obsidian-Varietäten dringt er an die Wurzel der Probleme vor und reguliert Energiefelder. Er gilt als wirkungsvolles Pendel. Er erhöht die Aufnahmebereitschaft des Patienten. Er ist zur Behandlung von Wirbelsäulenverkrümmungen und geschädigten Rückenwirbeln Kreislaufstörungen, Wucherungen und Anfallskrankheiten einsetzbar. Das Elixier kann der Augenbehandlung dienen.

Gold-Obsidian

Gold-Obsidian eignet sich in hervorragender Art und Weise für das Hellsehen. Er befördert die Person in die Zukunft, in die Vergangenheit und tief in den Kern eines Problems. Er zeigt, was zum Heilen nötig ist, für die Heilung selbst jedoch bedarf es anderer Kristalle. Auf der psychischen Ebene kann der Gold-Obsidian alle Gefühle der Sinnlosigkeit oder Selbstbewusstseinskonflikte beenden. Als Heilstein kann Gold-Obsidian Energiefelder ins Gleichgewicht bringen.

Grüner Obsidian öffnet und reinigt Herz- und Halschakra. Er entfernt Widerhaken und Fesseln, die andere Leute der Person beigebracht haben und schützt davor, dass dies wieder geschehen könnte. Als Heilstein kann er für Herz und Gallenblase eingesetzt werden. Man muss sich vergewissern, dass es sich tatsächlich um Obsidian und nicht um Glas handelt.

Mahagoni-Obsidian

Die Energie des **Mahagoni-Obsidian** ist sanfter als die des schwarzen Obsidian. Er besitzt eine Resonanz zur Erde, erdet und schützt, stärkt in Zeiten der Not, hebt die Ziele hervor , entfernt Energieblockaden und regt auf allen Ebenen die Entwicklung an. Er ist ein stabilisierender Stein, der eine schwache Aura stärkt und Sakral- und Solarplexuschakra wieder korrekt ausrichtet. Am Körper getragen kann Mahagoni-Obsidian Schmerzen lindern und den Kreislauf stärken.

Regenbogen-Obsidian zählt zu den weicheren Obsidianen, besitzt jedoch starke schützende Eigenschaften. Er bringt uns unsere eigene Spiritualität nahe. Er durchschneidet die Stricke alter Liebe und entfernt Widerhaken, die andere im Herzen hinterlassen haben; dabei füllt er das Herz wieder mit Energie. Als Anhänger getragen kann Regenbogen-Obsidian negative Energie absorbieren und Stress aus dem Körper ausleiten.

Regenbog- Obsidiar

Rot-schwarzer Obsidian

Rot-schwarzer Obsidian lässt die Kundalini-Energie empor steigen. Er fördert Vitalität, Ausdruckskraft und Brüderlichkeit. Als Heilstein wirkt rot-schwarzer Obsidian gegen Fieber und Schüttelfrost.

Silber-Obsidian fördert die Meditation und eignet sich perfekt für das Kristallschauen. Wie alle Obsidiane dient er als Spiegel für das Innere. Während des ganzen Lebens ist er nützlich und schenkt bei Bedarf Geduld und Ausdauer.

OBSIDIAN: APACHENTRÄNE

Natürlich

FARBE	Schwarz
AUSSEHEN	Klein, oft glatt und vom Wasser geschliffen. Gegen das Licht gehalten ist er durchscheinend.
HÄUFIGKEIT	Verbreitet
HERKUNFT	USA

ZUSÄTZLICHE EIGENSCHAFTEN Apachenträne ist eine Form des schwarzen Obsidian, wirkt jedoch weitaus weicher. Auch sie bringt Negativität an die Oberfläche, jedoch so langsam, dass es möglich ist, sie zu verwandeln. Dieser Stein eignet sich hervorragend zum Absorbieren negativer Energie, er erdet und reinigt das Erdchakra. Der Name Apachenträne hat seinen Ursprung in dem Glauben, der Stein vergieße Tränen in kummervollen Zeiten. Er tröstet und gewährt Erkenntnisse über die Ursache der Verzweiflung und befreit von lang bestehender Traurigkeit. Dieser Stein regt die analytischen Fähigkeiten an und fördert die des Verzeihens. Eine Apachenträne räumt selbst auferlegte Beschränkungen aus dem Weg und steigert die Spontaneität.

HEILWIRKUNG Apachenträne fördert die Aufnahme von Vitamin C und D, entfernt Giftstoffe aus dem Körper und lindert Muskelkrämpfe.

ANWENDUNG Auflegen (Männer auf den Bauch, Frauen auf die Brust).

OBSIDIAN: SCHNEEFLOCKEN-OBSIDIAN

Trommelstein

FARBE	Schwarz und weiß
AUSSEHEN	Gesprenkelt, schwarz-weiß, als säßen Schneeflocken darauf, häufig klein und getrommelt.
HÄUFIGKEIT	Leicht erhältlich
HERKUNFT	Weltweit

ZUSÄTZLICHE EIGENSCHAFTEN Über das Sakralchakra kann Schneeflocken-Obsidian beruhigen und besänftigen, versetzt in eine aufnahmebereite Stimmung und leitet die Aufmerksamkeit auf tief verankerte Verhaltensmuster. Er lehrt, auch Fehler als Erfolge zu bewerten.

Dieser Stein der Lauterkeit macht Körper, Verstand und Geist ausgeglichen. Schneeflocken-Obsidian hilft, „falsches Denken" und belastende Gedankenmuster zu erkennen und sich davon zu befreien, stattdessen sachlich zu überlegen und sich auf das Innere zu konzentrieren. Mit Unterstützung des Schneeflocken-Obsidian werden Isolation und Einsamkeit zu Kraftquellen, und dies wiederum führt zu größerer Hingabe in der Meditation.

HEILWIRKUNG Schneeflocken-Obsidian ist zur Behandlung der Venen und des Knochengerüstes einsetzbar und verbessert den Kreislauf. Das Elixier tut Haut und Augen gut.

ANWENDUNG Auf die entsprechende Stelle auflegen oder als Elixier einnehmen.

OKENITH

Okenithkugel auf Matrix

FARBE	Weiß
AUSSEHEN	Lang und faserig, sieht aus wie ein kleiner pelziger Schneeball.
HÄUFIGKEIT	Im Fachhandel leicht erhältlich
HERKUNFT	Indien

MERKMALE Okenith besitzt eine weiche Energie. Man möchte ihn gern berühren, dadurch jedoch würden dabei die feinen „Fasern" zusammengepresst oder zerbrochen. Okenith verbindet uns mit unseren tieferen Schichten. Der Heilstein beseitigt Hindernisse auf dem Lebensweg und erhöht die Ausdauer, um die Aufgaben des Lebens zu Ende zu bringen.

Dieser Kristall lenkt die Aufmerksamkeit auf den Anlass für die Erfahrungen, die man aktuell durchlebt. Er zeigt Schwächen und Möglichkeiten der Entwicklung auf. Er unterstützt dabei, zu verstehen, wie unsere Vergangenheit die Gegenwart beeinflußt und wie die Gegenwart die Zukunft gestalten wird. Dadurch erleichtert er die tiefe Heilung der Seele auf allen Ebenen.

Okenith reinigt die Chakren und den Körper und führt ihre Energien zusammen.

Dieser Kristall verfügt über zweierlei Wirkung. Er ist ein Wahrheitsstein und macht die anwendende Person selbst und andere aufrichtiger. Er schützt vor der Härte, die aufkommen kann, wenn andere ihre Wahrheiten aussprechen, und hilft, die Sticheleien anderer liebevoll anzunehmen. Er legt dar, ob ihnen Wahrheiten innewohnen, die man akzeptieren muss.

Auf der psychischen Ebene schenkt Okenith die Gabe, sich selbst in der Tiefe zu vergeben und eigene Fehler zu verzeihen.

Auf der mentalen Ebene erleichtert Okenith Veränderungen der Denkart. Er löst alte Muster auf und führt neue, besser geeignete Überzeugungen ein. Er hilft allen, die unter Prüderie leiden, vor allem, wenn diese aus Keuschheitsgelübden aus früheren Leben herrührt.

HEILWIRKUNG Okenith regt Blutfluss und Milchfluss an und ist daher eine Wohltat für stillende Mütter; ferner regt er die Zirkulation im Oberkörper an. Er wirkt Fieber senkend und lindert nervöse Störungen. Das Elixier wirkt gegen Hautausschlag.

ANWENDUNG Geeignete Methode wählen.

ONYX

Poliert

FARBE	Schwarz, grau, weiß, blau, braun, gelb, rot
AUSSEHEN	Gebändert, Marmor ähnlich, oft poliert. Alle Größen.
HÄUFIGKEIT	Leicht erhältlich
HERKUNFT	Italien, Mexiko, USA, Russland, Brasilien, Südafrika

MERKMALE Onyx verleiht Stärke. Er unterstützt in schwierigen oder verwirrenden Umständen und in Zeiten der massiven mentalen oder körperlichen Belastung. Er hilft, die Energie der Person zu konzentrieren und mit einer höheren Macht in Einklang zu bringen – wodurch man zu einer höheren Führung gelangt – und fördert die Einbindung in das große Ganze. Er kann einen Blick in die Zukunft gewähren. Dank der Fähigkeit, persönliche Stärke zu verleihen, trägt er dazu bei, dass Menschen ihr Schicksal selbst in die Hand nehmen. Er steigert Leidenschaftlichkeit, Standhaftigkeit und

Ausdauer. Er unterstützt bei Lernprozessen, verleiht Selbstvertrauen und hilft, sich in der Umgebung wohl zu fühlen.

Onyx steht auch für Verschwiegenheit und hilft, die eigene Meinung für sich zu behalten. Es heißt, Onyx berge in sich die Erinnerung an die Erlebnisse des Trägers.

Hält man einen Onyx in der Hand, so wird die Aufmerksamkeit auf den Ort der Wunde gelenkt, und sie kann anhand von Körperarbeit oder Kristalltherapie geschlossen werden. Onyx kann auch zur Heilung von alten Sorgen und altem Kummer eingesetzt werden.

Auf der psychischen Ebene erkennt und integriert Onyx Dualitäten im Selbst. Unbeständige verankert er in einer stabileren Lebensweise und sorgt generell für mehr Selbstkontrolle. Onyx belebt den Geist und lindert übermächtige Ängste und Sorgen. Er vermittelt die unschätzbar wichtige Gabe, Entscheidungen weise zu treffen.

Körperlich hilft Onyx, aus dem Universum Energien aufzunehmen, die zum Heilen erforderlich sind. Er gleicht die Yin- und Yang-Energie im Körper aus.

HEILWIRKUNG Onyx ist gut für die Zähne, die Knochen, das Knochenmark und die Füße und hilft gegen Blutkrankheiten.

ANWENDUNG Auf der linken Körperhälfte tragen. Auf entsprechende Stelle auflegen oder darüber halten. Um den Hals getragen soll Onyx die Begierde zügeln und Keuschheit erleichtern.

OPAL

Poliert

Unbearbeitet

Gemeiner Opal

Dunkler Opal

FARBE	Weiß, rosa, schwarz, beige, blau, gelb, braun, orange, rot, grün, rotviolett
AUSSEHEN	Klar oder milchig, irisierend und feurig oder glasartig und nicht feurig, häufig klein und poliert.
HÄUFIGKEIT	Leicht erhältlich, Edelsteine jedoch teuer
HERKUNFT	Australien, Mexiko, Peru, Südamerika, Großbritannien, Kanada, USA, Honduras, Slowakei

MERKMALE Der Opal ist ein sehr zarter Stein mit feiner Schwingung. Er verbessert das kosmische Bewusstsein und verhilft zu übersinnlichen und mystischen Visionen. Er stimuliert Originalität und dynamische Kreativität und hilft, das wahre Ich zu erreichen und auszudrücken. Opal wirkt sowohl absorbierend als auch reflektierend. Er greift Gedanken und Gefühle auf, verstärkt sie und schickt sie an ihren Ausgangspunkt zurück. Ferner ist der Opal auch ein Schutzstein, mit dem eine Person bei korrekter Programmierung gewissermaßen unbemerkt sein kann.

Auf der psychischen Ebene verstärkt Opal Wesenszüge und bringt Charaktermerkmale an die Oberfläche, damit sie verändert werden können. Er steigert das Selbstwertgefühl und hilft, sein gesamtes Potential zu verstehen. Auf der mentalen Ebene bringt Opal Helligkeit und Spontanität. Er fördert das Interesse an Kunst.

In emotionaler Hinsicht wurde der Opal stets mit Liebe und Leidenschaft, Begehren und Erotik assoziiert. Er ist ein Stein der Verführung, intensiviert Gefühlszustände und nimmt Hemmungen. Er kann emotional stabilisierend wirken, kann die Energie jedoch auch zerstreuen. Daher muss der Anwender sehr gut konzentriert sein, bevor er mit dem Opal Gefühle untersucht oder herbeiführt, andernfalls muss er andere Steine bereithalten, die die Integration unterstützen. Der Opal veranschaulicht die Gefühlslagen in der Vergangenheit und vermittelt, wie die Verantwortung für die eigene Befindlichkeit übernommen werden kann. Er hilft, positive Gefühle herauszulassen. Es heißt, wenn man einen Opal trägt, so verleihe er Loyalität, Treue und Spontanität, könne aber auch eine gewisse Wankelmütigkeit verstärken, wenn der Hang dazu bereits vorhanden sei. Opale können eingesetzt werden, um das Erdenergiefeld zu heilen.

HEILWIRKUNG Opal stärkt den Lebenswillen. Er kann zur Behandlung der Parkinsonkrankheit sowie von Infektionen und Fiebererkrankungen eingesetzt werden; ferner stärkt er das Gedächtnis. Er reinigt Blut und Nieren, reguliert die Insulinproduktion, erleichtert die Geburt und lindert PMS (dunkle Farben verwenden). Dieser Stein ist insbesondere als Elixier heilsam für die Augen.

ANWENDUNG An der entsprechenden Stelle auflegen, vor allem Herz und Solarplexus. Am kleinen Finger tragen.

BESONDERE ARTEN UND FARBEN

Neben den allgemeinen Merkmalen weisen die nachstehend aufgeführten Farben zusätzliche Eigenschaften auf:

Schwarz-braun-grauer Opal stellt eine Resonanz zum Sakralchakra und den Reproduktionsorganen her. Er ist besonders zum Abbau von sexuellen Spannungen mit emotionalen Ursachen hilfreich sowie um neu freigewordene Emotionen zu verarbeiten und zu integrieren.

Blauer Opal beruhigt die Gefühle und bringt die Person wieder mit ihrem spirituellen Ziel in Einklang. Er stellt eine Resonanz zum Halschakra her und kann der Kommunikation förderlich sein, vor allem, wenn es um Dinge geht, die aus Mangel an Vertrauen unterdrückt wurden. Er ist bei Erfahrungen der Vergangenheit, die sich auf das jetzige Leben auswirken, sehr nützlich.

Rot-weißer Opal

Rot-weißer Opal hilft, Wurzel- und Sakralchakren zu reinigen und zu aktivieren. Er fördert das Gefühl, zentriert zu sein. Auf der spirituellen Ebene verleiht dieser Stein besondere Sensibilität. Als Heilmittel gegen Kopfschmerzen aufgrund eines blockierten, nicht geöffneten Stirnchakras ist er sehr wirkungsvoll. Er fördert die Regenerierung des Gewebes und heilt Blutkrankheiten, tut gut bei Muskelspannungen und Wirbelsäulenprobleme; ferner lindert er Wechseljahresbeschwerden.

Chrysopal (blaugrün) öffnet für neue Eindrücke und ermutigt, anderen gegenüber offen zu sein. Er hilft, die Welt mit neuen Augen zu betrachten. Dieser Stein verbessert die Stimmung, emotionale Lasten wiegen weniger schwer, was er nicht selten durch Weinen erwirkt. Er befreit die Gefühle. Er entgiftet und regeneriert die Leber und befreit Herz und Brust von Beklemmungen.

Feueropal (orange-rot) erhöht die persönliche Kraft, erweckt das innere Feuer und schützt vor Gefahr. Er ist ein Symbol der Hoffnung, eine hervorragende Hilfe im Geschäft und er verstärkt die Energie. Er erleichtert Veränderungen und Fortschritt. Wird man ungerecht oder schlecht behandelt, so ist der Feueropal in der anschließenden Aufgewühltheit eine Stütze. Man sagt, der Feueropal vergrößere Gedanken und Gefühle, gebe sie dreifach zurück und könne tief sitzende Trauergefühle abbauen. Er hilft wunderbar, die Vergangenheit los zu lassen, kann jedoch auch geradezu explosiv wirken, wenn „unter Verschluss gehaltene" Gefühle plötzlich „herauskommen".

Feueropal

Feueropal stellt eine Resonanz zum Bauch, zum unteren Rücken und zum Dreifachbrenner-Meridian her. Er heilt Darm und Nieren, reguliert die Nebennieren, beugt einem burn-out vor und regt die Sexualorgane an. Er spendet Energie und Wärme.

Der **grüne Opal** ist ein reinigender, verjüngender Stein, der für emotionale Heilung sorgt und in Beziehungen eine Hilfe ist. Dank der Fähigkeit, Informationen zu filtern und den Verstand neu zu orientieren, verleiht er dem Alltag Bedeutung und liefert spirituell eine Perspektive. Im Bereich des Heilens stärkt der grüne Opal das Immunsystem und lindert Erkältungen und Grippe.

Hyalith (Wasseropal) stabilisiert die Stimmung und verbindet Wurzel- und Scheitelchakra und vertieft mit seiner wässrigen Tiefe die Erfahrungen in der Meditation.

Grüner Hyalith

PERIDOT

Auch als Chrysolith oder Olivin bekannt.

Facettiert

Unbearbeitet

Poliert

FARBE	Olivgrün, gelbgrün, honigfarben, rot, bräunlich
AUSSEHEN	Opak. Facettiert und poliert ein klarer Kristall. Normalerweise recht klein.
HÄUFIGKEIT	Leicht erhältlich, gute Kristalle sind jedoch selten
HERKUNFT	USA, Brasilien, Ägypten, Irland, Russland, Sri Lanka, Kanarische Inseln

MERKMALE In früheren Zeiten glaubte man, der Peridot halte böse Geister fern. Noch heute gilt er als Schutzstein.

Er reinigt kraftvoll, baut auf allen Ebenen Giftstoffe ab und neutralisiert sie, reinigt die feinstofflichen und die physischen Körper und den Verstand. Er öffnet, reinigt und aktiviert Herz- und Solarplexuschakra und befreit von „altem Gepäck", Lasten, Schuld oder Zwangsvorstellungen. Peridot vermittelt, dass es kontraproduktiv ist, an Menschen oder der Vergangenheit übermäßig festzuhalten. Peridot zeigt, wie man sich von äußeren Einflüssen trennen und auf die eigenen höheren Führungsenergien schauen kann.

Dieser Stein baut negative Muster und alte Schwingungen ab, so dass man eine neue Frequenz erreichen kann. Ist die psychologische Arbeit getan, so hilft der Peridot, sich rasch weiter zu entwickeln. Er ist ein visionärer Kristall, mit dessen Hilfe man sein Leben und sein Ziel besser verstehen kann. Für Heiler ist er ganz besonders nützlich.

Auf der psychischen Ebene verringert Peridot Eifersucht, Missgunst, Boshaftigkeit und Wut und er reduziert Stress. Er steigert Vertrauen und die Fähigkeit, Ansprüche aggressionsfrei vorzubringen. Er stößt Entwicklungen an und unterstützt bei der Durchführung notwendiger Veränderungen. Er hilft, in die Vergangenheit zurück zu blicken und den Wert der gemachten Erfahrungen zu schätzen. Er zeigt, wie man sich selbst vergeben kann. Durch den Peridot erhält man größere psychische Klarheit und fühlt sich besser. Er ist darauf eingestellt, spirituelle Wahrheit zu erringen und steuert die Kreisläufe des Lebens.

Auf der mentalen Ebene schärft Peridot den Verstand und öffnet ihn für höhere Bewusstseinsebenen. Er vertreibt Lethargie und konzentriert die gesamte Aufmerksamkeit auf die Dinge, die man bewusst oder unbewusst ignoriert hat. Mit Hilfe des Peridot kann man Fehler eingestehen und weiterkämpfen. Er hilft vor allem den Menschen, die überzeugt sind, an allem sei „jemand anders schuld“, die Verantwortung für das eigene Leben zu übernehmen. Der Einfluss des Peridot kann schwierige Beziehungen erheblich verbessern.

HEILWIRKUNG Peridot wirkt kräftigend und heilt und regeneriert das Gewebe. Er stärkt den Kreislauf und ist gut für die Haut. Peridot unterstützt Herz, Thymus, Lungen, Gallenblase, Milz, Verdauungstrakt und wirkt gegen Geschwüre; er verbessert die Augen. Durch Auflegen auf den Bauch kann er Geburten erleichtern, denn er stärkt die Muskelkontraktionen und lindert die Schmerzen. Seine Energie gleicht bipolare Funktionsstörungen aus und wirkt gegen Hypochondrie.

ANWENDUNG Am Hals tragen. Auf der entsprechenden Stelle auflegen, insbesondere über der Leber ist Hautkontakt nötig.

PETALIT

Unbearbeitet

FARBE	Farblos, weiß, rosa, grau, rötlich-weiß, grünlich-weiß
AUSSEHEN	Quarzartig, mit Streifungen, etwas irisierend, normalerweise klein.
HÄUFIGKEIT	Selten und teuer
HERKUNFT	Brasilien, Madagaskar

MERKMALE Petalit öffnet unser Bewusstsein mit einer hohen und reinen Schwingung und hilft bei der geistigen Reinigung. Er ist ein Schutzstein, der Meditation und Einstimmung verbessert. Er befördert in eine sehr ruhige und klare spirituelle Dimension, und von dort aus kann man Ursachen ermitteln und verwandeln. Er ist ganz besonders heilsam für Heilung der Familie, denn er reicht zurück bis in die Zeit, bevor die Störung aufkam.

Petalit wurde gerne von Schamanen verwendet. Es heißt, er schaffe eine sichere Umgebung für spirituelle Kontakte oder schamanisches Sehen. Er aktiviere diesen Prozess und versorge mit Energie.

Er öffnet Hals- und oberes Scheitelchakra und verbindet mit hohen Schwingungen. Er lässt die Menschen über ihre aktuellen Fähigkeiten hinauswachsen, verbindet sie mit höchsten Ebenen des intuitiven Wissens.

Auch ein kleiner Petalit kann als Elixier sehr große Kraft entfalten. Er ist besonders hilfreich beim Überschreiten von Schwellen, denn er bringt das höhere Selbst einer jeden Person ein und neutralisiert Manipulationen auf allen Ebenen.

Am Körper getragen speist und aktiviert Petalit überall die Energiezentren des Körpers kontinuierlich. Er stärkt und energetisiert seine Umgebung.

HEILWIRKUNG Petalit harmonisiert das endokrine System und aktiviert den Dreifachbrenner-Meridian. Dieser Stein ist bei der Behandlung von AIDS und Krebs hilfreich. Er wirkt positiv auf Zellen, Augen, Lungen, bei Muskelkrämpfen und auf den Darm.

ANWENDUNG Als Anhänger oder Ohrring tragen oder auf die entsprechende Stelle auflegen, wirkt besonders über das Stirnchakra.

BESONDERE FARBEN

Neben den allgemeinen Merkmalen weisen die nachstehend aufgeführten Farben zusätzliche Eigenschaften auf:

Rosa Petalit reinigt den Herzmeridian und befreit von emotionalem Ballast. Er stärkt den emotionalen Körper und befreit von Ängsten und Sorgen. Er ist ein Stein des Mitleids, der unter Aufrechterhaltung einer sanften Stärke flexibler macht.

Farbloser Petalit raubt negativen Energien die Kraft.

PHENAZIT

Unbearbeitet

FARBE	Farblos, kann gelb, gelb-rot, rot, rosa, braun getönt sein
AUSSEHEN	Glasig, quarzartig, mit kleinen Kristallen
HÄUFIGKEIT	Recht selten und normalerweise teuer
HERKUNFT	Madagaskar, Zimbabwe, US-Bundesstaat Colorado, Brasilien

MERKMALE Phenazit besitzt eine der höchsten je festgestellten Kristallschwingungen. Der quarzartige Stein wirkt reinigend, integrierend und verstärkt die Selbstheilungskräfte der Seele.

Phenazit besitzt eine starke Verbindung zu allen Chakren und schenkt das Wissen darüber, wie diese zu heilen und zu aktivieren sind. Er stimuliert das Stirnchakra und aktiviert das obere Scheitelchakra, wodurch das innere Wissen zunimmt.

HEILWIRKUNG Phenazit wirkt auf einer feinstofflichen Ebene und reinigt Körper und Energiebahnen, so dass Leiden aus jeglicher Quelle identifiziert und behoben werden kann. Phenazit aktiviert die Heilung und hat die Kraft, die Energie anderer Heilsteine zu verstärken.

ANWENDUNG Den facettierten Stein tragen oder entsprechend aufstellen, vor allem über dem Kopf.

BESONDERE FARBEN

Neben den allgemeinen Merkmalen weisen die nachstehend aufgeführten Farben zusätzliche Eigenschaften auf:

Farbloser Phenazit ermöglicht es, die Schwingungen zu erhöhen, die Gedanken zu reinigen und ausschließlich positive Energie einzubringen.

PIETERSIT

Auch als Sturmstein bekannt.

Getrommelt

FARBE	Gold-braun bis grau-blau
AUSSEHEN	Gesprenkelt, irisierend, oft klein, getrommelt
HÄUFIGKEIT	Leicht erhältlich
HERKUNFT	Namibia

MERKMALE Der wegen seiner Verbindung zum Sturm-Element auch als Sturmstein bekannte Pietersit ist eine recht neue Entdeckung. Man sagt, er besitze „die Schlüssel zum Himmelreich". Er verknüpft das Alltägliche mit dem spirituellen Bewusstsein und erinnert den Menschen daran, dass er ein spirituelles Wesen ist. Pietersit ist im spirituellen Sein zentriert und hat die Fähigkeit, den Menschen nicht nur auf der Erde selbst zu verankern, sondern auch in geistigen Sphären.

Er regt das Stirnchakra und die Zirbeldrüse an; so erreicht er die Intuition und fördert tiefe spirituelle Visionen. Er führt die Person in eine sehr liebevoll geführte Ebene.

Es heißt, Pietersit zerstreue die Illusion der Getrenntheit und beseitige Überzeugungen und Konditionierungen, mit denen andere Menschen eine

Person geformt haben. Er hilft, zu erkennen, ob die Worte anderer Menschen wahr oder falsch sind. Er löst hartnäckige Blockaden und Verwirrung. Er baut mentale und verbale Erziehungsmuster ab, Überzeugungen, die in der Vergangenheit von Autoritätspersonen wie den Eltern oder anderen Normen prägenden Personen vorgegeben wurden, und entlarvt spirituelle Illusionen.

Auf der psychischen Ebene hilft Pietersit, persönliche Wahrheiten zu äußern. Er ist ein Stein, der in großem Maße unterstützt und stärkt und dabei hilft, alles auszusprechen und zu untersuchen, was den Zugang zur Wahrheit behindert. Er hilft, alte Konflikte und unterdrückte Gefühle zu bearbeiten.

HEILWIRKUNG Pietersit regt die Hypophyse an, wirkt ausgleichend auf das endokrine System und die Produktion der Hormone, die den Stoffwechsel, Blutdruck, Wachstum, Sexualität und Körpertemperatur regeln. Er ist gut für die Lungen, Leber, Darm, Füße und Beine und fördert die Aufnahme von Nährstoffen aus der Nahrung. Auf der feinstofflichen Ebene reinigt er die Meridiane, die Energiebahnen des Körpers und liefert ihnen Energie. Dieser Stein beseitigt erschöpfungsbedingte Leiden bei Menschen, die keine Zeit zum Ausruhen haben.

ANWENDUNG An entsprechender Stelle auflegen oder darüber halten.

PREHNIT

Unbearbeitet

FARBE	Grün, gelb, weiß, braun
AUSSEHEN	Bläschen auf einer Matrix, kleine bis mittelgroße Stücke
HÄUFIGKEIT	Im Fachhandel leicht erhältlich
HERKUNFT	Südafrika

MERKMALE Der heiter-klare Prehnit – ein Kristall, der den Therapeuten heilt – ist ein Stein der bedingungslosen Liebe. Er regt den Prozess der Visualisierung an und führt in den Zustand tiefer Meditation, bei der ein Kontakt mit den eigenen Tiefenschichten entsteht. Es heißt, Prehnit fördere die „innere Stimme" und die Fähigkeit, Dinge voraus zu ahnen. Er hilft, immer auf alles vorbereitet zu sein. Er weist den Weg für den spirituellen Wachstumsprozess.

Prehnit ist als Steinkreis sehr wirkungsvoll, denn er beruhigt die Umgebung und bringt Frieden und Schutz. Man kann ihn sehr gut im Garten aufstellen, und er hilft, das eigene Heim in einen heilenden Raum für sich selbst zu verwandeln. Er lehrt, in Harmonie mit der Natur und den Kräften der Elemente zu sein, und belebt und erneuert die Umgebung.

Prehnit ist auch ein guter Feng-Shui-Stein und beim „Chaosmanagement" von Nutzen. Er hilft, Besitztümer loszulassen, die man nicht mehr braucht, und die Dinge, die man behält, gut zu organisieren. Er ist Menschen eine Hilfe, die infolge eines Mangels in ihrem Inneren Besitztümer oder Liebe horten. Mit dem Beistand des Prehnit wird das Vertrauen in das Leben wieder hergestellt und die Seele glaubt wieder an die göttliche Vorsehung.

Auf der psychischen Ebene lindert Prehnit Alpträume, Phobien und tief sitzende Ängste; er legt das Leiden bloß, durch das sie geschaffen wurden, und heilt es. Er tut hyperaktiven Kindern gut und wirkt sich positiv auf die Ursachen aus, die die Hyperaktivität noch betonen.

HEILWIRKUNG Prehnit ist bei Diagnosen nützlich, denn er dringt zur Wurzel des Leidens vor. Er ist zur Heilung von Nieren, Blase, Thymusdrüse, Lunge sowie von Beschwerden in Schultern und Brust einsetzbar. Er dient der Behandlung von Gicht und Bluterkrankungen, repariert das Bindegewebe im Körper und kann bösartige Tumore stabilisieren.

ANWENDUNG An der betreffenden Stelle auflegen oder darüber halten.

PYROLUSIT

Natürlich

FARBE	Silber, schwarz, blau, dunkelgrau
AUSSEHEN	Groß, glänzend und fächerartig auf einer Matrix gewachsen oder körnige Masse
HÄUFIGKEIT	Im Fachhandel leicht erhältlich
HERKUNFT	USA, Großbritannien, Brasilien, Indien

MERKMALE Pyrolusit hat die Fähigkeit, Energien umzuwandeln und zu restrukturieren. Er heilt Störungen im Energiefluss und wandelt Leiden in den physischen, emotionalen und mentalen Körpern um.

Pyrolusit kann in der unmittelbaren Umgebung oder am Ort der Meditation sehr nützlich sein. Er wehrt negative Energie ab und zerstreut psychische Interferenzen jedweden Ursprungs. Er kann unliebsamer mentaler Beeinflussung von jemandem mit einem sehr starken Geist vorbeugen und emotionale Manipulation abbauen.

Ist man mit einer Autoritätsperson zusammen, deren Ansichten man nicht teilt, so ist es ratsam, einen Pyrolusit mitzuführen. Er verleiht die Kraft, seinen eigenen Überzeugungen treu zu bleiben. Bedingt durch den fragilen Aufbau sind manche Pyrolusite nicht dazu geeignet, getragen oder am Körper mitgeführt zu werden. Man kann sie hingegen immer dann in die Hand nehmen, wenn man ihre Energien braucht.

Auf der psychischen Ebene stärkt Pyrolusit Vertrauen, Optimismus und Entschlusskraft. Er besitzt Zähigkeit, geht den Problemen wahrhaftig auf den Grund und stellt die Mittel zur Umwandlung zur Verfügung. Er kann bei der Heilung tief liegender emotionaler Probleme sowie bei der Arbeit an früheren Leben und der Körperarbeit zur Befreiung von emotionalen Leiden und Blockaden im emotionalen Körper helfen.

In emotionaler Hinsicht hat Pyrolusit die Kraft, Beziehungen zu verändern und zu stabilisieren. Er kann dabei unterstützen, negative in positive Erwartungen zu verwandeln.

HEILWIRKUNG Pyrolusit kann zur Behandlung der Bronchien eingesetzt werden, reguliert den Stoffwechsel, kräftigt die Blutgefäße und regt die Libido an. Außerdem wirkt er sich positiv auf die Sehkraft aus.

ANWENDUNG Über entsprechende Stelle halten oder auflegen. Da Pyrolusit recht empfindlich und das Auflegen auf den Körper nicht ganz einfach ist, kann man ein Elixier zubereiten (indirektes Verfahren) und auftragen oder einnehmen.

QUARZ

Stufe mit Spitze

Kristallsäule (geformt)

FARBE	Farblos
AUSSEHEN	Lange Kristalle mit Spitze, transparent, milchig oder mit Streifungen, oft Stufen, alle Größen.
HÄUFIGKEIT	Die meisten Quarze sind leicht erhältlich
HERKUNFT	Weltweit

MERKMALE Quarz ist aufgrund seiner helikal gewundenen Kristallform der wirkungsvollste Heilstein und Energieverstärker des Planeten. Vorkommen gibt es weltweit. Er absorbiert Energie, speichert sie, gibt sie wieder frei, reguliert sie und ist hervorragend zum Lösen von Energieblockaden geeignet. Werden Akupunkturnadeln mit Quarz beschichtet, so erhöht sich die Wirkung um 10 Prozent. Er stärkt die Muskeln und schützt vor Strahlungen. Quarz erzeugt Elektromagnetismus und baut statische Elektrizität ab.

Dieser Kristall arbeitet auf einer Schwingungsebene, die auf die speziellen Energiebedürfnisse der Person, die zu heilen ist, abgestimmt wird. Er reinigt die Organe, regt sie an und heilt die Seele in der Tiefe. Er verbindet körperliche Dimension und Verstand.

Auf der spirituellen Ebene hebt dieser Kristall die Energie auf die höchstmöglichen Ebenen. Er enthält alle möglichen Farben und wirkt auf allen Ebenen des Seins. Er fördert intuitive Fähigkeiten und stimmt die Person auf ihr Seelenziel ein. In der Meditation filtert Quarz Ablenkungen heraus. Quarz ist der Stein, der Programmierungen am besten aufnimmt.

Auf der mentalen Ebene fördert Quarz die Konzentration und macht den Weg zum Gedächtnis frei.

Quarz hilft, Energie zu sparen. Befestigt man eine Quarzspitze an der Benzinleitung eines Autos, so wird der Treibstoffverbrauch reduziert.

Quarzspitzen haben je nach der Geschwindigkeit, mit der sie wuchsen, verschieden geformte Facettierungen. Diese Formen sind von großer Bedeutung (siehe Kapitel Kristallformen ab Seite 310).

HEILWIRKUNG Quarz ist ein wahrer Meister im Bereich des Heilens und kann bei allen Erkrankungen zum Einsatz kommen. Er regt das Immunsystem an und bringt den Körper ins Gleichgewicht. Er dient hervorragend zur Linderung von Verbrennungen. Quarz harmonisiert alle Chakren.

ANWENDUNG An der betreffenden Stelle auflegen.

BESONDERE FARBEN UND QUARZARTEN

Neben den allgemeinen Merkmalen weisen die nachstehend aufgeführten Farben und Quarzarten zusätzliche Eigenschaften auf:

Blauer Quarz

Blauer Quarz hilft, auf andere zuzugehen und beschwichtigt Ängste. Er beruhigt den Geist, unterstützt dabei, die eigene spirituelle Natur zu verstehen und regt zur Hoffnung an. Als Heilstein wirkt er sich auf die Organe im Oberkörper positiv aus. Blauer Quarz reinigt den Blutstrom und stärkt das Immunsystem.

Der **goldene Heiler** (natürlicher Bezug, durchsichtig-gelb) erleichtert die spirituelle Erfahrungen und lässt Heilung auf allen Ebenen zu.

Goldener Heiler (Doppelender)

Grüner Quarz öffnet und stabilisiert das Herzchakra. Er verwandelt negative Energie, inspiriert die Kreativität und bringt das endokrine System ins Gleichgewicht.

Harlekin-Quarz hat kleine rote Einschlüsse, und es sieht aus, als tanzten sie. Der Harlekin-Quarz verbindet Wurzel- und Herzchakra mit dem Scheitelchakra und leitet physische und spirituelle Vitalität in den Körper. Er gleicht die Polaritäten und die Meridiane im Körper aus. Seine Heilwirkung stärkt die Venen, das Gedächtnis und die Schilddrüse; er hilft bei Schilddrüsenstörungen. Er aktiviert den Genesungswillen und hilft gegen Mutlosigkeit.

Lithiumquarz

Lithiumquarz (natürlicher Bezug, violett-rötlich gepunktet) ist ein natürliches Antidepressivum. Seine kraftvollen Heilenergien holen die Krankheiten, die der Depression zugrunde liegen, sanft ans Licht, neutralisieren uralten Ärger und Kummer. Er kann seine Wirkung bis in frühere Leben zurück entfalten und die Wurzel des emotionalen Leidens ausreißen, das sich bis in das jetzige Leben fortgesetzt hat. Lithiumquarz reinigt die Chakren und säubert Wasser. Er kann auch bei der Behandlung von Pflanzen und Tieren sehr wirkungsvoll sein.

Natürliches Titan wird auf Quarzkristalle „gestreut", die dieselben Kräfte wie Regenbogen-Aura-Quarz haben (siehe Seite 215). Häufig findet sich Titan als Einschluss beispielsweise in Rutilquarz (siehe Seite 220).

Titanquarz

Den **natürlichen Regenbogen** findet man vielfach in Quarzkristallen. Er fördert das Bewusstsein der umfassenden Liebe, leitet Negativität aus und schenkt Körper und Umgebung Heilenergie.

Natürlicher Regenbogen in Quarzspitze

Rotorangefarbener Quarz (natürlicher Bezug, transparent) eignet sich hervorragend für die Behandlung von Schocks oder Traumata, vor allem auf der seelischen Ebene. Er kann zum Heilen nach psychischen Angriffen eingesetzt werden. Dieser Quarz kann zum Heilen von Geschehnissen in der Vergangenheit dienen und ist sehr hilfreich in Fällen, in denen die Seele spürt, einen Fehler begangen zu haben. Die Seele lernt, den einer Erfahrung innewohnenden Wert zu erkennen. Dieser rot-orangefarbene Quarz aktiviert und harmonisiert das Sakralchakra und regt den Fluss kreativer Energie an.

(*Siehe* weitere Quarzarten auf den Seiten 214 – 226.)

Natürlicher sibirischer Quarz mit Phantom.

QUARZ: AQUA AURA UND BESONDERE QUARZE AUS DEM LABOR

Aqua Aura

FARBE	Blau (aus Sibirien), rot (Rosen-Aura oder Rubin-Aura), gelb (Sonnenschein-Aura), Regenbogen
AUSSEHEN	Künstlich mit Gold bedampfte Bergkristalle; dies erzeugt eine intensive Farbe, kleine Spitzen oder Stufen
HÄUFIGKEIT	Leicht erhältlich
HERKUNFT	Bezug wird auf Bergkristalle aufgebracht

ZUSÄTZLICHE EIGENSCHAFTEN Obwohl der Aqua Aura künstlich hergestellt wird, verfügt er über eine intensive Energie, die das Verfahren zum Aufdampfen des Goldes auf Bergkristall wiederspiegelt. Aqua Aura schafft Raum für Neues. Dieser Kristall heilt, reinigt und beruhigt den Geist; er baut Stress ab. Dann aktiviert er die Chakren, insbesondere im Halsbereich, wo er die vom Herzen kommende Kommunikation fördert. Aqua Aura entfernt Negativität. Dann beginnt die Seelenenergie sich zu äußern und bringt die höchsten Potenziale der Personen zu Entfaltung.

Aqua Aura verleiht der spirituellen Einstimmung und Kommunikation mehr Tiefe. Es ist ein Schutzstein, der vor Angriffen schützt. In der Meditation spendet er tiefen Frieden. In Verbindung mit anderen Heilsteinen erhöht er deren Heilkräfte.

HEILWIRKUNG Aqua Aura stärkt die Thymusdrüse und das Immunsystem.

ANWENDUNG Über/an/auf die entsprechende Stelle halten, tragen oder auflegen.

SPEZIELLE AURA-QUARZE

Jeder Aura-Quarz besitzt eigene, spezielle Eigenschaften, die mit seiner Farbe zusammen hängen, manche Eigenschaften sind ihnen jedoch allen aufgrund des aufgebrachten Goldes gemein.

Zur Herstellung von **Regenbogen-Aura-Quarz** werden Gold und Titan auf Bergkristall aufgebracht. Er aktiviert alle Energiezentren des Körpers und bereitet der Lebenskraft einen Weg. Er verleiht lebendige Energie und Lebenslust. Regenbogen-Aura-Quarz ist bei gestörten Beziehungen sehr hilfreich, denn er zeigt Projektionen auf und hilft, sich von negativen Gefühlen wie Abneigungen oder von altem Kummer aus der Vergangenheit zu befreien und gewährt auf allen Ebenen tief gehende Erkenntnisse über Beziehungen. Er hilft, Fesseln zu lösen, die Beziehungen behindern. Die solchermaßen verwandelte Beziehung ist vital und harmonisch.

Opal-Aura-Quarz hat eine viel schwächere Regenbogenfarbe, die von Platin erzeugt wird. Wie ein Regenbogen am Himmel Hoffnung und Optimismus erzeugt, so ist auch der Opal-Aura-Quarz ein Kristall der Freude. Er reinigt alle Chakren, bringt sie in Einklang und integriert alle physischen Dimensionen. Opal-Aura-Quarz verschafft Zugang zu einem tiefen Zustand meditativen Bewusstseins und erdet die empfangenen Informationen im physischen Körper.

Rosen-Aura-Quarz entsteht aus der Verbindung Quarz-Platin. Sie erzeugt eine dynamische Energie, die auf die Zirbeldrüse und das Herzchakra wirkt und unterdrückte Selbstzweifel verwandelt. Er gewährt bedingungslose Liebe zum Selbst und verbindet mit der universellen Liebe. Diese Form des Aura-Quarzes erfüllt den ganzen Körper mit Liebe und erneuert die Zellen.

Rubin-Aura-Quarz

Rubin-Aura-Quarz wird auch aus Quarz und Platin gebildet, erzeugt jedoch eine viel tiefere Farbe. Rubin-Aura-Quarz befreit das Wurzelchakra von alten Überlebensfragen und Missbrauch, schenkt Leidenschaft und Lebendigkeit und aktiviert die Weisheit des Herzens. Er erhebt den Geist. Rubin-Aura-Quarz schützt gegen Aggression und Gewalt. Als Heilstein tut er dem endokrinen System gut und ist eine Art natürliches Antibiotikum gegen Pilzinfektionen und Parasiten.

Sonnenschein-Aura-Quarz ist ein grell gelber Kristall aus Gold und Platin. Seine Energien sind kraftvoll und äußerst aktiv. Er aktiviert und reinigt den Solarplexus und baut alte Traumata und Verletzungen ab. Auf der spirituellen Ebene wirkt er erweiternd und beschützend. Er wirkt gegen alle Trägheit aller Art und baut Giftstoffe ab.

Der **sibirische blaue Quarz** ist ein strahlender blauer, aus Quarz und Kobalt synthetisch hergestellter Kristall. Er wirkt gegen Depressionen, erhebt den Geist und schenkt tiefen Frieden. Er aktiviert Hals- und Stirnchakra. Dieser Stein hilft, persönliche Wahrheiten auszusprechen und Gehör zu finden. Das Elixier wirkt gegen Halsinfektionen, Magengeschwüre und Stress. Äußerlich angewendet ist es wirksam gegen Entzündungen, Sonnenbrand sowie Hals- und Muskelverspannungen.

QUARZ: PHANTOM-QUARZ

Amethyst

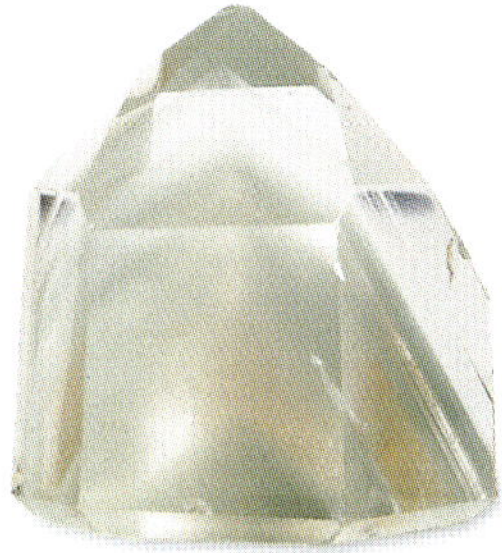

Chlorit

FARBE	Variiert je nach Mineral
AUSSEHEN	„Geisterhafter" Kristall im Innern des Hauptkristalls
HÄUFIGKEIT	Leicht erhältlich
HERKUNFT	Weltweit

AUSSEHEN Kleinerer weißer oder farbiger „Phantom"-Kristall, der in dem großen farblosen Quarzkristall eingeschlossen ist.

ZUSÄTZLICHE EIGENSCHAFTEN Der Phantom-Kristall symbolisiert das universelle Bewusstsein. Sein Ziel besteht darin, die Heilungskräfte in den einzelnen Menschen zu aktivieren. Ein Phantom-Quarz ergründet die Vergangenheit, legt verdrängte Erinnerungen wieder frei und bettet die Vergangenheit in den Kontext ein.

QUARZ: ROSENQUARZ

Unbearbeitet

Poliert

FARBE	Rosa
AUSSEHEN	Normalerweise durchscheinend, kann durchsichtig sein, alle Größen, manchmal getrommelt.
HÄUFIGKEIT	Leicht erhältlich
HERKUNFT	Südafrika, USA, Brasilien, Japan, Indien, Madagaskar

ZUSÄTZLICHE EIGENSCHAFTEN Rosenquarz ist der Stein für bedingungslose Liebe und unendlichen Frieden. Für Herz und Herzchakra ist er der wichtigste Kristall und lehrt, was das wahre Wesen der Liebe ist. Er reinigt und öffnet das Herz auf allen Ebenen, schenkt tiefe innere Heilung und hilft, sich selbst zu lieben. Er beruhigt, macht Mut und eignet sich hervorragend zur Anwendung bei Traumata oder in Krisen.

Wer Liebe erwirken will, braucht nicht weiter zu suchen: Er stelle einen romantischen Rosenquarz neben das Bett oder in die Beziehungsecke seines

Heims. Dieser Stein zieht so kraftvoll Liebe und Beziehungen an, dass man bisweilen einen Amethyst benötigt, um die Entwicklungen etwas zu dämpfen. In bereits existierenden Beziehungen stellt er Vertrauen und Harmonie wieder her und fördert Lieben ohne Bedingungen.

Rosenquarz leitet negative Energien aus und ersetzt sie durch liebevolle Schwingungen. Er erhöht die Empfindsamkeit für andere und sich selbst und hilft, notwendige Veränderungen anzunehmen. In der Midlife-Crisis ist dieser Stein eine große Hilfe. Ein Rosenquarz sorgt für mehr positive Bestätigung. Er kann an die eigenen Vorsätze erinnern. Mit diesem wunderschönen Stein wird Schönheit aller Art verstärkt wahrgenommen.

Im emotionalen Bereich ist Rosenquarz der Heilstein schlechthin. Er löst unausgesprochene Gefühle und seelischen Schmerz und wandelt eingeprägte emotionale Verhaltensmuster um, die nicht mehr gebraucht werden. Er lindert verinnerlichte Schmerzen und Entbehrungen. Wer niemals Liebe bekommen hat, dessen Herz kann der Rosenquarz öffnen und für die Liebe empfänglich machen. Wer geliebt und die Liebe verloren hat, wird getröstet. Rosenquarz zeigt, wie man sich selbst lieben kann, und das ist ganz wesentlich für Menschen, die sich selbst für unliebenswert halten. Man kann keine Liebe von anderen annehmen, wenn man sich selbst nicht liebt. Dieser Stein fördert die Fähigkeit, sich selbst zu vergeben und anzunehmen und bewirkt Selbstvertrauen und ein Gefühl für den eigenen Wert.

HEILWIRKUNG Körperlich stärkt Rosenquarz Herz und Kreislaufsystem und befreit die Körperflüssigkeiten von Verunreinigungen. Durch Auflegen auf den Thymus wirkt Rosenquarz gegen Probleme im Brustbereich und der Lunge. Er wirkt sich positiv auf Nieren und Nebennieren aus und verringert die Höhenangst. Es heißt, Rosenquarz verbessere die Fruchtbarkeit. Der Stein und das damit zubereitete Elixier lindern Verbrennungen und Blasen und verleihen einen strahlenden Teint. Er hilft bei Erkrankungen wie Alzheimer, Parkinson und sonstigen altersbedingten Hirnleistungsschwächen.

ANWENDUNG Tragen, vor allem über dem Herzen. In Höhe von Herz oder Thymus auflegen oder in der Beziehungsecke eines Raumes aufstellen.

QUARZ: RUTILQUARZ

Auch als Engelshaar bekannt.

Getrommelt

FARBE	Farblos oder rauchig mit goldbraunen, rötlichen oder schwarzen nadeligen Einwachsungen
AUSSEHEN	Lange, dünne „Fäden" in klaren Kristallen, alle Größen
HÄUFIGKEIT	Leicht erhältlich
HERKUNFT	Weltweit

ZUSÄTZLICHE EIGENSCHAFTEN Rutilquarz integriert Energie mit großer Wirkkraft und auf allen Ebenen. Er erhöht den energetischen Impuls des Quarzes und entfaltet eine sehr gute Heilwirkung über Schwingungen.

Er leitet negative Energie aus, macht den Weg frei für die geistige Entwicklung und hilft, die Vergangenheit loszulassen.

Rutilquarz ist für Heiler und Ratgeber eine Hilfe, denn er filtert negative Energie aus dem Patienten, stärkt jedoch gleichzeitig sein Energiefeld, während Emotionen entfesselt werden und er mit den dunkleren Aspekten der Psyche konfrontiert wird. Rutilquarz schützt vor psychischen Angriffen.

Rutilquarz kann bei der Heilung von Leiden, die aus der Vergangenheit rühren, zum Einsatz kommen und helfen, Einblicke in frühere Ereignisse zu bekommen, die sich auf die Gegenwart auswirken. Er hilft, an die Ursachen zu gelangen und die Konsequenzen aus früheren Handlungen zu verstehen.

Auf der psychischen Ebene erreicht Rutilquarz die Wurzel der Probleme und erleichtert Übergänge und Richtungswechsel. Im emotionalen Bereich lindert Rutilquarz dunkle Stimmungen und wirkt gegen Depressionen. Er befreit von Ängsten, Phobien, Furchtsamkeit, baut Zwänge ab und wirkt Selbsthass entgegen. Er fördert auf allen Ebenen die Fähigkeit zu vergeben.

Rutilquarz öffnet die Person, um Heilung zuzulassen. Auf der körperlichen Ebene absorbiert er quecksilberhaltige Giftstoffe aus Nerven, Muskeln, Blut und Darmtrakt.

HEILWIRKUNG Rutilquarz ist mit seiner Vitalität bei chronischen Erkrankungen, Impotenz und Unfruchtbarkeit eine Hilfe und wirkt hervorragend bei Erschöpfung und Antriebslosigkeit. Er wirkt sich positiv auf den Atemapparat und bei Bronchitis aus, fördert und reguliert die Schilddrüsentätigkeit und wehrt Parasiten ab. Er regt Zellwachstum und Zellerneuerung an und schließt Risse im Gewebe. Es heißt, er fördere eine aufrechte Körperhaltung.

ANWENDUNG Hals für die Schilddrüse, Herz für Thymus, Solarplexus für Energie, Ohren für Gleichgewicht und Koordination.

QUARZ: RAUCHQUARZ

Getrommelt

Natürliche Spitze

FARBE	Bräunlich bis ins Schwarze gehende Färbung, manchmal gelblich
AUSSEHEN	Durchscheinende lange und spitze Kristalle, Spitze am Ende dunkler. Alle Größen (Achtung: sehr dunkler Quarz wurde eventuell künstlich bestrahlt ist und nicht transparent).
HÄUFIGKEIT	Leicht erhältlich, man muss sich jedoch vergewissern, dass es natürlicher Rauchquarz ist.
HERKUNFT	Weltweit

ZUSÄTZLICHE EIGENSCHAFTEN Beim Erden und Verankern ist Rauchquarz einer der wirkungsvollsten Steine und eignet sich gut für die Meditation. Dieser Schutzstein hat eine starke Verbindung zu Erd- und Wurzelchakren und erhöht das Interesse für Lösungen in den Bereichen Umwelt und Ökologie. Rauchquarz ist ein hervorragendes Mittel gegen Stress; er hilft, schwierige Zeiten gleichmütig zu ertragen und macht entschlossener.

Rauchquarz blockiert geopathische Belastungen, absorbiert Elektrosmog und ist entgiftenden und ausscheidenden Prozessen auf allen Ebenen förderlich. Er leitet positive Schwingungen ein, damit sie einen Raum erfüllen. Rauchquarz vermittelt, wie man allen unnötigen Ballast hinter sich lässt. Er kann zum Schutze des Erdchakras unter den Füßen eingesetzt werden, wenn man in sich in einem Bereich mit Erdenergiestörungen befindet.

Auf der psychischen Ebene befreit Rauchquarz von Angst, lindert Depression und schenkt emotionale Ruhe. Rauchquarz hilft, den eigenen physischen Körper und seine sexuelle Natur anzunehmen, er steigert die Zeugungskraft und reinigt das Wurzelchakra, so dass die Leidenschaft natürlich fließen kann. Dieser Kristall hilft bei Alpträumen und manifestiert Träume. Kommt es zum Kontakt mit negativen Gefühlen, so baut er sie sanft ab.

In mentaler Hinsicht fördert Rauchquarz eine positive, pragmatische Denkart. Er hebt Widersprüche auf, verbessert die Konzentration und verringert Kommunikationsschwierigkeiten. Rauchquarz hilft, den Geist für die Meditation frei zu bekommen.

Körperlich eignet sich der meistens mit natürlicher Radioaktivität behaftete Rauchquarz für die Behandlung von Krankheiten, die mit Bestrahlungen oder Chemotherapie zusammen hängen. Man muss in jedem Fall darauf achten, natürlich gewachsene Steine mit geringer Radioaktivität auszuwählen und keine künstlich bestrahlten Exemplare (diese sind normalerweise sehr schwarz und nicht durchsichtig). Die Stresstoleranz steigt erheblich mit Hilfe des entspannenden Rauchquarzes, ferner lindert er Schmerzen. Im Bereich des Heilens kann man die langsam wirkenden Rauchquarzsteine so legen, dass sie vom Körper weg zeigen und damit einer Krise im Heilprozess vorbeugen.

HEILWIRKUNG Der Schwerpunkt des Rauchquarzes liegt im Heilen von Bauch-, Hüften- und Beinbeschwerden. Er befreit von Schmerzen einschließlich Kopfschmerzen und wirkt sich positiv auf das Reproduktionssystem, Muskeln und Nervengewebe und das Herz aus. Rauchquarz wirkt krampflösend, kräftigt den Rücken und stärkt die Nerven. Er unterstützt die Mineralienaufnahme und reguliert die Körperflüssigkeiten.

ANWENDUNG Überall, insbesondere Wurzelchakra. Unter das Kissen, neben das Telefon oder auf Erdenergielinien legen. Über längere Zeiträume als Anhänger tragen. Zur Stressreduzierung einen Stein in jede Hand nehmen und einige Momente ruhig sitzen. Zur Schmerzbehandlung auf die schmerzende Stelle auflegen. Die Spitze zeigt vom Körper weg, wenn negative Energien auszuleiten sind, und zum Körper hin, wenn Energie zugeführt werden soll.

Rauchquarz: Der linke Stein wurde künstlich bestrahlt.

QUARZ: **SCHNEEQUARZ**

Auch als Milchquarz oder Quarzit bekannt.

Getrommelt

FARBE	Weiß
AUSSEHEN	Recht kompakt, milchig, oft vom Wasser glatt geschliffene, kleine Steine oder große Brocken.
HÄUFIGKEIT	Leicht erhältlich
HERKUNFT	Weltweit

ZUSÄTZLICHE EIGENSCHAFTEN Schneequarz steht einem zur Seite, wenn Lektionen zu lernen sind. Er hilft, überwältigende Verantwortungen loszulassen und zu enge Grenzen zu durchbrechen. Er ist ideal für Menschen, die sich ausgenutzt fühlen, tatsächlich aber diese Situation selbst herbeiführen, da sie davon leben, gebraucht zu werden. Er kann bei Märtyrer- und Opferhaltung helfen.

Auf der mentalen Ebene fördert der Stein Taktgefühl und Kooperation. Er hilft, erst nachzudenken und dann zu reden. In der Meditation verbindet er mit der tiefen inneren Weisheit, der sich der Meditierende und die Gesellschaft zuvor verschlossen hatten.

HEILWIRKUNG Schneequarz ist grundsätzlich so einsetzbar wie Bergkristall. Seine Wirkung ist sanfter und weniger stark, aber dennoch wirkungsvoll.

ANWENDUNG An der betreffenden Stelle.

QUARZ: TURMALINQUARZ

Trommelstein

FARBE	Klar mit dunklen, nadeligen Einwachsungen
AUSSEHEN	Lange, dicke und dunkle „Fäden" in klaren Kristallen, alle Größen.
HÄUFIGKEIT	Leicht erhältlich
HERKUNFT	Weltweit

ZUSÄTZLICHE EIGENSCHAFTEN Turmalinquarz vereinigt die Eigenschaften von Quarz und Turmalin. Er erdet, stärkt das Energiefeld des Körpers gegen das Eindringen von außen und leitet schädliche Umwelteinflüsse um. Er löst feste Muster und befreit auf allen Ebenen von Spannungen. Dieser Stein harmonisiert ungleiche und gegensätzliche Elemente und Polaritäten und wandelt negative in positive Gedanken und Energien. Auf der psychischen Ebene hilft er, die Schattenenergien einzubinden und zu heilen und weniger sich selbst zu sabotieren. Er trägt wirkungsvoll zur Lösung von Problemen bei.

HEILWIRKUNG Turmalinquarz harmonisiert die Meridiane und die Chakren.

ANWENDUNG An der entsprechenden Stelle auflegen.

RHODOCHROSIT

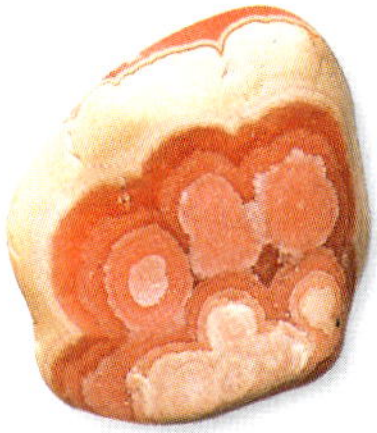

Poliert

Unbearbeitet

Getrommelt

FARBE	Rosa bis orange
AUSSEHEN	Gebändert, alle Größen, oft poliert oder getrommelt
HÄUFIGKEIT	Leicht erhältlich
HERKUNFT	USA, Südafrika, Russland, Argentinien, Uruguay

MERKMALE Rhodochrosit steht für selbstlose Liebe und Mitleid. Dieser Stein verleiht eine dynamische, positive Einstellung.

Rhodochrosit ist hervorragend für das Herz und Herzensdinge, vor allem bei Menschen, die sich nicht geliebt fühlen. Er ist der Heilstein schlechthin zur Behandlung bei sexuellem Missbrauch. Rhodochrosit spricht die verwandte Seele an, möglicherweise ist diese Erfahrung jedoch nicht so glücklich wie erhofft.

Seelenverwandte sind die Menschen, die uns helfen, unsere Lektionen im Leben zu lernen, und auch, wenn das nicht immer erfreulich verläuft, so ist es doch zu unserem Besten. Rhodochrosit lehrt das Herz, schmerzhafte Gefühle anzunehmen, sich nicht zu verschließen und nicht ablehnend zu sein.

Dieser Stein reinigt Solarplexus- und Wurzelchakren. Schmerzhafte und unterdrückte Gefühle bringt er mit sanfter Hand an die Oberfläche, man kann sie sich eingestehen und letztlich emotionale Erlösung finden.

Rhodochrosit hilft, aktuell geltende Muster zu erkennen, und zeigt den Sinn auf, der einer Erfahrung zugrunde liegt. Er besteht darauf, dass man der Wahrheit über sich und andere ins Gesicht sieht, und zwar ohne Rechtfertigungen und Ausflüchte sondern liebevoll und bewusst.

Rhodochrosit ist bei der Diagnose auf der psychischen Ebene sehr nützlich. Menschen, die eine Abneigung gegen den Stein hegen, unterdrücken in ihrem Innern etwas, das sie nicht ansehen wollen. Der Stein fordert, dass sie sich irrationaler Angst und Paranoia stellen, und er offenbart ihnen, dass die Gefühle, von denen man ihnen beigebracht hat, sie seien inakzeptabel, ganz natürlich sind. Daraufhin sehen sie die Dinge weniger negativ. Auf der psychischen Ebene verbessert Rhodochrosit das Selbstwertgefühl und lindert emotionalen Stress.

Für den Geist ist Rhodochrosit geradezu ein Muntermacher. Er bestärkt Menschen in einer positiven Einstellung, regt Traumzustände und die Kreativität an. Er stellt eine Verbindung zum höheren Verstand her und hilft, neue Informationen zu integrieren.

In emotionaler Hinsicht regt er zu spontanen Gefühlsäußerungen an, auch leidenschaftlicher und erotischer Natur. Er hebt die Stimmung bei Niedergeschlagenheit und bringt Licht in das Leben.

HEILWIRKUNG Rhodochrosit wirkt wie ein Filter für Reizstoffe und verschafft Linderung bei Asthma und Atemwegsproblemen. Er reinigt den Blutkreislauf und die Nieren, stellt das Sehvermögen wieder her, normalisiert den Blutdruck, stabilisiert den Puls und kräftigt die Sexualorgane. Er erweitert die Blutgefäße und lindert dadurch Migräne. Das Elixier wirkt gegen Infektionen, verbessert die Haut und reguliert die Schilddrüse.

ANWENDUNG Am Handgelenk tragen oder über dem Herzen oder dem Solarplexus auflegen. Bei Migräne oben an der Wirbelsäule auflegen.

RHODONIT

Trommelsteine *Unbearbeitet*

FARBE	Rosa oder rot
AUSSEHEN	Gesprenkelt, oft mit schwarzen Flecken, oft klein und getrommelt
HÄUFIGKEIT	Leicht erhältlich
HERKUNFT	Spanien, Russland, Schweden, Deutschland, Mexiko, Brasilien

MERKMALE Rhodonit wirkt emotional ausgleichend, speist die Liebe und fördert die Brüderlichkeit unter den Menschen. Er kann beide Seiten einer Medaille darlegen. Er stimuliert, klärt und aktiviert Herz und Herzchakra. Er erdet Energie, bringt Yin und Yang in Einklang.

Er leistet wirkungsvolle „Erste Hilfe" bei emotionalen Schocks oder Panik, indem er der verschreckten Seele Energie zur Unterstützung sendet. In Fällen von emotionaler Selbstzerstörung, Koabhängigkeit und Missbrauch wirkt er sich sehr positiv aus. Rhodonit entfernt emotionale Wunden und Narben aller Art aus der Vergangenheit und bringt schmerzhafte Gefühle wie schwärende Missgunst oder Wut an die Oberfläche, damit sie umgewandelt werden können. Der Stein hat ein starkes vergebendes Element und hilft, sich nach langen Zeiten von Schmerz und Qual zu versöhnen. Da er die nichtegoistische Eigenliebe und die Vergebung fördert, hilft er, Projektionen zurück zu nehmen, mit denen dem Partner Dinge vorgeworfen werden, die sich eigentlich im Selbst abspielen. Rhodonit ist ein sehr nützlicher Stein, um Beleidigungen ungeschehen zu machen und einer Vergeltung vorzubeugen. Er lässt erkennen, dass man mit Rache sich selbst schadet und hilft, in gefährlichen oder aufregenden Situationen die Ruhe zu bewahren.

Rhodonit gleicht die physischen und mentalen Energien aus und integriert sie. Er baut Vertrauen auf und schafft bei Verwirrung Abhilfe.

HEILWIRKUNG Rhodonit eignet sich hervorragend für die Wundheilung und bei Insektenstichen. Er kann die Narbenbildung verringern. Er wirkt sich positiv auf das Knochenwachstum und die Gehörorgane aus, die die Feineinstellung der auditiven Schwingungen vornehmen und erhöht die Fruchtbarkeit. Er kann die Behandlung von Emphysemen, Gelenkentzündungen und Arthritis, Autoimmunkrankheiten, Magengeschwüren und Multipler Sklerose unterstützen. Das Elixier kann bei Schocks oder Traumata als Heilmittel eingesetzt werden.

ANWENDUNG Je nach Situation. Bei emotionalen Wunden über dem Herzen auflegen, bei äußeren oder inneren Wunden mit Hautkontakt auflegen.

Der **RHODONIT EDELSTEIN** aktiviert die Zirbeldrüse und hilft, dass die Intuition die Führung übernimmt. Er bringt die Chakren in Einklang und entfernt Blockaden, damit die Energie der Chakren ungehindert strömen kann. Die weiche, rosafarbene Strahlung ist bei Prozessen zur emotionalen Heilung ganz besonders geeignet.

RHYOLITH

Unbearbeitet

Poliert und geformt

FARBE	Weiß, grün, hellgrau, rot
AUSSEHEN	Gebändert oder gesprenkelt mit Kristalleinschlüssen, alle Größen, oft getrommelt.
HÄUFIGKEIT	Im Fachhandel erhältlich, oft geformt und poliert
HERKUNFT	Australien, Mexiko, USA

MERKMALE Rhyolith entfacht das Potential und die Kreativität der Seele. Er unterstützt Veränderungen, ohne sie zu forcieren, hilft, Bestrebungen umzusetzen und Wissen mit der Seele zu erfassen. Er stärkt Seele, Körper und Geist und ist von größter Wichtigkeit, wenn man die ganze Weite des Selbst erforscht.

Er verhilft zu einem Zustand tiefer Meditation, in dem Fantasiereisen möglich sind. Er hilft sehr, wenn Probleme zu heilen sind, denn er verarbeitet die Vergangenheit und integriert sie in die Gegenwart. Er löst Schwierigkeiten, unabhängig davon, woher sie kamen und ermutigt aktiv zum Weitermachen. Er sorgt dafür, dass man in der Gegenwart verankert bleibt und nicht der Vergangenheit nachhängt.

Auf der psychischen Ebene fördert Rhyolith Selbstbewusstsein und Selbstwertgefühl. Er verleiht ein Gefühl für die Selbstachtung und lehrt, sein wahres Wesen anzunehmen.

In mentaler Hinsicht gibt Rhyolith die Kraft, sich Lebensumständen, die eine Herausforderung darstellen ruhig zu stellen. Er macht einem die eigene Kraft bewusst.

Auf der emotionalen Ebene wirkt Rhyolith ausgleichend und verschafft im Bedarfsfall Entlastung.

HEILWIRKUNG Rhyolith stärkt die natürlichen Abwehrkräfte des Körpers. Er ist zur Behandlung der Venen sowie von Ausschlägen und Hautstörungen einzusetzen und verbessert die Aufnahme von Vitamin B. Er kann Nierensteine und Gewebeverhärtungen auflösen. Das Elixier verleiht Stärke und verbessert die Grundspannung der Muskeln.

ANWENDUNG Tragen oder auflegen. Bei emotionalen Problemen auf dem Solarplexus auflegen.

RUBIN

Unbearbeitet

Poliert

FARBE	Rot
AUSSEHEN	Leuchtend, polierte Steine durchsichtig, nicht polierte Stein opak. Kleine facettierte Kristalle oder größere trübe Stücke.
HÄUFIGKEIT	Ungeschnittener Rubin ist leicht erhältlich, polierte Edelsteine sind teuer.
HERKUNFT	Indien, Madagaskar, Russland, Sri Lanka, Kambodscha, Kenia, Mexiko

MERKMALE Rubin ist ein hervorragender Energiestein. Er verleiht Leidenschaftlichkeit, spendet Energie und wirkt ausgleichend. Bei zarten oder empfindlichen Menschen kann er bisweilen zu stark anregen. Rubin fördert die Leidenschaft für das Leben, jedoch nie auf eine sich selbst zerstörende Art und Weise. Er erhöht die Motivation und hilft, sich realistische Ziele zu setzen.

Rubin regt das Herzchakra an und wirkt ausgleichend auf das Herz. Er macht Mut, „seines Glückes Schmied" zu sein. Er begünstigt positive Träume und klare Visualisierungen und regt die Zirbeldrüse an. Der Rubin ist einer der Reichtumssteine, und hilft, Wohlstand und Leidenschaft auch zu bewahren.

Auf der psychischen Ebene bringt Rubin Ärger oder negative Energien an die Oberfläche, so dass sie umgewandelt werden können; er hilft, alles Negative aus dem Weg zu räumen. Er ist dynamischen Führungsqualitäten zuträglich.

In mentaler Hinsicht bewirkt der Rubin eine positive, tatkräftige Gemütsverfassung. Der Verstand ist unter dem Einfluss des Rubins geschärft, das Bewusstsein erhöht und man ist aufs Äußerste konzentriert. Man wird in Diskussionen und Kontroversen stärker.

In emotionalen Dingen ist Rubin dynamisch. Er verleiht Leidenschaften und Enthusiasmus neue Energie. Der Rubin ist ein kontaktfreudiger Stein, der die sexuelle Aktivität anregt.

Auf der körperlichen Ebene wirkt der Rubin bei Erschöpfung, Lethargie und verleiht Kraft und Schwung. Bei Hyperaktivität hingegen wirkt er beruhigend.

HEILWIRKUNG Rubin entgiftet den Körper, Blut und Gewebsflüssigkeit, ist bei Fieber, Infektionskrankheiten und verringertem Blutfluss einzusetzen. Auf Herz und Kreislaufsystem hat er eine ausgesprochen positive Wirkung. Er regt die Nebennieren, die Nieren, die Reproduktionsorgane und die Milz an.

ANWENDUNG Herz, Finger, Fußgelenk.

KOMBINATION

Rubin in Zoisit (Anyolit) aktiviert das Scheitelchakra. Dieser Stein hat die ungewöhnliche Eigenschaft, die Individualität zu fördern, während er gleichzeitig die Vernetzung mit dem gesamten Rest der Menschheit betont. Er verstärkt das den Körper umgebende biomagnetische Feld.

Rubin in Zois

SAPHIR

Schwarz, poliert

Schwarz, unbearbeitet

FARBE	Blau, gelb grün, schwarz, violett
AUSSEHEN	Leuchtend, wenn poliert transparent, oft kleines oder größeres Stück
HÄUFIGKEIT	Einige Farben sind selten, aber die meisten sind als ungeschnittene Steine leicht erhältlich.
HERKUNFT	Myanmar, Tschechische Republik, Brasilien, Kenia, Indien, Australien, Sri Lanka

MERKMALE Der Saphir gilt als der Stein der Weisheit, wobei jede Farbe ihre eigene Form der Weisheit besitzt. Er betont und beruhigt den Geist, setzt ungewollte Gedanken und mentale Spannung frei, beruhigt und klärt Geist und Gemüt. Der Saphir bringt Körper, Geist und Seele in Einklang und sorgt für Ausgeglichenheit.

Er hilft bei Depressionen und geistiger Verwirrtheit und fördert die Konzentration. Er bringt Wohlstand und zieht Geschenke aller Art an. Am Hals getragen, wirkt der Saphir gegen Frustration und fördert den Selbstausdruck.

HEILWIRKUNG Der Saphir beruhigt überaktive Körpersysteme und reguliert die Drüsenfunktion. Er heilt die Augen, indem er Beschwerden und Stress vertreibt. Mit seiner Hilfe lassen sich Störungen des Blutes behandeln und starke Blutungen lindern. Er kräftigt die Venen und stärkt ihre Elastizität.

ANWENDUNG Am Körper tragen, zum Beispiel am Finger.

BESONDERE FARBEN

Zusätzlich zu den allgemeinen Merkmalen des Saphirs besitzt jede einzelne Farbe ihre spezifischen Eigenschaften:

Schwarzer Saphir wirkt schützend und zentrierend. Er fördert das Vertrauen zur eigenen Intuition, verbessert die Aussichten bei der Arbeitssuche und die Sicherung des Arbeitsplatzes.

Blauer Saphir

Blauer Saphir hilft bei der Suche nach der seelischen Wahrheit und wird seit jeher mit Liebe und Reinheit in Verbindung gebracht. Für die Chakraheilung hat er sich als äußerst wirkungsvoll erwiesen. Er ist ein ruhiger Stein, der das Halschakra öffnet sowie die Schilddrüse positiv beeinflußt, er fördert den Selbstausdruck und die eigene Wahrhaftigkeit.

Grüner Saphir verbessert den Blick nach innen und außen, sowie die Fähigkeit, sich an Träume zu erinnern. Er sorgt für Loyalität, Treue und Integritat und stimuliert das Herzchakra. Dieser Stein weckt das Mitgefühl und fördert das Verständnis für die Schwächen und Besonderheiten der anderen. Er sorgt für Vertrauen und Respekt gegenüber dem Glauben anderer Menschen.

Grüner Saphir

Rosa Saphir zieht alle Dinge an, die man zur Entwicklung und Entfaltung braucht. Er hilft uns, mit unseren Gefühlen besser umzugehen, weil er Gefühlsblockaden löst und die umgewandelten Energien nutzbar macht.

Violetter Saphir Dieser Stein besitzt eine erweckende Wirkung. Er stimuliert das Scheitelchakra, öffnet die Spiritualität und eignet sich somit für Meditationszwecke. Bei emotionaler Instabilität wirkt dieser Stein ausgesprochen beruhigend.

Royalblauer Saphir befreit die Chakren von negativen Energien und stimuliert das Stirnchakra. Er lehrt uns die Verantwortung für die eigenen Gedanken und Gefühle und hat sich bei der Behandlung von Hirnleistungsstörungen, wie Legasthenie, bewährt.

Sternsaphir ist ein seltener Stein mit einem sechsstrahligen Stern in seinem Inneren, der uns in seine Tiefen zieht und das Einfühlungsvermögen anregt.

Weißer Saphir besitzt eine äußerst reine Energie. Durch Öffnen des Scheitelchakras steigert er das geistige Bewusstsein. Dieser Stein wirkt überaus beschützend und befreit von inneren Blockaden. Er fördert das Leistungsvermögen und macht uns das Lebensziel deutlich.

Gelber Saphir sorgt für Wohlstand im Heim. Als Schmuck getragen, sollte er den Körper berühren. Er stimuliert den Intellekt, verbessert die allgemeine Wahrnehmung und sorgt somit für einen weiteren Blick.
Als Elixier befreit der Gelbe Saphir den Körper von Giftstoffen.

Gelber Saphir

SARDONYX

Schwarz, getrommelt

Schwarz und rotbraun, getrommelt

FARBE	Schwarz, rot, braun, farblos
AUSSEHEN	Gebändert, opak, groß bis klein, oft getrommelt
HÄUFIGKEIT	Im Fachhandel leicht erhältlich
HERKUNFT	Brasilien, Indien, Russland, Kleinasien

MERKMALE Der Sardonyx verleiht Kraft und gibt Schutz. Er steht für die Suche nach einem sinnvollen Dasein und fördert Integrität und Rechtschaffenheit.

Der Sardonyx sorgt für dauerhaftes Glück und Stabilität in Ehe und Partnerschaft und zieht Freundschaft und Glück an. Im Volksglauben als Schutzkreis um Haus und Garten herum verteilt, hütet er vor Verbrechen. (Dazu kann ein Stein in jede Ecke sowie an Türen und Fenstern platziert werden. An genau die richtige Stelle gesetzt, ist die Wirkung jedoch stärker. (Siehe Seite 346)

Auf psychischer Ebene stärkt der Sardonyx die Willenskraft, festigt den Charakter und erhöht Ausdauer, Vitalität und Selbstkontrolle. Er mildert Depressionen und hilft beim Überwinden von Unschlüssigkeit. Auf mentaler Ebene verbessert der Sardonyx die Auffassungsgabe und unterstützt die Filterung und Verarbeitung von Informationen.

HEILWIRKUNG Der Sardonyx wirkt heilend auf Lunge und Knochen und schärft die Sinnesorgane. Er reguliert den Flüssigkeitshaushalt und Zellstoffwechsel und unterstützt die Aufnahme von Nährstoffen und die Ausscheidung von Abfallstoffen.

ANWENDUNG Überall, insbesondere auf den Magen gelegt.

BESONDERE FARBEN Zusätzlich zu den allgemeinen Merkmalen weisen die einzelnen Farben spezifische Eigenschaften auf:

Schwarzer Sardonyx absorbiert Negativität.

Brauner Sardonyx erdet Energie.

Farbloser Sardonyx reinigt.

Roter Sardonyx stimuliert.

Roter Sardonyx

SCHWEFEL

Natürliche kristalline Form

FARBE	Gelb
AUSSEHEN	Pulverförmig oder kleinere durchscheinende Kristalle auf Matrix
HÄUFIGKEIT	Im Fachhandel erhältlich
HERKUNFT	Italien, Griechenland, Südamerika, Vulkanregionen

MERKMALE Schwefel besitzt eine negative elektrische Ladung und eignet sich somit ausgezeichnet zum Absorbieren negativer Energien, Strahlungen und Gefühle. In der Umgebung platziert, fängt Schwefel jegliche Form von Negativität auf und beseitigt Hindernisse.

Aufgrund seines vulkanischen Ursprungs ist dies der ideale Stein für alles, was ausbrechen kann: Gefühle, Gewalt, Fieber, Hauterkrankungen. Er eignet sich auch dazu, verborgene Fähigkeiten zu Tage zu fördern.

Auf psychischer Ebene mildert Schwefel den Eigensinn und hilft bei der Erkennung der negativen Eigenschaften einer Person. Er dringt bis zu den rebellischen, störrischen oder aufmüpfigen Wesenszügen hervor, die einen Menschen dazu bringen, Anweisungen zu missachten und genau das

Gegenteil dessen zu tun, was man ihnen vorschlägt, vor allem, wenn es „zu ihrem Besten" ist. Schwefel mildert diese Einstellung, führt ihre Auswirkungen vor Augen und öffnet somit den Weg für eine bewusste Veränderung.

Auf mentaler Ebene verhindert Schwefel sich wiederholende und ablenkende Denkmuster, stimuliert den Einfallsreichtum und das logische Denken und bringt Denkprozesse an Ort und Stelle in Gang.

Auf körperlicher Ebene bringt Schwefel bei Erschöpfungszuständen oder schwerer Krankheit verlorene Energien zurück und kann die Kreativität fördern.

Schwefel ist giftig und sollte daher auf keinen Fall innerlich angewendet werden. Ein Elixier lässt sich am besten aus der kristallinen Form des Schwefels mittels indirekten Verfahrens herstellen und ist nur äußerlich anzuwenden.

HEILWIRKUNG Schwefel ist besonders bei Fieber und Infektionen zu empfehlen. Auf die Schwellung gelegt, verhindert er das Gewebewachstum. Als Badezusatz oder Essenz mindert Schwefel schmerzhafte Schwellungen und Gelenkprobleme und kann äußerlich zur Behandlung von Hautproblemen eingesetzt werden. Pulverförmiger Schwefel eignet sich als natürliches Mittel zum Ausräuchern von Insekten. Tragen Sie dazu eine Schutzmaske, um den giftigen Rauch nicht einzuatmen und lassen Sie die Stelle danach gründlich auslüften.

ANWENDUNG Über die betreffende Stelle halten oder auflegen (Dazu eignet sich vor allem die kristalline Form. Schwefel in Pulverform empfiehlt sich hingegen als Badezusatz oder für den Gebrauch im Freien.) Es gibt den Brauch, dass Schwefel, der auf Wucherungen gelegt worden ist, danach vergraben wird. Anderenfalls sollte der Stein vor dem nächsten Gebrauch gründlich gereinigt werden. Zum Ausräuchern von Insekten wird pulverförmiger Schwefel angezündet (Schutzmaske tragen). Schwefel-Elixier wird mit Hilfe des indirekten Verfahrens hergestellt (Siehe Seite 343) und darf nur äußerlich angewendet werden.

SELENIT

Auch bekannt als Gips, Seidenspat, Wüstenrose.

Ei

Weißer Seidenspat

Säule

Orangebraun

FARBE	Reinweiß, orange, blau, braun grün
AUSSEHEN	Durchscheinend mit faserigen Aggregaten (Seidenspat) oder rosettenartiger Form (Wüstenrose). Alle Größen
HÄUFIGKEIT	Leicht erhältlich
HERKUNFT	USA, Mexiko, Russland, Australien, Griechenland, Polen, Deutschland, Frankreich, England

MERKMALE Mit seiner äußerst feinen Schwingung verhilft der durchscheinende Selenit zu geistiger Klarheit. Er öffnet das Scheitelchakra und das obere Scheitelchakra.

Der Selenit ist ein beruhigender Stein, der tiefen inneren Frieden verheißt und für Meditationszwecke und spirituelles Arbeiten sehr gut geeignet ist. Wer ein Stück Selenit mit reiner Schwingung in der Hand hält, verstärkt seine intuitiven Fähigkeiten. Er ist zwar sehr alt, aber trotzdem einer der kräftigsten Heilsteine.

Mit dem Selenit lässt sich nach altem Brauch ein schützender Steinkreis um das Haus herum anlegen. Im Hausinneren kann der Stein in alle Ecken gelegt werden, er schafft somit eine sichere und ruhige Zone, die vor äußeren Einflüssen geschützt ist. Ein im Haus platziertes großes Stück Selenit sorgt für eine friedliche Atmosphäre. Mit einem Stab aus Selenit lässt sich der Geist vor äußeren Einflüssen schützen.

Der Selenit trägt alles in sich, was auf der Welt geschehen ist. Dadurch erreicht er andere Lebensabschnitte und ist sehr gut geeignet, um Fortschritte zu überprüfen. Mit seiner Hilfe lässt sich genau erkennen, an welchen Aufgaben und Problemen noch gearbeitet wird und wie diese am besten gelöst werden können.

Er unterstützt das Urteilsvermögen und Verständnis, befreit von Verwirrung und verleiht tiefere Einblicke. Mit seiner Hilfe können wir die im Unterbewusstsein geschehenen Dinge bewusst verstehen und eine launische Gefühlswelt wieder ins Lot bringen.

HEILWIRKUNG Der Selenit richtet die Wirbelsäule aus und fördert ihre Biegsamkeit. Er schützt vor epileptischen Anfällen, neutralisiert Quecksilbervergiftungen infolge von Amalgam-Füllungen in den Zähnen und wehrt „freie Radikale" ab. Dieser Stein eignet sich auch ausgezeichnet zum Stillen und für die Kindesernährung. Seine Heilwirkung entfaltet sich auf höchsten Energieebenen.

ANWENDUNG In der Hand halten oder im bzw. um das Haus herum platzieren. (Achtung: Selenit löst sich bei Nässe auf.)

Blauer Selenit

BESONDERE FARBEN UND VARIETÄTEN

Zusätzlich zu den allgemeinen Merkmalen weisen die verschiedenen Farben des Selenits spezifische Eigenschaften auf:

Orangebrauner Selenit leitet Energien in die Erde und unterstützt die Erdheilung.

Blauer Selenit Auf das Stirnchakra gelegt, wirkt dieser Stein beruhigend auf den Verstand, unterstützt das geistige Abschalten während der Meditation und fördert den Kern eines Problems rasch zutage.

Grüner Selenit unterstützt das Streben nach dem höchsten Gut, verleiht ein gutes Selbstwertgefühl und wirkt den Folgen des Alterungsprozesses auf Haut und Knochengerüst entgegen.

Grüner Selenit

Schwalben-schwanz-Selenit

Schwalbenschwanz-Selenit besitzt einen starken heilenden Einfluss auf die Nerven. Er wirkt äußerst beruhigend, stabilisiert die Gefühlswelt und vertreibt Spannungen.

Wüstenrose Diese Form des Selenits unterstützt die Auflösung selbst auferlegter Muster, die bereits längst überholt sind, und hilft bei der Suche nach einem geeigneten Ersatz. Sie eignet sich dazu, ein Vorhaben oder einen Zweck zu bekräftigen.

Wüstenrose

SERAFINIT

Polierte Scheibe

FARBE	Grün
AUSSEHEN	Silbrige Federn in dunkelgrünen Steinen, oft klein und poliert
HÄUFIGKEIT	Im Fachhandel erhältlich
HERKUNFT	Sibirien

MERKMALE Auf das Stirnchakra gelegt oder beim Meditieren verwendet, ist der Serafinit ein Stein spiritueller Erleuchtung und ausgezeichnet zur Selbstheilung geeignet. Er öffnet das Scheitelchakra sowie das obere Scheitelchakra. Der Serafinit fördert ein vom Herzen geleitetes Leben, besitzt eine sanfte reinigende Wirkung auf das Herzchakra und öffnet es für die Liebe.

Mit seinen fedrigen Flügeln versetzt er uns in eine hohe Schwingung. Er eignet sich sehr gut für Fantasiereisen. Er hilft uns dabei, den Verlauf des Lebens richtig zu beurteilen und die Veränderung zu erkennen, die nötig sind, um uns bei der Suche nach Frieden und Erfüllung auf den richtigen Weg zu bringen.

HEILWIRKUNG Der Serafinit wirkt am besten im seelischen Bereich. Er aktiviert das Rückenmark und kann Muskelverspannungen bis hoch in den Nacken lösen. Bei Erkältung und zur Unterstützung von Diäten hat er sich ebenfalls bewährt.

ANWENDUNG Auf das Stirnchakra, auf das Herz oder unter das Kopfkissen legen oder um den Hals tragen.

(*Siehe auch* Chlorit, Seite 94.)

SERPENTIN

Unbehandelt

FARBE	Rot, grün, rotbraun, braungelb, schwarzgrün, weiß
AUSSEHEN	Marmoriert, zwei Strukturvarietäten, kann vom Wasser abgetragen sein, oft poliert. Alle Größen
HÄUFIGKEIT	Im Fachhandel leicht erhältlich
HERKUNFT	Großbritannien (Cornwall), Norwegen, Russland, Simbabwe, Italien, USA

MERKMALE Der Serpentin ist ein erdender Stein, der Meditation und Fantasiereisen unterstützt. Indem er die Chakren befreit und das Scheitelchakra stimuliert, regt er unsere intuitiven Fähigkeiten an und hilft uns, die spirituelle Grundlage des Lebens zu verstehen. Dieser Stein öffnet neue Bahnen, durch die die Energie aufwärts fließen kann. Er unterstützt die Erkenntnis der Weisheit und bringt die Erinnerung zurück.

In psychischer Hinsicht verhilft uns der Serpentin zu mehr Kontrolle über das Leben. Er korrigiert geistiges und emotionales Ungleichgewicht und unterstützt die bewusste Ausrichtung von heilender Energie auf die Problemfelder.

Auf physischer Ebene besitzt der Serpentin eine starke reinigende und entgiftende Wirkung auf den Körper und das Blut. Er sorgt angeblich für ein langes Leben.

HEILWIRKUNG Der Serpentin beseitigt Parasiten, unterstützt die Aufnahme von Kalzium und Magnesium und wird zur Behandlung von Unterzuckerung und Diabetes eingesetzt.

ANWENDUNG Über die betreffende Stelle halten oder auflegen.

Hellgrüner Serpentin

Hellgrüner Serpentin ist ein sanftmütiger Stein. Er birgt Vergangenheit, Gegenwart und Zukunft in sich und ist sehr gut für das Erkunden der Vergangenheit geeignet, da er es uns erleichtert, uns selbst und dem, was wir erlebt haben, versöhnlich und mitfühlend zu begegnen. Mit diesem Stein in der Hand gelangen wir in die heilenden Gefilde.

Dieser Stein wirkt gegen gestörtes Gleichgewicht und beseitigt emotionalen Ballast aus vergangenen Beziehungen. Auf den Hals gelegt, erleichtert er das Sprechen über die Vergangenheit und löst Probleme, die bis in die Gegenwart herübergetragen wurden. Der hellgrüne Serpentin eignet sich dazu, jemandem aus der Vergangenheit gegenüberzutreten, weil er der Zusammenkunft eine sanfte Note verleiht. Er besitzt außerdem eine sehr gute schmerzstillende Wirkung.

SHATTUCKIT

Getrommelt

FARBE	Dunkel- und hellblau, türkis
AUSSEHEN	Marmoriert, oft klein und getrommelt
HÄUFIGKEIT	Im Fachhandel erhältlich
HERKUNFT	USA

MERKMALE Der Shattuckit ist ein höchst spiritueller Stein, der Schwingungen steigert. Er stimuliert das Stirnchakra und das Halschakra und wirkt ausgleichend und harmonisierend auf sie ein. Dieser Stein verschafft einen klaren Blick in die Seele und hilft dabei, das Gesehene zu verstehen und mitzuteilen. Bei Fällen, in denen auf Grund von Erfahrungen aus der Vergangenheit Fähigkeiten verschlossen geblieben sind, ist der Shattuckit besonders nützlich, weil er mit Hilfe des Blickes in die Seele hypnotische Befehle und Gebote beseitigt. Er kann nach altem Volksglauben Flüche und Gebote unschädlich machen.

HEILWIRKUNG Der Shattuckit eignet sich zur Behandlung aller leichten gesundheitlichen Beschwerden, weil er den Körper auf sanfte Weise wieder ins Gleichgewicht bringt. Ein Shattuckit-Elixier empfiehlt sich als allgemeines Stärkungsmittel, vor allem im Frühling. Der Stein wird auch zur Behandlung von Mandelentzündungen eingesetzt, fördert angeblich die Blutgerinnung und beseitigt Blockierungen aus interzellulären Strukturen.

ANWENDUNG Auf die betreffende Stelle auflegen.

SMARAGD

Unbearbeitet

FARBE	Grün
AUSSEHEN	Kleine strahlende Edelsteine oder wolkenartig geformte Kristalle
HÄUFIGKEIT	Edelsteinqualität ist teuer, unpolierter Smaragd ist leicht erhältlich
HERKUNFT	Indien, Zimbabwe, Tansania, Brasilien, Ägypten, Österreich

MERKMALE Der Smaragd ist ein Stein der Inspiration und der unendlichen Geduld, lebensbejahend, Stein der Einheit und bekannt als „Stein der erfolgreichen Liebe", der häusliches Glück und Treue bringt. Er stärkt Einigkeit, bedingungslose Liebe und Partnerschaft und fördert die Freundschaft. Wechselt er die Farbe, so gilt dies als Signal für Untreue. Smaragd öffnet das Herzchakra und beruhigt die Emotionen.

Dieser Stein sorgt für körperliches, emotionales und mentales Gleichgewicht. Er beseitigt Negativität und bewirkt positives Handeln. Er hilft, ein Vorhaben zu fokussieren, verleiht Gewissenhaftigkeit und erreicht auch dadurch positives Handeln. Er fördert die psychischen Fähigkeiten, öffnet für die Intuition und hilft Weisheit aufzunehmen. Traditionellerweise galt der Smaragd als Schutz gegen das Verzaubern und gegen Zaubertricks sowie als Hilfe beim Blick in die Zukunft.

Auf der psychischen Ebene verleiht der Smaragd die Charakterstärke, mit der man die Widrigkeiten des Lebens meistern kann. Er ist ein Stein der Verjüngung, der Genesung und kann negative Gefühle heilen. Er fördert die Gabe, das Leben in seiner ganzen Tiefe zu genießen. Ferner hilft er bei Klaustrophobie.

Smaragd schenkt mentale Klarheit, stärkt das Gedächtnis, inspiriert ein tiefes, inneres Wissen und erweitert die Vorstellungskraft. Ein Stein der Weisheit, der Urteilsvermögen und Wahrheit fördert und zu einer eloquenten Ausdrucksweise verhilft. Er unterstützt dabei, unbewusstes Wissen an die Oberfläche zu befördern. Smaragd fördert in einer Gruppe gegenseitiges Verstehen und die Zusammenarbeit.

HEILWIRKUNG Nach Infektionskrankheiten unterstützt der Smaragd den Heilungsprozess. Er wird eingesetzt für die Neben- und Stirnhöhlen, Lungen, Herz, Wirbelsäule und Muskeln und lindert Augenprobleme. Er verbessert die Sehkraft, entgiftet die Leber und verschafft Linderung bei Rheuma und Diabetes. Er wurde als Antidot gegen Gifte eingesetzt. Man glaubte, ein um den Hals getragener Smaragd schütze vor Epilepsie. Sein grüner Strahl könne die Heilung bösartiger Erkrankungen unterstützen.

ANWENDUNG Am kleinen Finger, Ringfinger, über dem Herzen oder am rechten Arm tragen. Zum Heilen an der entsprechenden Stelle auflegen. Nicht ständig tragen, denn er kann negative Gefühle auslösen. Undurchsichtige Smaragde sind für die Einstimmung des Geistes nicht geeignet.

SMITHSONIT

Blaugrün

Rosa

FARBE	Rosa, lavendelfarben, grün, blaugrün, violett, braun, gelb, weißgrau, blau
AUSSEHEN	Perlmuttartig, schimmernd, wie Schichten aus seidigen Bläschen, alle Größen
HÄUFIGKEIT	Leicht erhältlich
HERKUNFT	USA, Australien, Griechenland, Italien, Mexiko, Namibia

MERKMALE Der Smithsonit steht für Ruhe, Anmut, Liebenswürdigkeit und positive Resultate. Er besitzt eine äußerst sanfte Präsenz und wirkt wie ein Puffer gegen die Probleme des Lebens. Zum Abbau von starkem Stress und zur Linderung von Nervenzusammenbrüchen ist dieser Stein ideal.

Für Menschen, die unter einer schwierigen Kindheit leiden mussten und sich ungeliebt und unerwünscht fühlten, ist der Smithsonit wie geschaffen, weil er das innere Kind heilt und die Folgen von emotionaler Misshandlung lindert. Behutsam lässt er die emotionale Verletzung auf fast unmerkliche Weise verschwinden. Die Heilwirkung zeigt sich demnach in Form eines gesteigerten Wohlbefindens und nicht durch heftige Gefühlsausbrüche. Um Dinge in das Bewusstsein zu bringen, kann der Smithsonit die Unterstützung anderer Steine benötigen. Er ist ideal für die Geburt und eignet sich zur Behandlung von Unfruchtbarkeit.

Dieser Stein bringt die Chakren in Einklang und stärkt intuitive Fähigkeiten. Auf psychischer Ebene steigert der Smithsonit die Führungsqualitäten, und zwar vor allem dort, wo es auf Taktgefühl ankommt. Auf emotionaler Ebene hilft er bei Schwierigkeiten in Beziehungen und Partnerschaften. Er beschert uns ein sicheres und ausgeglichenes Leben, sorgt für Harmonie und Diplomatie und behebt unangenehme Situationen. Auf physischer Ebene wirkt der Smithsonit positiv auf das Immunsystem. Er wurde als schützender Steinkreis an allen vier Ecken des Bettes platziert und unter das Kopfkissen oder auf den Nachttisch gelegt. Seine Wirkung ist besonders stark, wenn er zusammen mit einem Hämatit oder einem grünen Turmalin über der Thymusdrüse befestigt wird.

HEILWIRKUNG Der Smithsonit wirkt sich positiv auf Störungen des Immunsystems, der Stirnhöhlen und des Verdauungsapparates sowie Osteoporose und Alkoholismus aus. Er macht Blutgefäße und Muskeln wieder elastisch.

ANWENDUNG Auf die entsprechende Stelle legen oder immer bei sich tragen. Auf den Scheitel gelegt, bringt er die Chakren in Einklang. Rosafarbener Smithsonit wird über das Herz oder die Thymusdrüse gelegt. Kann als schützender Steinkreis um das Bett oder den Körper herum gelegt werden.

BESONDERE FARBEN

Zusätzlich zu den allgemeinen Merkmalen weisen die einzelnen Farben spezifische Eigenschaften auf:

Blaugrüner Smithsonit heilt emotionale und andere Wunden durch die Kraft der Liebe. Behutsam löst er Wut, Angst und Schmerz, bringt das Energiefeld zwischen Seele und Körper ins Gleichgewicht und lindert Panikattacken. Er hilft bei der Erfüllung des Herzenswunsches, fördert Freundschaften und wirkt positiv auf Geburtshilfe und Babypflege.

Lavendelvioletter Smithsonit besitzt eine sehr sanfte Schwingung. Er beseitigt negative Energie. Dieser Stein ist ideal für Meditationszwecke geeignet. Auf diese Weise kann der Smithsonit den Weg zur Seelenheilung aufzeigen. Auf physischer Ebene lindert er Nervenschmerzen und Entzündungen.

Lavendelrosa Smithsonit besitzt eine sehr liebevolle Schwingung. Er heilt das Herz und lässt Erfahrungen des Verlassenwerdens und der Misshandlung verblassen, indem er Vertrauen und Sicherheit wiederherstellt. Dieser Stein vermittelt das Gefühl, geliebt zu werden und eignet sich daher zur Unterstützung von Genesungsprozessen sowie zur Schmerzlinderung.

Gelber Smithsonit wirkt ausgleichend auf das Solarplexuschakra. Er befreit von alten Wunden und überholten emotionalen Mustern. Auf gesundheitlicher Ebene wirkt er verdauungsfördernd, unterstützt die Nährstoffaufnahme und lindert angeblich Hautprobleme.

SODALITH

Unbearbeitet

Getrommelt

FARBE	Blau
AUSSEHEN	Dunkel- und hellblau-weiß marmoriert, oft getrommelt. Alle Größen
HÄUFIGKEIT	Leicht erhältlich
HERKUNFT	Nordamerika, Frankreich, Brasilien, Grönland, Russland, Myanmar, Rumänien

MERKMALE Der Sodalith vereinigt Logik mit Intuition. Er stimuliert die Zirbeldrüse und das Stirnchakra und vertieft die Meditation. In einer durch den Sodalith gesteigerten Meditationsphase ist der Geist in der Lage, die Umstände, in denen man sich befindet, besser zu verstehen. Dieser Stein weckt den Drang nach Wahrheit und Idealismus und ermöglicht es, uns selber treu zu bleiben und für unsere Überzeugungen einzutreten.

Der Sodalith gilt als Beseitiger von elektromagnetische Verunreinigungen und kann auf den Computer gelegt werden, um dessen Strahlung abzublocken. Er eignet sich für Menschen, die anfällig für das so genannte Sick-Building-Syndrom sind oder empfindlich auf Elektrosmog reagieren.

Dieser Stein ist ideal für die Arbeit im Team, weil er Harmonie stiftet und für zweckbestimmte Verbundenheit sorgt. Er fördert Kameradschaft und Vertrauen zwischen den Mitgliedern einer Gruppe und sorgt für gegenseitige Abhängigkeit.

Der Sodalith wirkt sehr positiv auf den Geist, weil er geistige Verwirrung und geistige Zwänge beseitigt. Er fördert rationales Denken, Objektivität, Aufrichtigkeit, intuitive Wahrnehmung und die Fähigkeit zur Verbalisierung von Gefühlen. Durch seine beruhigende Wirkung auf den Geist ermöglicht er neue Denkprozesse. Er stimuliert die Loslösung von veralteten geistigen Mustern und starren Denkweisen und schafft Platz für die Umsetzung neuer Erkenntnisse.

Auf psychischer Ebene sorgt dieser Stein für emotionales Gleichgewicht und lindert Panikattacken. Er kann defensive oder übersensible Menschen von tief sitzenden Ängsten, Phobien, Schuldgefühlen und Kontrollmechanismen befreien, die sie davon abhalten, wirklich sie selbst zu sein. Der Sodalith stärkt das Selbstwertgefühl, die Selbstachtung und das Selbstvertrauen. Er sorgt dafür, dass verborgene Eigenschaften an die Oberfläche gelangen und urteilsfrei akzeptiert werden.

HEILWIRKUNG Der Sodalith bringt den Stoffwechsel ins Gleichgewicht, beseitigt Kalziummangel, reinigt die Lymphgefäße und stärkt das Immunsystem. Er wirkt gegen strahlungsbedingte Schädigungen und Schlaflosigkeit und wird zur Behandlung von Hals-, Stimmband- und Kehlkopferkrankungen sowie bei Heiserkeit und Verdauungsstörungen eingesetzt. Darüber hinaus wirkt er fieber- und blutdrucksenkend und regt die Flüssigkeitsaufnahme im Körper an.

ANWENDUNG Auf die betreffende Stelle auflegen oder über lange Zeit am Körper tragen.

SONNENSTEIN

Unbearbeitet

Poliert

FARBE	Gelb, orange, rotbraun
AUSSEHEN	Transparenter oder undurchsichtiger schillernder Kristall, oft klein, getrommelt
HÄUFIGKEIT	Im Fachhandel erhältlich
HERKUNFT	Kanada, USA, Norwegen, Griechenland, Indien

MERKMALE Der Sonnenstein ist ein fröhlicher, Licht spendender Stein, der uns Lebensfreude und Gutmütigkeit schenkt und das Einfühlungsvermögen steigert. Wenn das Leben seine Süße verloren hat, dann bringt sie der Sonnenstein zurück und verhilft uns zu neuem Mut. Er reinigt alle Chakren, versorgt uns mit Licht und Energie und lässt das wahre Ich glücklich erstrahlen. Sei jeher ist der Sonnenstein mit wohlwollenden Göttern und Glück verbunden.

Er galt als alchemistischer Stein, der beim Meditieren und im alltäglichen Leben eine tiefe Verbindung zum Licht und der erneuerbaren Energie der Sonne herstellen sollte.

Der Sonnenstein stellt den Kontakt zur anderen Person liebevoll wieder her und wirkt sich sehr förderlich auf das Abbrechen von Verbindungen aus. Wer nur schwer „Nein" sagen kann und sich ständig für andere aufopfert, sollte den Sonnenstein stets bei sich tragen. Er baut Abhängigkeitsgefühle ab und fördert somit die Selbststärkung, Unabhängigkeit und Vitalität. Wer gerne zögert und Dinge aufschiebt, dem hilft der Sonnenstein auf die Sprünge.

Auf emotionaler Ebene wirkt der Sonnenstein gegen Depressionen und hellt die Stimmung auf. Bei jahreszeitlich bedingten Depressionen ist er besonders wirkungsvoll, weil er Licht in das Dunkel des Winters bringt. Er befreit von Gefühlen der Diskriminierung und Benachteiligung, von Hemmungen, Komplexen und Versagensangst. Dadurch steigert er das Selbstvertrauen und Selbstwertgefühl und stimuliert Optimismus und Enthusiasmus. Selbst bei den unverbesserlichsten Pessimisten zeigt der Sonnenstein positive Wirkung. Auf den Solarplexus gelegt, lässt der Sonnenstein starke unterdrückte Gefühle frei und wandelt sie um.

HEILWIRKUNG Der Sonnenstein stimuliert die Selbstheilungskräfte, reguliert das autonome Nervensystem und bringt alle Organe in Einklang. Er wird zur Behandlung von chronischen Halsschmerzen eingesetzt und lindert Magengeschwüre. Durch seine stimmungsaufhellende Wirkung eignet es sich besonders für jahreszeitlich bedingte Depressionen. Um den Körper herum verteilt, lindert er angeblich Knorpelbeschwerden, Rheuma und allgemeine Schmerzen.

ANWENDUNG Am Körper tragen oder auf die betreffenden Stellen auflegen. In der Sonne ist der Sonnenstein besonders wirkungsvoll.

(*Siehe auch* Gelber Labradorit, Seite 159.)

SPINELL

Roter Spinell auf Matrix

FARBE	Farblos, weiß, rot, blau, violett, schwarz, grün, gelb, orange, braun
AUSSEHEN	Klein, Kristalle mit Spitzen oder kleine Trommelsteine
HÄUFIGKEIT	Gut erhältlich
HERKUNFT	Indien, Kanada, Sri Lanka, Myanmar

MERKMALE Der Spinell ist ein herrlicher Stein, der für Energieerneuerung und Verjüngung steht und in schwierigen Situationen für Ermunterung sorgt. Er öffnet die Chakren und erleichtert es der Kundalini-Energie, am Rückgrat empor zu fließen. Die verschiedenen Farben des Spinells beziehen sich auf das gesamte Chakra-Spektrum.

Auf psychischer Ebene betont der Spinell die positiven Aspekte der Persönlichkeit. Er hilft dabei, Erfolge mit Bescheidenheit zu erreichen und hinzunehmen.

ANWENDUNG Auf die Chakren legen oder an den betreffenden Körperstellen tragen.

BESONDERE FARBEN

Zusätzlich zu den allgemeinen Merkmalen besitzen die verschiedenen Farben des Spinells spezifische Eigenschaften:

Blauer Spinell fördert die Kommunikation. Er besänftigt das sexuelles Verlangen, öffnet das Halschakra und gleicht es aus.

Brauner Spinell reinigt und öffnet Verbindungen zum physischen Körper. Er öffnet das Erdchakra und besitzt eine erdende Wirkung.

Farbloser Spinell verbindet die Chakren mit dem Scheitelchakra und fördert somit neue Erkenntnisse.

Gelber Spinell stimuliert Intellekt und persönliche Stärke. Er öffnet das Solarplexuschakra und gleicht es aus.

Grüner Spinell stimuliert Liebe, Mitgefühl und Güte. Er öffnet das Herzchakra und gleicht es aus.

Orangefarbener Spinell regt Kreativität und Intuition an, gleicht Gefühle aus und heilt angeblich Unfruchtbarkeit. Er öffnet das Sakralchakra und gleicht es aus.

Roter Spinell fördert körperliche Vitalität und Stärke. Er erweckt die Kundalini, öffnet das Wurzelchakra und gleicht es aus.

Schwarzer Spinell bietet Einblick in materielle Probleme und schenkt Durchhaltevermögen. Er wirkt beschützend und erdet Energie, um das Aufsteigen der Kundalini auszugleichen.

Violetter Spinell stimuliert die spirituelle Entwicklung. Er öffnet das Scheitelchakra und gleicht es aus.

STAUROLITH

Natürliches Kreuz,
aus der Matrix entfernt

FARBE	Braun, gelbbraun, rotbraun
AUSSEHEN	Ähnelt dem Chiastolith, kommt oft in Kreuzform als Kristallzwilling vor.
HÄUFIGKEIT	Im Fachhandel erhältlich
HERKUNFT	USA, Russland, Naher Osten

MERKMALE Der Staurolith, der schon seit alters her als Schutzstein und Glücksbringer gilt, wird auch als Feenstein oder Feenkreuz bezeichnet, weil er angeblich aus den Tränen entstanden ist, welche die Feen vergossen haben, als sie vom Tode Jesu Christi erfuhren.

Er soll angeblich Zugang zu alten Weisheiten und Lehren des Nahen Ostens gewähren. Der Staurolith stellt eine Verbindung zwischen der physischen und spirituellen Ebene her und fördert die Kommunikation zwischen diesen Ebenen.

Auf psychischer Ebene eignet sich der Staurolith außerordentlich gut zum Stressabbau. Er lindert Depressionen und Süchte und wirkt gegen den Hang sich zu überarbeiten und zu überfordern.

Aus gesundheitlicher Sicht ist der Staurolith für alle ideal, die mit dem Rauchen aufhören und die Auswirkungen des Rauchens auf die Gesundheit mildern wollen. Er hilft dabei, die Gründe zu verstehen, die sich hinter der Nikotinabhängigkeit verbergen und schenkt zukünftigen Nichtrauchern erdende Energie.

HEILWIRKUNG Der Staurolith wird zur Behandlung von Zellstörungen verwendet, fördert die Aufnahme von Kohlenhydraten und baut Depressionen ab. Er wird seit jeher bei Fieber eingesetzt.

ANWENDUNG Über die betreffende Stelle halten oder auflegen.

STILBIT

Tafelig

FARBE	Weiß, gelb, rosa, orange, rot, braun
AUSSEHEN	Stufen aus kleinen tafeligen oder pyramidalen Kristallen
HÄUFIGKEIT	Im Fachhandel leicht erhältlich
HERKUNFT	USA

MERKMALE Der Stilbit ist ein äußerst kreativer Stein, der die Intuition fördert und alle Bestrebungen mit einer liebevollen und unterstützenden Schwingung trägt. Er ist sehr nützlich, erdet geistige Energie und hilft dabei, intuitive Gedanken auf der physischen Ebene in die Tat umzusetzen.

Der Stilbit unterstützt Fantasiereisen. Während der Reise wirkt er lenkend und leitend, ganz gleich wo sich das Ziel befinden mag.

HEILWIRKUNG Der Stilbit kräftigt die Bänder und wird zur Behandlung von Hirnleistungsstörungen, Kehlkopfentzündungen und bei Verlust des

Geschmackssinns eingesetzt. Er kann die Pigmentierung der Haut verstärken. Wegen seiner starken entgiftenden Wirkung fand der Stilbit traditionell Einsatz bei der Behandlung von Vergiftungen.

ANWENDUNG Über die betreffende Stelle halten oder auflegen. Auf das Stirnchakra gelegt, begünstigt er die Fantasie und die Intuition.

SUGILITH

Auch als Luvulith bekannt.

Poliert

Getrommelt

FARBE	Hell- bis dunkelviolett
AUSSEHEN	Opak, leicht gebändert oder in selteneren Fällen durchscheinend, alle Größen, oft getrommelt
HÄUFIGKEIT	Im Fachhandel erhältlich
HERKUNFT	Japan, Südafrika

MERKMALE Der Sugilith ist einer der wichtigsten „Liebessteine“ und bringt die Energie des violetten Strahls auf die Erde. Er verkörpert Liebe und Weisheit, öffnet alle Chakren für die Strömung dieser Liebe und bringt sie in Einklang.

Der Sugilith lehrt Aufrichtigkeit. Er ist Begleiter auf dem Weg in die Vergangenheit, um dort die Ursache für gegenwärtige Leiden zu finden. Dieser Stein findet angeblich die Antwort auf alle großen Fragen des Lebens, wie z. B. „Warum bin ich hier?“, „Wo komme ich her?“, „Wer bin ich?“, „Was muss ich noch verstehen lernen?“ Er ist ein nützlicher Begleiter bei jeder Art spirituellen Bestrebens. Als Liebesstein schützt er die Seele vor Schock, Trauma und Enttäuschung und löst spirituelle Spannungen. Empfindsamen Menschen hilft er dabei, Licht und Liebe selbst in die dunkelsten Situationen zu bringen.

Der Sugilith wirkt versöhnend und beseitigt Feindseligkeiten. Daher gilt er als ideal für die Arbeit im Team, weil er Probleme innerhalb einer Gruppe löst und eine liebevolle Kommunikation fördert.

Auf psychischer Ebene wirkt der Sugilith positiv auf Außenseiter jeder Art, Menschen, die sich auf der Erde nicht zu Hause fühlen oder an Paranoia oder Schizophrenie leiden. Er ist äußerst hilfreich bei Autismus, weil er die Seele stärker in der gegenwärtigen Realität verankert und Lernschwierigkeiten überwinden hilft. Der Sugilith unterstützt uns dabei, die Auswirkungen des Geistes auf den Körper besser zu verstehen. In emotionaler Hinsicht verleiht uns der Sugilith die Fähigkeit, sich unangenehmen Tatsachen zu stellen. Er lindert Kummer, Sorgen und Ängste und fördert die Selbstvergebung. Er fördert die kompromisslose Überwindung von Konflikten.

Körperlich wirkt der Sugilith positiv auf Krebspatienten, weil er in der Lage ist, emotionale Spannungen und Verzweiflungszustände zu mildern. Er entzieht negative Energie und sorgt für liebevolle Unterstützung, indem er Körper, Geist und Seele heilende Energie zuführt.

HEILWIRKUNG Der Sugilith besitzt eine ausgezeichnete schmerzstillende Wirkung und beseitigt durch seinen Mangangehalt Kopfschmerzen und Beschwerden auf allen Ebenen. Er wird zur Behandlung von Epilepsie und motorischen Störungen eingesetzt und bringt die Nerven und das Gehirn in Einklang. Sugilith mit hellerer Färbung reinigt Blut und Lymphe.

ANWENDUNG An betreffender Stelle auflegen, vor allem über dem Herzen und den Lymphdrüsen. Bei Kopfschmerzen an die Stirn halten. Auf das Stirnchakra gelegt, lindert er Gefühle der Hoffnungslosigkeit.

TEKTIT

Unbearbeitet

FARBE	Schwarz oder dunkelbraun, grün (Moldavit)
AUSSEHEN	Klein, dicht durchscheinend, Glasglanz
HÄUFIGKEIT	Der Tektit ist ein Meteorit und daher relativ selten, aber über den Fachhandel zu beziehen.
HERKUNFT	Naher und Ferner Osten, Philippinen, Polynesien, kann weltweit vorkommen

MERKMALE Wegen seines außerirdischen Ursprungs wurde angenommen, dass der Tektit die Kommunikation mit anderen Welten fördere. Er ist die Verbindung zwischen kreativer Energie und Materie. Der Tektit hilft dabei, unerwünschte Erfahrungen loszuwerden, sich an gelernte Lektionen zu erinnern und sich auf diejenigen Dinge zu konzentrieren, die dem spirituellen Wachstum zuträglich sind. Er führt uns tief in das Herz der Dinge hinein und lässt uns die wahren Gründe und die erforderlichen Handlungen erkennen.

Auf die Chakren gelegt, gleicht der Tektit den Energiefluss aus und kann Chakren, die sich falsch herum drehen, wieder umkehren. Er wirkt unterstützend bei der Entwicklung der intuitiven Fähigkeiten und kann durch Auflegen auf das Stirnchakra die Kommunikation verbessern. Der Tektit kräftigt die biomagnetische Hülle um den Körper.

Seit alters her wird dieser Stein als Talisman für Fruchtbarkeit in allen Bereichen getragen. Er bringt angeblich die männlichen und weiblichen Energien einer Person ins Gleichgewicht.

HEILWIRKUNG Der Tektit wirkt fiebersenkend, unterstützt die Kapillaren und den Kreislauf und verhindert die Übertragung von Krankheiten.

ANWENDUNG Über die betreffende Stelle halten oder auflegen.

(*Siehe auch* Moldavit, Seite 175.)

THULITH

Unbearbeitet

FARBE	Hell- bis dunkelrosa, weiß, rot, grau
AUSSEHEN	Kristalline Masse, oft groß
HÄUFIGKEIT	Im Fachhandel erhältlich
HERKUNFT	Norwegen

MERKMALE Der Thulith ist ein intensiver Stein mit einer starken Lebenskraft, der Heilungs- und Regenerationsprozesse fördert und dabei hilft, Widerstände und Hindernisse jeder Art zu überwinden. Er betont den Selbstausdruck und fördert die Redegewandtheit. Auf geistiger Ebene verstärkt er Neugier und Erfindungsgabe bei der Lösung von Problemen und erforscht die Dualität der menschlichen Verfassung durch das Kombinieren von Liebe und Logik. In emotionaler Hinsicht steigert der Thulith den Ausdruck der Leidenschaft und sexueller Gefühle. Er lässt uns Lust, Sinnlichkeit und Sexualität als normale Bestandteile des Lebens in der Partnerschaft verstehen und fördert ihren konstruktiven und positiven Ausdruck.

HEILWIRKUNG Der Thulith wird zur Behandlung von Kalziummangel und Magenverstimmung eingesetzt, fördert die Fruchtbarkeit und heilt Erkrankungen der Fortpflanzungsorgane. Aufgrund seiner kräftigenden und regenerierenden Wirkung ist er auch in Fällen extremer Schwäche und nervlicher Erschöpfung äußerst hilfreich.

ANWENDUNG Soweit erforderlich auf die Haut oder das Schambein auflegen.

TIGERAUGE

Unbearbeitet

Getrommelt

FARBE	Gelbbraun, rosa, blau, rot
AUSSEHEN	Gebändert, leicht glänzend, oft als kleiner Trommelstein
HÄUFIGKEIT	Leicht erhältlich
HERKUNFT	USA, Mexiko, Indien, Australien, Südafrika

MERKMALE Auf das Stirnchakra gelegt, fördert dieser Stein die psychischen Fähigkeiten erdgebundener Menschen, gleicht die unteren Chakren aus und fördert das Emporfließen der Kundalini-Energie.

Das Tigerauge ist ein Schutzstein und wird seit jeher als Talisman gegen Flüche und Verwünschungen getragen. Er lehrt uns den rechten Gebrauch der Macht und sorgt für Rechtschaffenheit. Bei der Erreichung unserer

Ziele wirkt er unterstützend, indem er unsere inneren Ressourcen erkennt und für klare Absichten sorgt. Durch Auflegen auf das Sakralchakra werden die Willenskraft und die Konzentrationsfähigkeit auf das Wesentliche gestärkt. Das Tigerauge verankert Veränderung im physischen Körper. Es hilft uns, die eigenen Bedürfnissen und die der anderen zu erkennen und unterscheidet zwischen dem, was man will und dem, was man wirklich braucht.

Auf mentaler Ebene bringt das Tigerauge die beiden Hemisphären des Gehirns in Einklang und steigert die praktische Wahrnehmungsfähigkeit. Es hilft uns, verstreute Informationen zusammenzutragen und daraus eine kohärente Einheit zu bilden. Beim Lösen von Problemen und inneren Konflikten, vor allem solchen, die durch Stolz und Starrsinn entstanden sind, erweist sich das Tigerauge ebenfalls als nützlich. Es eignet sich auch zum Heilen mentaler Leiden und Persönlichkeitsstörungen.

Aus psychischer Ebene heilt das Tigerauge Störungen des Selbstwertgefühls und der Selbstkritik und befreit die Kreativität von Blockaden. Es hilft uns, die eigenen Talente und Fähigkeiten zu erkennen, aber auch Fehler, die es zu überwinden gilt. Suchtgefährdeten Menschen gibt dieser Stein die nötige Kraft zu Veränderungen.

Auf emotionaler Ebene bringt das Tigerauge Yin und Yang ins Gleichgewicht und versorgt uns mit Energie. Es lindert Depressionen und hellt die Stimmung auf.

HEILWIRKUNG Das Tigerauge wird zur Behandlung der Augen eingesetzt und unterstützt das Nachtsehvermögen. Es heilt den Hals und die Fortpflanzungsorgane und löst Verengungen. Bei Knochenbrüchen hat es sich ebenfalls bewährt.

ANWENDUNG Am rechten Arm oder als Kettenanhänger über kurze Zeiträume tragen. Zum Heilen auf die betreffende Körperstelle legen.

BESONDERE FARBEN

Zusätzlich zu den allgemeinen Eigenschaften besitzen die einzelnen Farben des Tigerauges spezifische Merkmale:

Blaues Tigerauge

Blaues Tigerauge beruhigt und baut Stress ab. Für überängstliche, schnell erregbare und phobische Personen geeignet. Es verlangsamt den Stoffwechsel, normalisiert übermäßigen Sexualtrieb und baut sexuelle Frustrationen ab.

Goldenes Tigerauge lenkt das Augenmerk auf Einzelheiten und schützt somit vor Selbstgefälligkeit. Es hilft dabei, Maßnahmen aus Gründen der Vernunft und nicht aus reinem Gefühl heraus zu ergreifen und ist ein ausgezeichneter Begleiter bei Prüfungen und wichtigen Sitzungen.

Rotes Tigerauge

Rotes Tigerauge besitzt eine stimulierende und motivierende Wirkung und hilft bei Lethargie. Es verlangsamt den Stoffwechsel und steigert im Volksglauben einen schwachen Sexualtrieb.

VARIETÄT

Zusätzlich zu den allgemeinen Merkmalen des Tigerauges besitzt sein Verwandter, das Falkenauge, die folgenden Eigenschaften.

Falkenauge

ZUSÄTZLICHE EIGENSCHAFTEN Das Falkenauge ist eine Varietät des Tigerauges und ausgezeichnet zum Heilen der Erdenergie und zum Erden von Energie geeignet. Es stimuliert und kräftigt den Körper.

Das Falkenauge sorgt für Einsicht und einen klaren Überblick und steigert intuitive Fähigkeiten. Es reinigt und stimuliert das Wurzelchakra.

Falkena

In die Wohlstandsecke eines Raumes gelegt, zieht das Falkenauge nach altem Glauben Reichtum an. Es ist besonders gut zur Auflösung von einschränkenden und negativen Denkmustern und tief verwurzelten Verhaltensweisen geeignet. Es rückt die Dinge in die richtige Perspektive, wirkt gegen Pessimismus und die Tendenz, anderen die Schuld für selbst geschaffene Probleme zu geben. Das Falkenauge fördert auch eingeschlossene Gefühle und Leiden aus dem gegenwärtigen Leben zutage. Durch Auflegen auf das Stirnchakra unterstützt das Falkenauge die Reise zurück zum jeweiligen Ursprung einer emotionalen Blockade.

HEILWIRKUNG Das Falkenauge wirkt positiv auf Kreislauf, Eingeweide und Beine. Es kann psychosomatische Ursachen für eine steife Schulter oder Genickstarre aufdecken.

ANWENDUNG Über die betreffende Stelle halten oder auflegen.

TOPAS

Blautopas (poliert)

Goldtopas (unbearbeitet)

FARBE	Goldgelb, braun, blau, farblos, rosa, grün
AUSSEHEN	Transparent, Kristallspitzen, oft klein und facettiert oder als großes Stück
HÄUFIGKEIT	Im Fachhandel leicht erhältlich, rosafarbener Topas ist selten
HERKUNFT	USA, Mexiko, Indien, Australien, Südafrika, Sri Lanka, Pakistan

MERKMALE Der Topas ist ein sanfter, einfühlsamer Stein, der die Energie dorthin leitet, wo sie am meisten gebraucht wird. Er beruhigt, heilt, stimuliert, verleiht Kraft und Motivation und bringt die Meridiane des Körpers in Einklang. Der Topas fördert Wahrheit und Vergebung, beleuchtet den Weg, betont die Ziele und greift auf innere Ressourcen zurück. Er bringt uns das Urvertrauen zurück, das uns ermöglicht zu „sein" anstatt zu „tun". Er beseitigt Zweifel und Unsicherheiten und sorgt mit seiner lebhaften Energie für Freude, Großzügigkeit, Überfluss und gute Gesundheit. Er gilt von jeher als Liebes- und Glücksstein und unterstützt beim Erreichen von Zielen. Der Topas ist äußerst hilfreich bei Offenbarungen und Visualisierungen. Die Facetten und Enden eines Topas-Kristalls sollen sowohl positive als auch negative Energien besitzen.

Der Topas reinigt, löst Spannungen auf allen Ebenen und treibt die geistige Entwicklung dort, wo es nötig ist, voran.

Auf psychischer Ebene hilft uns der Topas bei der Entdeckung unserer inneren Reichtümer, macht uns zufrieden und menschenfreundlich, so dass wir unser Glück mit anderen teilen und überall Sonnenschein verbreiten wollen. Negativität kann in der Nähe des freudigen Topas nicht bestehen. Er sorgt für Offenheit und Ehrlichkeit, für Selbstverwirklichung, Selbstkontrolle und den Drang, die innere Weisheit zu erweitern.

Auf mentaler Ebene unterstützt der Topas beim Lösen von Problemen und ist vor allem für Künstler geeignet. Er hilft dabei, sich des eigenen Einflusses sowie des durch harte Arbeit und Lebenserfahrung angeeigneten Wissens bewusst zu werden. Dieser Stein ist in der Lage, sowohl die Gesamtheit als auch die kleinsten Details zu sehen und zu erkennen, wie diese miteinander verknüpft sind. Er hilft uns, Ideen zum Ausdruck zu bringen und verleiht Scharfsinn.

Der Topas bietet ausgezeichnete emotionale Unterstützung – er stabilisiert die Gefühle und macht uns für Liebe jeden Ursprungs empfänglich.

HEILWIRKUNG Der Topas offenbart das Befinden. Er fördert die Verdauung, hilft gegen Magersucht, bringt den Geschmackssinn zurück, kräftigt die Nerven und regt den Stoffwechsel an. Hildegard von Bingen empfahl Topas-Elixier zur Behandlung von Sehstörungen.

ANWENDUNG Ringfinger, Solarplexus und Stirnchakra. Zum Heilen auf die betreffende Stelle auflegen. Das Elixier kann auf die Haut aufgetragen werden.

BESONDERE FARBEN

Zusätzlich zu den allgemeinen Merkmalen weisen bestimmte Farben spezifische Eigenschaften auf:

Blautopas wirkt durch Auflegen günstig auf das Halschakra und das Stirnchakra und hilft uns, Gedanken besser in Worte zu fassen. Diese Farbe ist ideal zum Meditieren, weil sie uns dabei unterstützt, nach den eigenen Ansichten und Bestrebungen zu leben. Sie hilft uns, die „Drehbücher", nach denen wir leben, wahrzunehmen und lässt uns erkennen, wo wir von der eigenen Wahrheit abgewichen sind.

Farbloser Topas

Farbloser Topas macht uns unserer Gedanken und Taten sowie deren Auswirkungen bewusst. Er löst stockende und festsitzende Energien.

Gelber Topas galt für Hildegard von Bingen als Mittel gegen Sehstörungen, Fieber und Milzleiden.

Gelber Topas

Goldtopas (Imperialtopas) ist wie eine Batterie, die uns körperliche und geistige Energie zurückgibt sowie Glauben und Optimismus stärkt. Er erinnert uns an unseren göttlichen Ursprung.

Der Imperialtopas hilft beim Erkennen der eigenen Fähigkeiten, weckt den Wunsch nach Anerkennung und zieht angeblich nützliche Menschen an. Er ist hilfreich für alle, die sich nach Ruhm sehen, weil er ihnen Charisma verleiht sowie stolzes Vertrauen in die eigenen Fähigkeiten, ohne sie dabei der Selbstlosigkeit und Gutherzigkeit zu berauben. Dieser Stein hilft beim Überwinden von Hindernissen und bei der Umsetzung großer Pläne.

Goldtopas

Auf gesundheitlicher Ebene regeneriert er Zellstrukturen, kräftigt den Solarplexus, ist heilsam bei nervöser Erschöpfung und unzureichender Nährstoffverbrennung und wird zur Behandlung von Erkrankungen der Leber, Gallenblase und der endokrinen Drüsen eingesetzt. Er soll auch Herz und Kreislauf aktivieren.

Rosa Topas ist ein Hoffnungsstein. Vorsichtig löst er alte Leidensmuster, beseitigt Widerstände und ebnet somit den Weg zu bester Gesundheit.

KOMBINATION

Topas mit Rutil ist eine überaus seltene Kombination, die jedoch äußerst wirkungsvoll bei Visualisierungen und intuitiven Erkenntnissen ist. Zur Selbstfindung ist dieser Stein ebenfalls sehr gut geeignet, weil er bei richtiger Programmierung tiefe Einblicke ermöglicht und das Leben mit Liebe und Licht bereichert.

TÜRKIS

Poliert

Getrommelt

FARBE	Türkis, grün oder blau
AUSSEHEN	Opak, oft geädert, alle Größen, oft poliert
HÄUFIGKEIT	Leicht erhältlich
HERKUNFT	USA, Ägypten, Mexiko, China, Iran, Peru, Polen, Russland, Frankreich, Tibet, Afghanistan, Arabien

MERKMALE Der Türkis besitzt eine starke Heilwirkung, tröstet die Seele und schenkt dem Körper Wohlbefinden. Als Schutzstein hat er seit alters her Verwendung in Amuletten gefunden und soll durch das Verändern seiner Farbe angeblich vor Treulosigkeit warnen. Der Türkis sorgt für Einklang und regt die Kommunikation mit der physischen und der inneren Welt an. Auf das Stirnchakra gelegt, steigert er Intuition und Meditation, und auf dem Halschakra beseitigt er im Volksglauben alte Schwüre, Hemmungen und Verbote und verhilft der Seele zu neuem Selbstausdruck. Er zeigt, wie die Gestaltung des eigenen Lebens voranschreitet und von dem abhängt, was wir in jedem einzelnen Augenblick tun.

Der Türkis besitzt eine reinigende Wirkung. Er vertreibt negative Energie, beseitigt Elektrosmog und schützt vor Schadstoffen aus der Umwelt. Er gleicht alle Chakren aus und bringt sie in Einklang und stimmt die physische Ebene auf die geistige Ebene ein. Der Türkis gilt herkömmlich als ein Stein, der Himmel und Erde vereint und weibliche und männliche Energien zusammenführt. Er ist einfühlsam und ausgleichend. Förderlich ist er auch für die Selbstverwirklichung, weil er bei der kreativen Lösung von Problemen hilft und die Nerven beruhigt, wenn es darum geht, in der Öffentlichkeit eine Rede zu halten.

Auf psychischer Ebene ist der Türkis ein wahrer Kraftspender. Er wirkt gegen Autodestruktion, fördert die kreative Ausdrucksfähigkeit und spendet innere Ruhe, ohne uns der Wachsamkeit zu berauben. Auf emotionaler Ebene gleicht der Türkis Stimmungsschwankungen aus, schafft innere Ruhe und fördert romantische Liebesgefühle.

In physischer Hinsicht ist der Türkis äußerst wirkungsvoll bei Erschöpfungszuständen, Depressionen oder Panikattacken. Er schützt den Körper unter anderem vor äußeren Einflüssen oder Schadstoffen in der Atmosphäre.

HEILWIRKUNG Der Türkis stärkt die Meridiane des Körpers. Er bringt das physische und psychische Immunsystem auf Trab, fördert die Geweberegeneration und Nährstoffaufnahme, lindert Virusinfektionen und übt eine heilende Wirkung auf den gesamten Körper aus, insbesondere auf die Augen (grauer Star). Er hilft bei Übersäuerung, Gicht, Rheuma und Magenbeschwerden, wirkt entzündungshemmend, entgiftend sowie krampflösend und schmerzlindernd.

ANWENDUNG Überall, jedoch besonders am Hals, dem Stirnchakra sowie dem Solarplexus. Ergibt ein ausgezeichnetes Elixier.

VARIETÄT

Zusätzlich zu den allgemeinen Merkmalen besitzt die folgende Türkis-Varietät spezifische Eigenschaften:

Tibetischer Türkis (unbearbeitet)

Tibetischer Türkis besitzt eine grüne Färbung und eine Schwingung, die sich von der des blauen Steins geringfügig unterscheidet. Er löst Blockaden des Halschakras und legt angeblich Zusammenhänge mit der eigenen Familiengeschichte offen, bis die Quelle beseitigt ist.

TURMALIN

Blauer Turmalin

Hellblauer Turmalin

Turmalinstab

FARBE	Schwarz, braun, grün, rosa, rot, gelb, blau, blaugrün, grün und rot
AUSSEHEN	Glänzend, opak oder transparent, lang gestreckte oder hexagonale Struktur, alle Größen
HÄUFIGKEIT	Im Fachhandel leicht erhältlich
HERKUNFT	Sri Lanka, Brasilien, Afrika, USA, Westaustralien, Afghanistan, Italien

MERKMALE Der Turmalin reinigt dichte Energie und versetzt sie in eine leichtere Schwingung. Er reinigt alle Chakren, bringt sie ins Gleichgewicht und umgibt den Körper sozusagen mit einem Schutzschild.

Der Turmalin ist ein schamanischer Stein, der bei Ritualen angeblich Schutz bietet. Er wurde herkömmlich dazu verwendet, in schwierigen Zeiten auf den Schuldigen oder die Ursache zu zeigen und in eine „gute" Richtung zu weisen, der es zu folgen galt.

Natürliche Turmalinstäbe sind wirkungsvolle Heilwerkzeuge. Sie reinigen, beseitigen Blockaden, zerstreuen negative Energien und helfen beim Lösen von Problemen. Zum Ausbalancieren und Verbinden der Chakren sind sie ideal. Auf physischer Ebene gleichen sie die Meridiane aus.

Turmalin übt daher einen guten Einfluss auf Garten und Pflanzen aus. Er eignet sich als natürliches Mittel zur Abwehr von Schadinsekten oder sorgt im Boden vergraben für ein gesundes Wachstum aller Nutzpflanzen.

Auf psychischer Ebene hilft der Turmalin, sich selbst und andere besser zu verstehen, indem er tiefe Einblicke in das eigene Ich gewährt, das Selbstvertrauen fördert und Ängste vertreibt. Er befreit von jeglichen Opfergefühlen und sorgt für Inspiration, Mitgefühl, Toleranz und Erfolg.

Der Turmalin übt eine starke Heilwirkung auf den Geist aus, indem er beide Gehirnhälften ausbalanciert und negative Denkmuster in positive umwandelt. Er bringt die mentalen Prozesse, die Chakren und die biomagnetische Hülle in Einklang. Neben der Behandlung von Paranoia hat er sich auch bei Legasthenie bewährt, weil er die Koordination zwischen Augen und Hand sowie die Aufnahme und Umsetzung kodierter Informationen verbessert.

Auf emotionaler Ebene üben der rote, gelbe und braune Turmalin einen positiven Einfluss auf die Sexualität aus sowie auf die emotionale Störung, die der Grund für mangelnde Libido ist. Wegen seiner spannungslösenden Wirkung eignet sich der Turmalin zur Behandlung der Wirbelsäule. Darüber hinaus gleicht er die männlichen und weiblichen Energien im Körper aus.

HEILWIRKUNG Die Riffelung an den Seiten des Turmalins begünstigt den Energiefluss und verleiht diesem Stein eine ausgezeichnete Heilkraft sowie die Fähigkeit, Energie zu steigern und Blockaden zu beseitigen. Die einzelnen Farben des Turmalins besitzen jeweils ihre eigene spezifische Heilwirkung.

ANWENDUNG An der betreffenden Stelle tragen oder auflegen. Zum Stimulieren der Meridiane wird der Stein so aufgelegt, dass seine Spitze in Fließrichtung zeigt. Turmalin-Essenzen wirken schnell und effizient.

BESONDERE FARBEN UND VARIETÄTEN
Zusätzlich zu den allgemeinen Merkmalen besitzen die einzelnen Farben des Turmalins ihre spezifischen Eigenschaften:

Schwarzer Turmalin (Schörl) schützt vor Strahlung (wie z. B. bei Mobiltelefonen), Elektrosmog sowie negativen Energien aller Art. Durch seine Verbindung zum Wurzelchakra erdet der schwarze Turmalin die Energien, steigert die körperliche Vitalität und löst Anspannung und Stress. Er vertreibt negative Gedanken und fördert somit eine entspannte Einstellung und objektive Neutralität mit klaren, rationalen Denkprozessen. Dieser Stein lässt uns positiv denken, ganz gleich in welcher Situation wir sind, regt zu Nächstenliebe und praktischer Kreativität an. Wird der schwarze Turmalin so aufgelegt, dass seine Spitze vom Körper wegzeigt, bewirkt er die Ableitung negativer Energie. Er schützt vor schwächenden Krankheiten, stärkt das Immunsystem, dient zur Behandlung

Schwarzer Turmalin

von Legasthenie und Arthritis, wirkt schmerzlindernd und richtet die Wirbelsäule. Dieser Stein sollte am besten um den Hals getragen oder zwischen Mensch und der Quelle der elektromagnetischen Strahlung platziert werden.

Blauer Turmalin (Indigolith) aktiviert das Halschakra und das Stirnchakra und fördert den Drang nach geistiger Freiheit und Selbstausdruck. Er unterstützt das psychische Bewusstsein, regt Visionen an und ebnet den Weg, anderen zu dienen, indem er Treue, Moral, Toleranz und Wahrheitsliebe fördert. Dieser Stein trägt, so heißt es, den Strahl des Friedens in sich, vertreibt die Traurigkeit und hilft bei der Entwicklung des inneren Verantwortungsgefühls. Vorsichtig befreit er blockierte Gefühle, indem er sie sanft an die Oberfläche bringt, wo sie geheilt und verarbeitet werden können. Er bewirkt ein harmonisches Zusammenleben mit der Umwelt und ist der ideale Stein für Heilende, weil er nichts Negatives haften lässt.

Der hellblaue Turmalin ist hinsichtlich seiner Heilwirkung vor allem zu Diagnosezwecken geeignet und wirkt unterstützend bei der Erkennung der Ursachen eines Leidens. Er begünstigt das Lungen- und Immunsystem sowie das Gehirn, reguliert den Flüssigkeitshaushalt und wird zur Behandlung von Erkrankungen der Leber, der Blase, des Thymus, der Schilddrüse sowie bei chronischen Halsschmerzen eingesetzt. Bewährt hat sich der blaue Turmalin auch bei Schlaflosigkeit, Nachtschweiß, Nasennebenhöhlenentzündung und bakteriellen Infektionen. Herkömmlich wird er auch bei Erkrankungen des Halses, des Kehlkopfes, der Lunge, der Speiseröhre und der Augen verwendet. Er hilft bei Verbrennungen und wirkt positiv gegen die Narbenbildung. Turmaline mit dunkelblauer Färbung eignen sich vor allem zur Behandlung der Augen und des Gehirns sowie zur Herstellung eines Elixiers. Der blaue Turmalin kann überall dort aufgelegt werden, wo ein Leiden oder eine Blockierung vorliegt. Er wirkt unterstützend beim Überwinden von Sprachfehlern.

Brauner Turmalin (Dravit) gilt als Reinigungs- und Schutzstein. Der braune Turmalin fördert Gemeinschaftssinn und soziales Engagement und sorgt dafür, dass man sich in einer großen Gruppe wohl fühlt. Auf gestörte familiäre Beziehungen wirkt er ausgleichend und steigert das Einfühlungsvermögen. Er ist pragmatisch und fördert die Kreativität. Aus gesundheitlicher Sicht empfiehlt er sich zur Behandlung von Darmstörungen und Hauterkrankungen und stimuliert Regenerationsprozesse im gesamten Körper.

Brauner Turmalin

Farbloser Turmalin (Achroit) synthetisiert alle anderen Farben und öffnet das Scheitelchakra. Er bringt die Meridiane in Einklang.

Farbloser Turmalin

Grüner Turmalin (Verdelith) besitzt eine ausgezeichnete Heilwirkung und unterstützt die Visualisierung. Er öffnet das Herzchakra und fördert Mitgefühl, Zärtlichkeit, Geduld und Zugehörigkeitsgefühl. Als nährender Stein beschert er uns Ausgeglichenheit und Lebensfreude. Er wandelt negative in positive Energie um, vertreibt Ängste, fördert Offenheit und Geduld, wirkt verjüngend und steigert die Kreativität. Dieser Stein zeigt alle möglichen Lösungswege auf und lässt uns den konstruktivsten auswählen. Er schenkt seinem Träger Wohlstand und Überfluss und hilft beim Überwinden von Problemen mit Vaterfiguren. Der Grüne Turmalin erleichtert das Studium der Kräuterkunde, steigert die Wirkung von Heilmitteln und kann Pflanzen heilen.

Wie alle grünen Steine wirkt der Verdelith schlaffördernd und beruhigt den Geist. Er stärkt das Nervensystem. Bewährt hat sich dieser Stein bei der Behandlung von Augen, Herz, Thymus, Gehirn und Immunsystem. Er begünstigt die Gewichtsabnahme, lindert das Chronische Müdigkeitssyndrom sowie Erschöpfungszustände, richtet die Wirbelsäule und hilft bei Muskelverspannung. Er wirkt entgiftend, heilt Darmträgheit und Durchfall, lindert Klaustrophobie und Panikanfälle und übt eine positive Wirkung auf hyperaktive Kinder aus.

Grüner Turmalin

Mehrfarbiger Turmalin (Elbait) enthält alle Farben und vereinigt somit Körper, Geist und Seele. Für die Symbolik und das Träumen ist dies der ideale Stein, weil er die Kreativität anregt und die Vorstellungsgabe steigert. Er gewährt Zugang zum inneren Selbst.

Auf gesundheitlicher Ebene wirkt der Elbait anregend auf Immunsystem und Stoffwechsel.

Rosafarbener Turmalin hat angeblich eine aphrodisische Wirkung und zieht die Liebe an. Er schenkt Gewissheit, dass die Liebe ungefährlich ist, fördert das Vertrauen in die Liebe und lässt erkennen, dass man sich erst selber lieben muss, ehe man erwarten kann, von anderen geliebt zu werden. Er vertreibt emotionalen Schmerz und alte destruktive Gefühle, indem er das Herzchakra ausgleicht. Der rosafarbene Turmalin sorgt für Frieden und Entspannung, schenkt Weisheit und Mitgefühl und macht uns für heilende Energien empfänglich.

Auf therapeutischer Ebene wirkt dieser Stein ausgleichend auf Störungen des endokrinen Systems und wird zur Behandlung von Erkrankungen des Herzens, der Lunge und der Haut eingesetzt. Er wird auf das Herz gelegt.

Violetter Turmalin fördert die Heilung des Herzens und schafft Bewusstsein für die Liebe. Er verbindet das Wurzelchakra mit dem Herzchakra und steigert somit die Hingabe und das Streben nach Liebe. Unter seinem Einfluss werden Kreativität und Intuition angeregt. Er befreit das Stirnchakra von Blockaden, stimuliert die Zirbeldrüse und vertreibt Illusionen. Dieser Stein begünstigt die Heilung von Problemen aus der Vergangenheit, weil er uns zum Kern des Problems führt und es dort beseitigt.

Violetter Turmalin

Auf gesundheitlicher Ebene, lindert der violette Turmalin Depressionen und befreit von Zwangsvorstellungen. Bewährt hat er sich auch als unterstützendes Mittel bei der Behandlung von

Schadstoffempfindlichkeit, Alzheimer-Krankheit, Epilepsie und Chronischem Müdigkeitssyndrom.

Roter Turmalin (Rubellit) steigert das Verständnis für die Liebe, fördert Taktgefühl und Flexibilität, Kontaktfreudigkeit und Extrovertiertheit und gleicht übermäßige Aggressivität oder Passivität aus. Er heilt und stimuliert das Sakralchakra, steigert die Kreativität auf allen Ebenen und verleiht Ausdauer und Geduld.

Auf gesundheitlicher Ebene schenkt der rote Turmalin dem Körper neue Vitalität und wirkt entgiftend. Er heilt das Herz, eignet sich zur Behandlung des Verdauungsapparats, der Blutgefäße und des Fortpflanzungssystems und regt den Blutkreislauf, die Milztätigkeit und Leberfunktion an. Bewährt hat er sich auch bei Muskelkrämpfen und Erkältungen.

Roter Turmalin auf Matrix

Wassermelonen-Turmalin (grüne Schale und roter Kern) wirkt überaus stimulierend auf das Herzchakra und fördert somit Liebe, Zärtlichkeit und Freundschaft. Dieser Stein schenkt Geduld und lehrt Taktgefühl und Diplomatie. Er lindert Depressionen und Ängste und sorgt für innere Sicherheit. Mit seiner Hilfe können wir Situationen besser verstehen und unsere Absichten deutlich ausdrücken. Er hilft bei emotionalen Störungen, befreit von alten Schmerzen, wirkt förderlich auf Beziehungen und lässt uns in allem stets das Gute sehen.

Wassermelonen-Turmalin

Auf gesundheitlicher Ebene beseitigt der Wassermelonen-Turmalin alle Störungen, die uns daran hindern, mit uns eins zu werden, gleicht Stress aus und regt die Regeneration der Nerven an, angeblich sogar bei Lähmungen oder Multipler Sklerose.

Gelber Turmalin

Gelber Turmalin stimuliert den Solarplexus und schenkt Kraft. Er begünstigt intellektuelle Vorhaben und Geschäftsangelegenheiten.

Auf gesundheitlicher Ebene empfiehlt sich der Gelbe Turmalin zur Behandlung von Magen, Leber, Milz, Nieren und Gallenblase.

Schwarzer Turmalin mit Glimmer

KOMBINATIONEN

Schwarzer Turmalin mit Glimmer

Besonders nützlich erweist sich diese Kombination auch bei der Beseitigung von Elektrosmog.

Schwarzer Turmalin in Quarz

Während bei Turmalinquarz nur feine Turmalinfasern in Quarz eingeschlossen sind, handelt es sich bei dieser Mischform um dicke Turmalinstäbe. Diese Kombination gilt als ideal zur Abwehr, weil sie die angegriffene Person stärkt und ihr Wohlbefinden steigert. Schutz bietet dieser Stein auch bei Übergriffen und hilft bei der Beseitigung der Auswirkungen solcher Angriffe. Er besitzt die Fähigkeit, Dualitäten zu überwinden und den Schatten in die gesamte Persönlichkeit zu integrieren.

Turmalin mit Lepidolith auf Matrix hilft uns, Abhängigkeiten jeder Art zu überwinden, die Gründe für die Abhängigkeit zu verstehen und zu akzeptieren, dass auch das Leugnen dazu gehört hat. Er verhilft uns zu einem Leben ohne die fälschliche Unterstützung von süchtig machenden Substanzen oder Verhaltensweisen und ersetzt sie durch Liebe sowie wirkungsvolles Selbstheilungspotential.

Turmalinstab in Quarz

Turmalin mit Lepidolith

ULEXIT

Auch bekannt als Fernsehstein

Geformt

FARBE	Farblos
AUSSEHEN	Transparent, seidenglänzend, oft mit parallelen Fasern, wirkt vergrößernd
HÄUFIGKEIT	Leicht erhältlich
HERKUNFT	USA

MERKMALE Bekannt ist der Ulexit vor allem wegen seiner Eigenschaft, alles was man unter ihn legt, an seiner Oberfläche zu vergrößern. Er ist ein sehr klarer Stein, der die Dinge auf allen Ebenen in den Blickpunkt rückt und uns die viel benötigte Objektivität und Klarheit verleiht. Sehr gut geeignet ist er auch zur Deutung von Träumen. Er kann uns dabei helfen, den richtigen Weg zu finden und lässt uns tief in unser Inneres blicken.

Der Ulexit führt uns zum Kern eines Problems, indem er auf den Lösungsweg deutet und zu Lösungen anregt. In der physischen Welt ist er ein Stein der Erkenntnis. Er verleiht uns die Fähigkeit, intuitiv in die Herzen anderer zu blicken und ihre Gefühle und Gedanken zu erfahren, um somit kundige Entscheidungen zu treffen.

Die sanfte Energie dieses Steins ist förderlich für Meditation und Entspannung. Auf das Stirnchakra gelegt, steigert er die Visualisierung und vertreibt negative mentale Energien. Er sorgt für das Gleichgewicht von Yin und Yang und bringt uns dadurch in Einklang.

Auf mentaler Ebene steigert der Ulexit die Vorstellungskraft und stimuliert die Kreativität, vor allem in geschäftlicher Hinsicht. Er lässt uns Dinge, zu denen wir das Verhältnis verlieren, wieder deutlich wahrnehmen.

HEILWIRKUNG Der Ulexit sorgt für einen klaren Blick. Als Elixier wirkt er fältchenglättend, aber sollte nicht zu lange im Wasser liegen bleiben, weil er sich sonst auflöst.

ANWENDUNG An der betreffenden Stelle tragen oder auflegen, vor allem auf die Augen und das Stirnchakra. Der Ulexit ist ideal zum Meditieren, wenn man den Blick konzentriert in seine Tiefen richtet.

UNAKIT

Unbearbeitet

Getrommelt

FARBE	Grün und rosa
AUSSEHEN	Gesprenkelt, oft kleiner Trommelstein
HÄUFIGKEIT	Leicht erhältlich
HERKUNFT	USA, Südafrika

MERKMALE Der gesprenkelte Unakit kann aufgrund seiner ausgleichenden Wirkung nach meditativer oder geistiger Arbeit hilfreich sein.

Wird ein großes Exemplar des Steines in der Umgebung platziert oder eine Schüssel mit mehreren kleinen Trommelsteinen aufgestellt, sorgt der Unakit für sanfte, beruhigende Energie. Auf den oder in die Nähe des Fernsehgeräts gelegt, macht er dessen elektromagnetische Strahlung angeblich unschädlich.

Der Unakit bringt Informationen über die Ursachen von Blockaden aus der Vergangenheit ans Licht und beseitigt ganz vorsichtig alle Bedingungen, die das spirituelle und psychische Wachstum hemmen. Er hat sich auch bei der Heilung früherer seelischer Verletzungen bewährt, weil er bis zum Ursprung des Problems zurückgeht und es behebt. Zu diesem Zweck kann der Stein über das Stirnchakra gehalten oder aufgelegt werden.

Der Unakit erreicht die Wurzel aller Leiden, ganz gleich auf welcher Ebene sie liegen oder wie nah und fern sie in die Vergangenheit zurückreichen, und bringt sie an die Oberfläche, wo sie umgewandelt werden.

HEILWIRKUNG Der Unakit unterstützt die Genesung und Erholung von schweren Krankheiten und hat sich bei der Behandlung des Fortpflanzungssystems bewährt. Bei Bedarf stimuliert er die Gewichtszunahme, sorgt für eine gesunde Schwangerschaft und fördert das Wachstum von Haut und Haaren.

ANWENDUNG Auf die betreffende Stelle auflegen oder als Elixier anwenden.

VANADINIT

Kristalle auf Matrix

FARBE	Orangebraun, rotbraun, gelbbraun, rot, orange, gelb
AUSSEHEN	Sehr kleine transparente Kristalle auf Matrix
HÄUFIGKEIT	Im Fachhandel erhältlich
HERKUNFT	USA

MERKMALE Der Vanadinit ist ideal für alle, denen es schwer fällt, ihre eigene Physikalität zu akzeptieren. Er besitzt eine starke Bindung zum Erdchakra unterhalb der Füße. Er schützt uns vor Energieverschwendung und lehrt uns, wie man auf physischer Ebene Energie spart.

Der Vanadinit eignet sich als Meditationshilfe. Er bringt die Gedanken zur Ruhe und erleichtert somit die meditative Konzentration. Diese Energie gleicht die Chakren aus und verhilft uns somit zu tiefem inneren Frieden.

Auf mentaler Ebene füllt der Vanadinit die Lücke zwischen Gedanke und Verstand und hilft uns, Ziele abzustecken und zu verfolgen. Er verhindert das ziellose Umherwandern der Gedanken und lässt uns somit Einblicke und rationales Denken zu einer inneren Stimme vereinen, die uns führt.

Dieser Stein besitzt angeblich die nützliche Eigenschaft, den Hang zur Verschwendung zu drosseln und kann daher in der Wohlstandsecke des Hauses platziert oder im Portemonnaie mitgeführt werden, wo er das Geld zusammenhält.

Vorsicht: Da der Vanadinit giftig ist, sollten Elixiere nur mit Hilfe des indirekten Verfahrens (siehe Seite 343) hergestellt werden.

HEILWIRKUNG Der Vanadinit hat sich bei der Behandlung von Blasenproblemen, chronischer Erschöpfung und Atemwegserkrankungen, wie Asthma und Lungenkatarrh bewährt und begünstigt die Zirkularatmung. Vanadinit-Elixier darf nur dann innerlich und auch hier nur unter größter Vorsicht angewendet werden, wenn es mit Hilfe des indirekten Verfahrens zubereitet wurde.

ANWENDUNG Auf die betreffende Stelle auflegen oder als Elixier äußerlich auf den Brustbereich auftragen. Ein mit Hilfe des indirekten Verfahrens zubereitetes Vanadinit-Elixier, das über mehrere Wochen eingenommen wird, bewirkt eine bessere Akzeptanz der eigenen Physikalität. Beachten Sie jedoch die Warnhinweise oben.

VARISCIT

Getrommelt

FARBE	Grün, grau und weiß
AUSSEHEN	Opak, manchmal geädert, kommt als große Masse oder in Form von kleinen Verkrustungen auf der Matrix vor.
HÄUFIGKEIT	Im Fachhandel erhältlich
HERKUNFT	USA, Deutschland, Österreich, Tschechische Republik, Bolivien

MERKMALE Der Variscit ist ein aufmunternder Stein. Er schenkt Mut und Hoffnung und besitzt eine sehr gute Heilwirkung. Kranken verleiht er das nötige Durchhaltevermögen und Menschen, die Kranke pflegen, unterstützt er beim Umgang mit den psychischen Auswirkungen, die eine Krankheit haben kann. Der Variscit öffnet das Herzchakra und sorgt in jeder Lage für bedingungslose Liebe.

Er verleiht Einblicke in den Ursprung von Leiden oder Mustern, die bis in die Gegenwart übertragen wurden, und hilft beim Herbeiführen von Situationen, die eine Heilung bewirken.

Auf psychischer Ebene erlöst der Variscit aus Zuständen tiefer Verzweiflung und schenkt Hoffnung und Vertrauen in die eigene Kraft. Er befreit von jeglichem Schein und verleiht uns die Fähigkeit, uns der Welt so zu zeigen, wie wir wirklich sind. Der Variscit beruhigt die Nerven und sorgt für Frieden im Herzen. Er fördert die Ernsthaftigkeit, aber lässt uns dank seiner lebhaften Energie nicht humorlos werden. Nachts unter das Kopfkissen gelegt, sorgt er für ruhigen Schlaf und einen unbeschwerten Geist.

Auf mentaler Ebene unterstützt der Variscit das klare Denken und steigert die Wahrnehmungsfähigkeit. Er fördert den Selbstausdruck und hilft uns dabei, unsere Ideen besser mitzuteilen.

Auf physischer Ebene ist der Variscit ein wahrer Energiespender, der unsere erschöpften Energiereserven wieder auffüllt.

HEILWIRKUNG Der Variscit beruhigt die Nerven, wirkt krampflösend und wird zur Behandlung von Bauchblähungen, Durchblutungsstörungen und männlicher Impotenz eingesetzt. Er schenkt Haut und Venen neue Elastizität, wirkt einer Übersäuerung des Körpers entgegen und hilft gegen Gicht, Gastritis, Geschwüre, Rheuma und ähnliche Erkrankungen.

ANWENDUNG Über längere Zeit auf die betreffende Stelle auflegen, in der linken Hand halten oder als Anhänger tragen. Auf das Stirnchakra gelegt, fördert der Variscit die Erinnerung.

ZEOLITH

Stufe mit Stilbit, Apophyllit, Prehinit und Okenith

FARBE	Farblos, weiß, blau, pfirsichfarben
AUSSEHEN	Verschiedene Größen, oft als Stufe
HÄUFIGKEIT	Im Fachhandel erhältlich
HERKUNFT	Großbritannien, Australien, Indien, Brasilien, Tschechische Republik, Italien, USA

MERKMALE Zeolith bezeichnet eine Gruppe von Mineralen, die oft gemeinsam auf einer Matrix vorkommen. Dazu gehören Apophyllith, Okenith, Prehnit und Stilbit (siehe Seite 62, 190, 206, 265).

Wegen ihrer Schönheit ist die kombinierte Form als Ziergegenstand sehr beliebt. Der Zeolith absorbiert Giftstoffe und Gerüche. Im Gartenboden vergraben oder in die Nähe von Nutzpflanzen gelegt, sorgt er für gesundes Wachstum und gute Erträge.

HEILWIRKUNG Der Zeolith eignet sich zur Behandlung von Struma und Blähungen und befreit den Körper von Giftstoffen. Er hilft bei der Überwindung von Abhängigkeiten, vor allem bei Alkoholsucht, und kann zu diesem Zweck als Elixier angewendet werden. Zur Herstellung des Elixiers sollte anstelle von Weinbrand oder Wodka in diesem Fall Apfelessig verwendet werden.

ANWENDUNG Auf die betreffende Stelle auflegen oder als Elixier anwenden.

ZINKIT

Durchsichtig, geformt

FARBE	Rot, orangegelb, grün, farblos
AUSSEHEN	Körnige Masse; einige bemerkenswerte durchsichtige Kristalle kommen aus Polen, wo sie durch einen Verhüttungsprozess entstanden sind.
HÄUFIGKEIT	Im Fachhandel erhältlich
HERKUNFT	Polen, Italien, USA

MERKMALE Der Zinkit ist ein kraftvoller, feuriger Stein, der physische Energie und innere Kraft mit Kreativität verbindet. Er schenkt neue Energie und Lebenskraft und befreit den Körper von Energieblockaden. Dieser Stein sorgt angeblich für Reichtum und Fülle auf physischer und spiritueller Ebene.

Durch seinen Einfluss auf die unteren Chakren schenkt der Zinkit dem Körper neue Energie und fördert Kreativität und Fruchtbarkeit. Er lässt die Kundalini aufwärts fließen und steigert das Bauchgefühl und die Intuition.

Dieser Stein verleiht Zuversicht und hilft beim Erkennen der eigenen Stärken. Auf psychischer Ebene wirkt er heilend bei Schocks und Traumata und schenkt den nötigen Mut zum Umgang mit traumatischen Situationen. Der Zinkit hilft bei Depressionen, befreit von schmerzhaften Erinnerungen und verleiht zögerlichen oder lethargischen Menschen neue Kraft zur Entfaltung ihres vollen Potentials. Er hilft uns, notwendige Veränderungen bereitwillig anzunehmen.

Bewährt hat sich dieser Stein auch bei Phobien. Er unterstützt uns bei der Suche nach ihrer Wurzel, befreit uns vorsichtig davon und versetzt den Geist in einen positiven Modus. Der Zinkit ist auch in der Lage, hypnotische Befehle und mentales Gepräge zu beseitigen.

Frauen, die unter Klimakteriumbeschwerden oder dem Leeren-Nest-Syndrom leiden, ist der Zinkit zu empfehlen, weil er die entsprechenden Symptome lindert und die Gewöhnung an die neuen Lebensumstände erleichtert.

Der Zinkit fördert Gruppenaktivitäten, indem er Gleichgesinnte zueinander finden lässt. Als förderlich erweist er sich auch für Beziehungen. Dort, wo eine Reinigung vonnöten ist, kann der Zinkit eine Heilungskrise auslösen, die zu einer Läuterung führt.

HEILWIRKUNG Der Zinkit besitzt eine positive Wirkung auf Haut und Haar, hilft gegen Prostata- und Wechseljahresbeschwerden und stärkt das Immunsystem sowie die Energiemeridiane des Körpers. Manche setzen ihn zur Behandlung des Chronischen Müdigkeitssyndroms, bei AIDS sowie Autoimmunerkrankungen, Candida, Schleimerkrankungen und Bronchitis ein und sagen, er helfe bei der Vermeidung von Epilepsie. Der Zinkit stimuliert die Aufnahme- und Ausscheidungsorgane und hat sich bei der Behandlung von Unfruchtbarkeit bewährt.

ANWENDUNG Über die betreffende Stelle halten oder auflegen.

ZITRIN

Auch Caringorm genannt

Spitze

Druse

FARBE	Gelb bis gelblich braun oder rauchig-graubraun
AUSSEHEN	Transparente Kristalle, alle Größen, häufig als Druse, Spitze oder Stufe
HÄUFIGKEIT	Natürliches Zitrin ist vergleichsweise selten; hitzebehandelter Amethyst wird oft als Zitrin verkauft
HERKUNFT	Brasilien, Russland, Frankreich, Madagaskar, Großbritannien, USA

Stufe

MERKMALE Zitrin ist ein kraftvoll reinigender und regenerierender Stein. Er trägt die Kraft der Sonne in sich und ist daher überaus wohltuend. Er wärmt, versorgt mit Energie und fördert die Kreativität. Negative Energie nimmt er auf, um sie zu verwandeln, abzubauen und zu erden. Folglich gilt er als ein guter Schutzstein für die Umwelt. Zitrin belebt auf allen Ebenen des Lebens. Er kann die Chakren reinigen, insbesondere Solarplexus- und Sakralchakra. Das Scheitelchakra aktiviert er und macht frei für Intuition.

Zitrin wird oft als sogenannter „Reichtumsstein" bezeichnet. Er steht für Reichtum und Fülle, Erfolg und alle guten Dinge. Zitrin mache glücklich und großzügig; er rege an, das zu teilen, was man habe und dennoch werde der Wohlstand aufrechterhalten. Er habe die Kraft, alle mit Freude zu erfüllen, die ihn anschauen. Schwermut und Negativität haben in der

Umgebung eines Zitrin keine Chance. Er eignet sich hervorragend zum Entschärfen von Konflikten innerhalb einer Gruppe oder Familie.

In psychischer Hinsicht stärkt Zitrin Werte wie Selbstachtung und Selbstvertrauen; er befreit von destruktiven Neigungen. Er fördert die Individualität, erhöht die Motivation, aktiviert die Kreativität und fördert die Selbstdarstellung. Man wird weniger empfindlich, vor allem in Bezug auf Kritik, und er hilft dabei, sich mit konstruktiver Kritik auseinander zu setzen. Er unterstützt dabei, eine positive Lebenseinstellung einzunehmen und optimistisch in die Zukunft zu sehen, sich dem Fluss der Zeit zu überlassen und nicht der Vergangenheit anzuhaften. Mit Zitrin machen neue Erfahrungen mehr Spaß, und es erwächst der Mut, so lange alle Möglichkeiten gründlich auszuloten, bis man die beste Lösung gefunden hat.

Auf der mentalen Ebene steigert Zitrin die Konzentration und erfrischt den Geist. Er hilft angeblich gegen Depression, Ängste und Phobien. Zitrin fördert die innere Ruhe und Weisheit. Er hilft, Informationen zu verarbeiten, Situationen zu analysieren und ihnen eine gute Richtung zu geben. Dieser Stein erweckt den höheren Verstand. Trägt man einen Zitrin-Anhänger, so kann man Gedanken und Gefühle besser ausdrücken.

In emotionaler Hinsicht erhöht Zitrin die Lebensfreude. Er wandelt negative Charakterzüge und Ängste um, aber auch Gefühle, die sich auf der tiefsten Ebene abspielen. Er hilft, die Angst vor Verantwortung zu überwinden und gebietet dem Zorn Einhalt. Zitrin macht es leichter, sich im Strom der Gefühle zu bewegen und ein emotionales Gleichgewicht zu finden.

Körperlich verleiht Zitrin Energie und belebt den Körper. Menschen, die auf Umwelteinflüsse und sonstige äußere Einflüsse ausgesprochen sensibel reagieren, kann er sehr nützlich sein.

HEILWIRKUNG Zitrin spendet Energie, lädt neu auf. Beim Chronischen Müdigkeitssyndrom kann er sehr positiv wirken und degenerierende Erkrankungen rückgängig machen. Zitrin regt die Verdauung sowie Milz und Bauchspeicheldrüse an. Nieren und Blaseninfektionen kann er besiegen, bei Augenproblemen helfen, den Blutkreislauf anregen, das Blut entgiften, die Thymusdrüse aktivieren und die Schilddrüse regulieren. Er wirkt wärmend und Nerven stärkend. Zitrin regt ausscheidende Körperfunktionen an, hilft bei Verstopfung und wirkt sich positiv auf Zellulite aus. Als Elixier eingenommen verschafft er Linderung bei Menstruations- und Wechseljahrsbeschwerden wie Hitzewallungen, da er regulierend auf den Hormonhaushalt einwirkt und bei Erschöpfung erfrischt.

ANWENDUNG Am Finger oder mit Hautkontakt um den Hals tragen. Zum Heilen auf betroffene Stelle auflegen. Für die Meditation eine Kugel verwenden. Stellen Sie ihn in der Wohlstandsecke Ihres Heimes oder Geschäftes auf oder legen Sie ihn in die Kasse. Zitrin bleicht im Sonnenlicht aus.

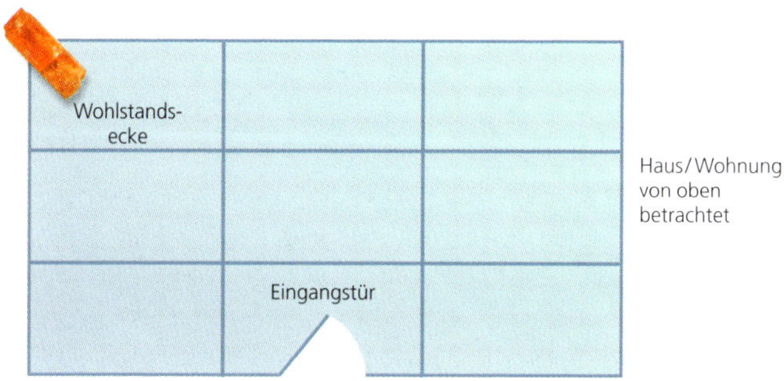

Die Wohlstandsecke ist der am weitesten hinten und links gelegene Punkt, von der Eingangstür beziehungsweise der Tür in ein persönliches Zimmer aus gesehen.

ZOISIT

Unbehandelt

FARBE	Farblos, weiß, gelb, braun, blau, grün, rot, rosa (Thulith), lavendelblau
AUSSEHEN	Dichte Masse, pleochroitisch, alle Größen
HÄUFIGKEIT	Im Fachhandel erhältlich, oft mit Rubin
HERKUNFT	Österreich, Tansania, Indien, Madagaskar, Russland, Sri Lanka, Kambodscha, Kenia

MERKMALE Der Zoisit verwandelt negative Energien in positive. Auf psychischer Ebene unterstützt der Zoisit den Selbstausdruck und verhindert, dass wir zu stark von anderen beeinflusst werden oder uns der Norm anpassen. Er hilft bei der Umsetzung der eigenen Ideen und wandelt destruktiven Drang in konstruktiven um. Der Zoisit vertreibt Lethargie und holt unterdrückte Gefühle und Empfindungen an die Oberfläche, wo sie dann ausgelebt werden können.

Als schöpferischer Stein bringt er den Geist nach einer Unterbrechung auf den richtigen Weg zurück. Auf physischer Ebene fördert er die Erholung von einer schweren Krankheit oder Stressphase.

HEILWIRKUNG Der Zoisit wirkt entgiftend, entzündungshemmend, hilft bei einer Übersäuerung des Körpers und stärkt das Immunsystem. Er fördert die Zellregeneration und eignet sich zur Behandlung von Erkrankungen des Herzens, der Milz, der Bauchspeicheldrüse und der Lunge. Dieser Stein steigert die Fruchtbarkeit und heilt Erkrankungen der Eierstöcke und Hoden. In Kombination mit Rubin wirkt er angeblich potenzsteigernd.

ANWENDUNG Mit Hautkontakt am Körper tragen oder auf die betreffende Stelle auflegen. Da der Zoisit seine Wirkung nur langsam entfaltet, sollte er über längere Zeit getragen werden.

BESONDERE FARBE

Zusätzlich zu den allgemeinen Merkmalen besitzt die folgende Farbvarietät spezifische Eigenschaften:

Tansanit (lavendelblauer Zoisit) ist ein hitzebehandelter Stein mit einer starken Schwingung, der einen äußerst tiefen Meditationszustand ermöglicht. Wird er aus verschiedenen Winkeln betrachtet, verändert sich seine Farbe. Er schafft eine Verbindung vom Wurzelchakra bis zum oberen Scheitelchakra. Der Tansanit besitzt eine heilende Wirkung auf Kopf, Hals und Brust. Er ergibt ein ausgezeichnetes Elixier und lässt sich gut mit Aquamarin und Moldavit kombinieren.

Tansanit

KRISTALLE UND IHRE FORMEN

Kristalle gibt es in allen Formen und Größen. Einige haben natürliche Facetten und Spitzen, andere sind abgerundet und glatt. Sie können einzeln oder in Gruppen vorkommen. Es gibt auch Kristalle, die in Schichten entstehen und wieder andere, die in Blasen vorkommen. Manche Kristalle entstehen auf natürliche Weise, andere werden künstlich in eine bestimmte Form gebracht. Jede Form besitzt ihre eigenen Merkmale und Anwendungsmöglichkeiten. Wenn man weiß, wie diese verschiedenen Formen eingesetzt werden, eröffnen sich viele Möglichkeiten. Ein Quarz kann beispielsweise im übertragenen Sinn genauso gut zum Speichern von Informationen genutzt werden, wie ein Computer.

Eine Druse mit ihrer höhlenartigen Vertiefung sammelt und speichert Energie und gibt sie allmählich ab, wohingegen eine Stufe die Energie rasch in alle Richtungen verstreut. Diese formspezifischen Eigenschaften sind bei der Auswahl des für Sie geeigneten Kristalls oder Heilsteins sehr wichtig. Sie können den entscheidenden Unterschied zwischen einem ausgezeichnet wirkenden Kristall und einem, der ganz und gar nicht funktioniert, ausmachen.

KRISTALLFORMEN

Apophyllith-Stufe

Wenn man über die spezifischen Eigenschaften der einzelnen Kristallformen, wie Drusen und Spitzen, sowie über das Potenzial der verschiedenen Facettenformen Bescheid weiß, kann man sich die Eigenschaften der Kristalle, vor allem die der unzähligen Formen von Quarz, zunutze machen. Manche Formen sind natürlich und andere Kristalle werden künstlich in eine bestimmte Form gebracht, wobei einige dieser künstlichen Formen natürlichen Formen nachempfunden sind. So werden zum Beispiel spezielle Quarzfacetten, die in der Natur äußerst selten vorkommen, nachgebildet oder große Bergkristalle und Rauchquarze auf eine Säulenform zurechtgeschnitten und zu Zier- oder Heilzwecken verwendet.

Hier gilt es, genau zwischen althergebrachten Heilanwendungen und den oft genug fragwürdigen esoterischen oder New-Age-Praktiken zu unterscheiden.

Da Kristalle nur in äußerst seltenen Fällen eine perfekte Kugelform aufweisen, wurden Quarz, Obsidian und Beryll bereits seit Jahrhunderten sorgfältig per Hand zu Kugeln geformt und zu unterschiedlichen Zwecken eingesetzt. Darüber hinaus besitzen Kugeln die Fähigkeit, Energie gleichmäßig in alle Richtungen auszusenden.

Vor allem Kristalle auf Quarzbasis besitzen natürliche Facetten an ihren Spitzen. Es handelt sich dabei gewöhnlich um sechs Facetten, die den sechs Chakren vom Wurzel- bis zum Stirnchakra entsprechen, und einer Endspitze, die das Scheitelchakra repräsentiert.

Die Wuchsform eines Kristalls ist z.B. ein wichtiger Aspekt der heilenden Kristallkunde. Quarzkristalle, die eine trübe Basis besitzen und nach oben hin klarer werden, repräsentieren in diesem Bereich die Kraft des spirituellen Wachstums. Eine Kristallsäule oder große Spitze mit Rissen oder Einschlüssen kann auf eine traumatische oder schmerzvolle Phase im Leben hinweisen. Völlig klare Kristalle gelten in esoterischen Kreisen als Symbole für den Einklang mit kosmischer Harmonie und sorgen angeblich dafür, dass sich unsere Energien auf die spirituelle Ebene ausrichten.

Ein Kristall, der einen Regenbogen in sich trägt, gilt als Symbol für Glück und Freude. Der Regenbogenkristall erhält diesen Effekt durch feine Brüche im Material und kann zur Linderung von Depressionen eingesetzt werden. Enhydro-Kristalle sind Kristalle mit Flüssigkeitseinschlüssen, die Millionen von Jahren alt sind. Sie gelten gerne als Symbole des kollektiven Unbewussten.

Jede Kristallform hat eine bestimmte Funktion beim Heilen. Kristallstäbe bewirken eine starke Bündelung von Energie und können bestimmte Körperstellen stimulieren oder Negativität beseitigen. Doppelendige Kristalle helfen beim Aufbrechen alter Muster und können Geist und Materie integrieren. Ein Kristall-Ei entdeckt und korrigiert Energie-Ungleichgewichte. Eine einzelne Kristallspitze bündelt Energie zu einem Strahl, ein Kristallwürfel verdichtet sie und eine Kugel gibt sie in alle Richtungen ab. Auf den folgenden Seiten erfahren Sie, wie die verschiedenen Kristallformen am besten zu Heilzwecken eingesetzt werden können.

SPITZE

Viele Kristalle haben Spitzen – die einen sind groß und die anderen so klein, dass sie mit bloßem Auge nur schwer zu erkennen sind. Sie können natürlich oder künstlich geformt sein. Eine Kristallspitze besitzt ein deutlich facettiertes spitzes Ende sowie ein zackiges, zerklüftetes Ende, mit dem es an einer Kris-

Naturspitze

tallstufe befestigt war. Kristallspitzen werden oft zu Heilzwecken eingesetzt. Ist die Spitze vom Körper weggerichtet, wird ihm Energie entzogen, ist sie auf den Körper gerichtet, wird ihm Energie zugeführt.

Naturspitze

Künstlich geformter Doppelender (Natürlicher Doppelender auf Seite 329)

DOPPELENDER

Doppelendige Kristalle besitzen an beiden Enden jeweils eine deutlich erkennbare Spitze. Es gibt natürliche gewachsene und künstliche Formen. Ein Doppelender absorbiert Energie bzw. gibt Energie gleichzeitig an beiden Enden, also in zwei Richtungen ab. Als ausgleichender Stein integriert er Geist und Materie und kann eine Brücke zwischen zwei Energiepunkten bilden.

Doppelender eignen sich gut zu Heilzwecken. Sie absorbieren negative Energie, brechen alte Muster auf, und helfen somit beim Überwinden von Abhängigkeiten. Mit ihrer Hilfe können auch zuvor blockierte Teile des eigenen Ichs eingegliedert werden.

STUFE

Eine Stufe besteht aus vielen Kristallspitzen, die in einer Basis eingebettet sind, aber nicht unbedingt an ihr befestigt sein müssen. Die Kristalle können klein oder groß sein. Eine Kristallstufe gibt Energie an ihre Umgebung ab, kann aber auch schädliche Energien absorbieren. Sie kann „programmiert“ und danach an einem Ort aufgestellt werden, um ihre Wirkung zu entfalten. Kristallstufen eignen sich besonders zum Reinigen eines Raumes oder zum Reinigen anderer Kristalle, die zu diesem Zweck über Nacht auf die Stufe gelegt werden sollten.

Stu

DRUSE

Eine Druse befindet sich in einer äußeren Hülle. Innen ist sie hohl und mit vielen nach innen gerichteten Kristallen bestückt. In ihrem Inneren können Drusen Energie speichern und verstärken. Durch die gerundete, höhlenartige Form der Druse und ihre zahlreichen Enden wird die verstärkte Energie verteilt und somit gemildert, ohne jedoch neutralisiert zu werden, so dass sie bei Bedarf langsam herausfließen kann. Sie helfen beim Überwinden von Abhängigkeiten und sind daher besonders für suchtgefährdete Menschen geeignet.

Druse

NATÜRLICH GEWACHSENE LANGE SPITZE

Diese Kristallform, die künstlich geschliffenen Kristallstäben oft als Vorlage dient, bündelt die Energie zu einem geraden Strahl. Zu Heilzwecken und ritueller Arbeit ist er weit verbreitet. Ist seine Spitze auf den Körper gerichtet, so wird diesem Energie zugeführt, zeigt sie jedoch vom Körper weg, wird ihm Energie entzogen.

Lange Spitze

PHANTOMKRISTALL

Der im Inneren eines größeren Kristalls eingeschlossene Phantomkristall mutet geisterhaft an. Er setzt die Vergangenheit in die richtige Perspektive, zeigt uns somit den richtigen Weg hin zu Wachstum und Entwicklung und hilft bei der Überwindung von Stagnationsphasen. Jeder besitzt seine eigene Bedeutung, je nachdem um welchen Kristall es sich handelt (siehe Seite 217).

Phantom

Kugel

KUGEL

Kugeln werden gewöhnlich aus einem größeren Kristall geschnitten und können in ihrem Inneren durchaus Risse aufweisen. Sie geben Energie gleichmäßig in alle Richtungen ab. In esoterischen Kreisen gelten sie als Fenster zur Vergangenheit oder Zukunft.

Würfel

WÜRFEL

Ein Kristallwürfel verdichtet die Energie in seinem Inneren. Er eignet sich vor allem zum Verankern von Absichten und zum Erden. Natürlich gewachsene Kristallwürfel, wie Fluorit, können zudem negative Energien abziehen und in positive umwandeln.

Pyramide

PYRAMIDE

Ein pyramidenförmiger Kristall besitzt vier Seiten und eine Basis, die bei natürlich gewachsenen Kristallen nicht immer so genau quadratisch ist, wie bei geschliffenen. Natürlich gewachsene pyramidenförmige Kristalle, wie der Apophyllith, verstärken die Energie und geben sie dann gebündelt durch ihre Spitze ab.

Pyramiden sind auch in der Lage, die Chakren von negativen Energien und Blockaden zu befreien und sie mit frischer Energie zu versorgen. Künstliche Pyramiden werden aus vielen verschiedenen Arten von Mineralen hergestellt. Sie steigern und konzentrieren die typischen Eigenschaften des jeweiligen Kristalls.

Ei

EI

Eiförmige Kristalle verdichten und formen die Energie und können Blockaden im Körper aufdecken und lösen. Kristalleier mit einem spitz zulaufenden Ende eignen sich gut zur Reflexzonenbehandlung und Akupressur. In Stresszeiten geben sie ausgezeichnete Handschmeichler ab.

AMORPHE KRISTALLE

Amorphe Kristalle, wie der Obsidian, haben keine bestimmte Form. Da sie keine feste innere Gliederung besitzen, kann Energie rasch durch sie hindurchfließen. Amorphe Kristalle verfügen angeblich über eine starke und unmittelbare Wirkung.

Amorphes Kristall

SCHICHTKRISTALL

Schichtkristalle, wie der Lepidolith, sind hilfreich beim gleichzeitigen Einsatz auf mehreren Ebenen, weil sie die Energie in Schichten verteilen. Ihre Energie unterstützt uns dabei, den Dingen auf den Grund zu gehen.

Lepidolith-Schichtkristall

TABULARKRISTALL

Ein Tabular- oder Tafelkristall ist ein abgeflachter, tafeliger Kristall mit zwei breiten Seiten, der doppelendig sein kann. Viele Tabularkristalle sind mit Kerben versehen. Durch einen Tafelkristall kann die Energie nahezu ungehindert hindurchfließen. Er hilft gegen Verwechslungen, Fehlinterpretationen und Missverständnisse und sorgt für gute Verständigung auf allen inneren und äußeren Ebenen.

Bei der Heilung stellt der Tafelkristall eine Verbindung zwischen zwei Punkten her und sorgt somit für absolutes Gleichgewicht. Er kann zur Verstärkung der Intuition eingesetzt werden und besitzt die Fähigkeit, andere Kristalle zu aktivieren.

Tafelkristall

ELESTIAL

Ein Elestial-Kristall besitzt viele natürliche Endflächen und faltet sich über einen mehrschichtigen Kristall. Er besitzt eine sanft fließende Energie, die von Blockaden und Ängsten befreit, indem die Gegensätze ausbalanciert werden und der Weg zu notwendigen Veränderungen geöffnet wird. Mit seiner stärkenden und beruhigenden Wirkung hilft der Elestial bei der Beseitigung von emotionalem Ballast. Er kann uns dabei helfen, uns selbst besser zu verstehen und Einblicke in unsere inneren Prozesse zu gewinnen.

…stial

EINSCHLUSS

Einschlüsse entstehen gewöhnlich durch die Ablagerung eines anderen Minerals im Inneren eines Quarzkristalls (siehe Chlorit, Seite 94). Je nach Mineral kann es sich dabei um einen trüben Fleck oder einen Punkt handeln. Mineralien können sich aber auch auf einer Außenseite ablagern, so dass sie durchscheinen, wenn man von der anderen Seite aus darauf schaut. Die Energie des eingeschlossenen Minerals wird ausgesandt und durch den außen herum befindlichen Quarzkristall konzentriert und verstärkt.

Tibetischer Quarz mit Einschlüssen

FÜLLE-KRISTALL

Ein Fülle-Kristall besteht aus einem langen Quarzkristall, um dessen Basis kleine Kristallgruppen wachsen. Er sorgt für Fülle und Reichtum und sollte laut der fernöstlichen Feng-Shui-Lehre am besten in der Reichtumsecke der Wohnung oder eines Geschäftsraumes platziert werden – dem Ort, der sich am weitesten hinten links von der Eingangstür befindet.

Fülle-Kristall

Großer
Generator

GENERATORKRISTALL

Ein einzelner Generatorkristall besitzt sechs Facetten, die in der Mitte des Kristalls in einer Spitze zusammenlaufen. Sowohl in kleiner als auch großer Ausführung ist der Generator die optimale Form zur Energieerzeugung. Er optimiert die Heilenergie und sorgt für zielgerichtete und deutliche Absichten.

Eine Generatorstufe ist sehr groß und besitzt viele lange Kristallspitzen, von denen jede einzelne für einen bestimmten Zweck verwendet werden kann. Sie sorgt für friedliche Harmonie innerhalb einer Gruppe, wobei jeder Person eine speziell auf sie programmierte Spitze zugeordnet werden kann. Besonders geeignet ist sie zur Erzeugung von Heilenergie.

-rator-
-fe

CHRONIKHÜTER-KRISTALL

Ein Chronikhüter-Kristall hat auf einer oder mehreren Seitenflächen pyramidenförmige Muster eingraviert. Manchmal ist eine Seite mit Dreiecken bedeckt, andere Kristalle besitzen nur eine Form und bei wieder anderen sind die Dreiecke in einem Zickzackmuster angeordnet. Bei diesen Kristallen handelt es sich meistens, aber nicht zwangsläufig, um Bergkristalle. Sie symbolisieren die perfekte Harmonie zwischen Geist, Körper, Gefühlswelt und Seele.

Der Chronikhüter-Kristall fördert vor allem die spirituelle Weisheit. Die Arbeit mit diesem Kristall erfordert ein gutes Urteilsvermögen, er stimmt uns auf die eigene Weisheit ein, durch die uns das Wissen für eine Weiterentwicklung verliehen wird.

Chronikhüter-Kristalle helfen uns, das innere Selbst zu erkunden, fördern das Wachstum und beseitigen alle Hürden, die ein Vorankommen verhindern. Sie können ein Ausbrennen und totale Erschöpfung verhindern, indem sie unserem ganzen Dasein immer neue Energie zuführen.

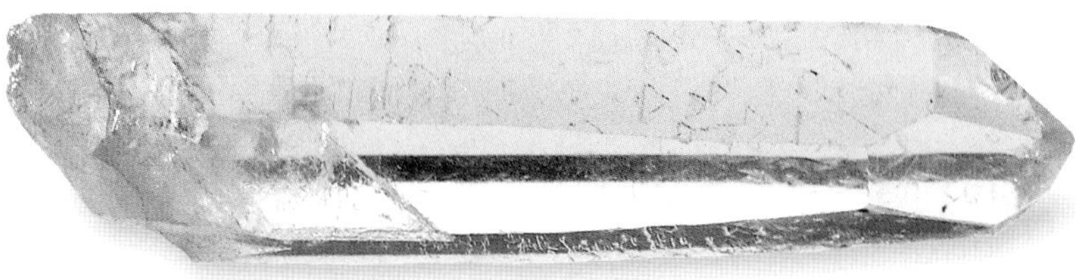

Chronikhüter-Quarz

„GRAVIERTER" KRISTALL

Ein „gravierter Kristall" sieht aus, als ob seine Seitenflächen mit Hieroglyphen oder Keilschrift bedeckt wären. Beim Meditieren bringt uns dieser Stein sinnbildlich in die Vergangenheit zurück. Er ist äußerst hilfreich bei der Einstimmung auf Neues, weil er die uns innewohnenden Fähigkeiten und heilenden Eigenschaften neu erweckt.

Ein „gravierter" Kristall gilt als persönlicher Kristall, der nur von einer Person verwendet werden sollte. Wird er jedoch vor und nach dem Gebrauch entsprechend gereinigt und neu programmiert, kann er auch von anderen verwendet werden. Bei der Heilung ist der „gravierte" Kristall besonders hilfreich und erleichtert uns, den Zustand innerer Ruhe wiederzuerlangen.

„gravierter" Quarzkristall

ZEPTERQUARZ

Der Zepterquarz ist ein langer stabförmiger Kristall, dessen Spitze von einem anderen Kristall überwachsen ist. Es gibt auch eine kleinere Form, bei welcher der Quarzstab eine deutliche Kante und ein größeres oberes Ende besitzt, sowie ein so genanntes umgekehrtes Zepter, bei welchem ein kleiner Kristall oder eine undurchsichtige Spitze aus einem größeren Basisstein hervorgeht.

Der große Zepterquarz ist ein ganz besonderer Stein. Aufgrund seiner Energie erzeugenden und verstärkenden Eigenschaften ist er sehr gut zu Heilzwecken geeignet, weil er die Heilenergie direkt zum Kern des Problems leitet.

Dadurch werden Leiden beseitigt und die Energien auf physischer, mentaler, emotionaler oder spiritueller Ebene in entsprechender Weise restrukturiert. Für Fälle, in denen die Energie in eine bestimmte Richtung geleitet werden muss, ist der Zepterquarz besonders geeignet.

Zepterquarz eignet sich zur Behandlung von Unfruchtbarkeit und sorgt für das Gleichgewicht zwischen männlicher und weiblicher Energie.

Großes Zepter

Umgekehrtes Zepter

Umgekehrter Zepterquarz sendet Heilenergie aus, reinigt sie und gibt sie an den Heilenden zurück. Er befreit den Geist von falschen Hoffnungen und versetzt ihn in einen Zustand der Stille.

Neben Quarz kommen auch andere Kristalle in Zepterform vor. Lange dünne Selenitstäbe, die an einem anderen Kristall befestigt sind, ergeben ebenfalls ein wirkungsvolles Heilinstrument.

FENSTERKRISTALL

Die flachen Flächen am oberen Ende eines Kristalls nennt man Fenster. Diese Fenster können die Form einer kleinen oder großen Raute besitzen und sorgen für einen klaren Verstand und eine gute Organisation der aus verschiedenen Ebenen des Daseins erhaltenen Informationen. Durch konzentriertes Hineinblicken in ein Fenster gelangen wir tief in unser Inneres.

Ein echtes Fenster ist groß und mit Scheitel und Basis verbunden. Kleine Fenster sind aber auch schon in der Lage, das Gleichgewicht zwischen der spirituellen und materiellen Welt zu verbessern und uns das Leben in der alltäglichen Realität zu erleichtern. Der Fensterkristall schafft eine tiefe Verbindung mit dem Selbst. Er reflektiert den inneren Zustand des Seins sowie die Ursachen für Probleme und Leiden.

Fensterkristall

Selbstheilender Kristall

SELBSTHEILENDER KRISTALL

Ein Selbstheilender Kristall besitzt viele kleine Enden. Dort ist er von seiner Basis abgebrochen und hat die Bruchstelle durch das Wachstum neuer Kristalle selbst geheilt. Als „Wundheiler" verstärkt dieser Kristall die Selbstheilungskräfte des Körpers. Er lehrt uns, wie man sich selber heilt und wieder zu einem Ganzen wird, ganz egal, wie stark man verwundet oder verletzt gewesen ist.

SCHLÜSSELKRISTALL

Ein Schlüsselkristall besitzt auf einer Seite eine Einkerbung oder Öffnung, die nach unten zu immer enger wird. Diese Vertiefung hat meist drei oder sechs Seiten und fungiert wie ein Zugang zu Teilen des eigenen Selbst, die uns normalerweise verborgen bleiben. Das Meditieren mit diesem Kristall lässt uns erkennen, was uns vor allem durch das Unterbewusstsein verborgen bleibt, und vertreibt Illusionen. Er hilft uns dabei, Verbindungen zu lösen und uns von Dingen zu befreien, die unsere Seele belasten.

Schlüsselkristall

LEBENSWEGKRISTALL

Ein Lebenswegkristall ist ein langer dünner Bergkristall mit einer oder mehreren völlig glatten Seitenflächen. Er besitzt Zugang zum Sinn und Zweck unseres Lebens, hilft uns, unserem Glück zu folgen. Er lehrt uns, auf die Seele zu hören und nicht auf das Ego.

SPIRALQUARZ

Ein Spiralquarz ist an seiner Achse entlang deutlich gewunden und sorgt auf allen Ebenen für das nötige Gleichgewicht. Beim Meditieren führt er dem Körper Energie zu und verankert sie. Er stimuliert das Aufsteigen der Kundalini durch die Chakren und beseitigt Energieblockaden, die das Fließen der Kundalini verhindern.

Lebenswegkristall

Spiralquarz

BLATTQUARZ

Blattquarz ist eine durchsichtige flache Schicht, die sich oft zwischen zwei Kristallen befindet. Mit seiner Hilfe können wir Kontakt zu unserer Vergangenheit aufnehmen und tief in unser Inneres vordringen. Er fördert die volle Ausnutzung unseres intuitiven Potentials, stimuliert das Stirnchakra. Er fördert die Fähigkeit, in der Meditation in die Tiefe zu gehen.

Blattquarz

GEFÄHRTENKRISTALL

Ein Gefährtenkristall besteht aus zwei miteinander verschlungenen und teilweise ineinander gewachsenen Kristallen oder aus einem großen Kristall, aus dem ein kleiner herauswächst. In manchen Fällen ist der eine Kristall vom anderen völlig umgeben. Gefährtenkristalle sind nährend und bieten große Unterstützung, vor allem in schwierigen Zeiten. Sie lassen uns Beziehungen besser verstehen und uns erkennen, wie beide Partner einander am besten unterstützen können.

Gefährtenkristall

SEELENGEFÄHRTENKRISTALL

Ein Seelengefährtenkristall bewirkt genau das, was sein Name vermuten lässt – er verhilft uns zu einem Seelengefährten – wobei es sich dabei nicht unbedingt um einen Sexualpartner handeln muss. Ein Seelengefährtenkristall besteht aus zwei ungefähr gleich großen Kristallen mit einer gemeinsamen Basis, die an einer Seite miteinander verbunden sind, aber jeweils eine eigene Spitze besitzen. Seelengefährtenkristalle haben sich für jede Art von Beziehung als nützlich erwiesen.

Diese beiden Kristalle sorgen für eine enge und intime Beziehung zweier Personen und lehren uns, wie man als gleichberechtigtes Mitglied einer Partnerschaft trotzdem eigenständig und individuell sein kann. Damit eine Beziehung gut funktionieren kann, muss man mit sich selber zufrieden sein. Ist man dies nicht, projiziert man seine ungelösten Probleme auf den

Seelengefährte

Partner. Mit Hilfe des Kristalls können wir uns selber besser kennen und akzeptieren lernen und sind somit in der Lage, eine tiefe Beziehung zu einer anderen Person aufzubauen.

Kristalle mit zwei unterschiedlich großen „Zwillingen" eignen sich vor allem für Beziehungen zwischen Mutter und Tochter, Vater und Sohn, Arbeitgeber und Arbeitnehmer und ähnliche Verbindungen. Sie sorgen für eine stärkere bedingungslose Liebe und mehr Harmonie zwischen zwei Menschen.

Wer das Glück hat, einen Seelengefährtenkristall mit leuchtenden Regenbögen entlang der Verbindungslinie zu finden, kann sich nach Volksglauben einer besonders harmonischen Beziehung erfreuen.

Jeder findet seinen echten Seelengefährten. Dazu wird der Kristall nach der Feng-Shui-Lehre in die Beziehungsecke der Wohnung oder des Schlafzimmers gelegt – also an den am weitesten rechts von der Tür entfernten Ort.

Ein echter Seelengefährtenkristall besteht aus zwei völlig gleichen Kristallen, die Seite an Seite stehen, und ist ideal für Menschen, die gleichberechtigt zusammenarbeiten. Er eignet sich auch zum Harmonisieren und Integrieren der verschiedenen Ebenen des Selbst.

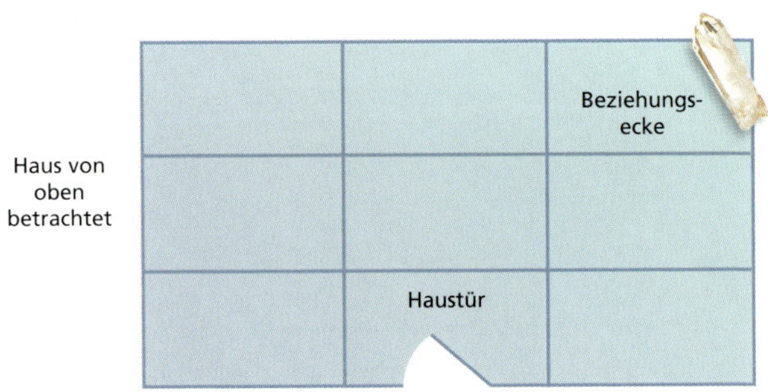

Die Beziehungsecke ist der am weitesten hinten rechts von der Haustür bzw. der Zimmertür gelegene Ort.

Hier handelt es sich um einen doppelendigen Tabularkristall, der mit Brückenkristallen, Barnacle-Kristallen und Kreuzkristallen bedeckt ist.

BARNACLE-KRISTALL

Bei einem Barnacle-Kristall ist ein größerer Kristall ganz oder teilweise mit vielen kleineren Kristallen bedeckt. Der größere Kristall gilt als Anziehungspunkt für die „jüngeren" Kristalle. Empfehlenswert ist der Barnacle-Kristall bei Problemen innerhalb der Familie oder einer Gemeinschaft sowie für Leute, die im Dienstleistungsgewerbe tätig sind. Er sorgt für eine verbindende Gruppenenergie, die Zusammenarbeit und Gemeinschaftssinn fördert. Trost spendend soll dieser Kristall auch im Falle des Verlustes eines geliebten Menschen sein.

BRÜCKENKRISTALL

Ein Brückenkristall wächst aus einem anderen, größeren Kristall heraus. Wie sein Name vermuten lässt, überbrückt er Klüfte und führt Dinge zusammen. Er kann die innere mit der äußeren Welt, das höhere Selbst mit dem Ich oder eine Person mit einer anderen verbinden. Hilfreich ist er auch beim Reden in der Öffentlichkeit, vor allem wenn es darum geht, neue Ideen mitzuteilen.

Künstlich geformter Stab

KRISTALLSTÄBE

Kristallstäbe sind die traditionellen Heilwerkzeuge von Schamanen und Heilern.

Kristallstäbe besitzen die Fähigkeit, Energie durch ihre Spitze zu bündeln. Die meisten Stäbe sind künstlich geformt, aber natürlich gewachsen. Lange spitze Kristalle, wie der mächtige Laserquarz, geben ausgezeichnete Heilwerkzeuge ab.

Bei der Anwendung eines Kristallstabs kommt es darauf an, die Heilenergie bewusst durch das Scheitelchakra in den Arm, der den Stab hält, hinabfließen zu lassen und von dort aus in den Stab weiterzuleiten, der die Energie verstärkt und auf den Patienten überträgt.

BERGKRISTALLSTAB

Ein langer Bergkristallstab, ob natürlich gewachsen oder künstlich geformt, sendet sowohl positive als auch negative Energie aus. Er verstärkt die Energie und führt sie dort zu, wo sie gebraucht wird, bzw. zieht sie ab und wandelt sie je nach Bedarf um. Mit Hilfe des Bergkristalls kann man bis zur Ursache eines Leidens vordringen und es beheben. Er zeigt auf die Stelle, an der die Blockade oder Schwäche sitzt und behandelt sie.

LASERQUARZ

Laserquarz ist ein natürlich gewachsener langer schlanker Quarzkristall, der sich zur Spitze hin verjüngt und sehr kleine Endflächen besitzt. Seine Seiten sind oftmals leicht gewölbt. Er gilt als verblüffendes Heilwerkzeug.

Ein Laserquarz bündelt, konzentriert und beschleunigt die durch ihn hindurchfließende Energie zu einem dichten Strahl,

Laserqu

der wie ein Laserstrahl funktioniert. Er stimuliert die Akupunkturpunkte, kann bis zu winzigen Strukturen im Inneren des Körpers, wie der Zirbeldrüse und Hirnanhangdrüse, vordringen und Präzisionsarbeit leisten. Auf mentaler oder emotionaler Ebene beseitigt er unangebrachte Einstellungen, veraltete Denkmuster und Energieblockaden.

TURMALINQUARZSTAB

Ein Quarzstab mit Einschlüssen aus Turmalinfasern ist besonders nützlich für Personen, die infolge von Stress oder Traumata stark in sich gekehrt und verschlossen sind. Vorsichtig schafft er eine Öffnung, so dass die Heilenergie in den Körper fließen kann und somit die Meridiane und Organe wieder ausgeglichen und mit neuer Energie versorgt werden. Er bewirkt eine Reinigung und Regeneration der Chakren. Turmalinquarz löst destruktive Denk- und Verhaltensmuster und stärkt Selbstvertrauen und Selbstwertgefühl.

TURMALINSTAB

Natürliche Turmalinstäbe sind nützliche Heilwerkzeuge. Sie reinigen, beseitigen Blockaden, wandeln negative Energie um und zeigen Lösungen für spezifische Probleme auf. Ideal sind sie auch zum Ausgleichen und Verbinden der Chakren. Auf physischer Ebene bringen sie die Energiemeridiane wieder ins Gleichgewicht.

Natürliche Turmalinstäbe

Vogel-Stäbe

VOGEL-STAB

Vogel-Stäbe sind durch äußerst präzise Schwingungen gekennzeichnet. Die an den Seiten der Stäbe speziell angelegten Facetten in präzisen Winkeln schaffen ein wirkungsvolles Heilwerkzeug. Die Eigenschaften eines Vogel-Stabes hängen von der Anzahl seiner Endflächen ab. Das kürzere, „dickere" Ende gilt als weiblich, das längere und schmalere Ende als männlich und gibt Energie in einem stark gebündelten laserartigen Strahl ab. Vogel-Stäbe sind ideal zum Verbinden der Chakren und beseitigen Negativität. Sie entdecken und korrigieren Energieblockaden.

FLUORITSTAB

Fluoritstäbe sind künstlich geformt und oft eine Mischung aus grünem und violettem Fluorit. Sie verfügen über eine wunderbar beruhigende Energie und können durch sanftes Streichen auf der Haut Schmerzen lindern und Entzündungen hemmen. Selbst ein kleiner Fluoritstab ist in der Lage, Stress aufzunehmen. Es wird oft empfohlen, den Stab zum Reinigen in Wasser zu tauchen.

OBSIDIANSTAB

Ein Obsidianstab ist in allen Fällen ideal, in denen man von negativen Energien befreit werden soll. Obsidianstäbe eignen sich auch zu Diagnosezwecken und zur Ortung von Blockaden.

AMETHYSTSTAB

Ein Amethyststab ist das perfekte Werkzeug zum Öffnen des Stirnchakras, zum Aktivieren der Zirbeldrüse und zum Anregen der Intuition. Er befreit das Sakralchakra von Blockaden und sorgt für Schutz.

Speziell geformte Kristallstäbe

ROSENQUARZSTAB

Ein Rosenquarzstab symbolisiert inneren Frieden. Er ist nicht nur ideal zum Lindern emotionaler Leiden und zum Heilen eines gebrochenen Herzens, sondern auch für jegliche Angst- und Unruhezustände geeignet. Unter dem besänftigenden Einfluss dieses Stabes wird ein rasender Puls oder ein erhöhter Blutdruck rasch wieder in den Normalzustand versetzt. Auch bei ziellos umherwirbelnden Chakren sorgt der Rosenquarz wieder für Harmonie und Einklang und einen ausgeglichenen Energiefluss.

RAUCHQUARZSTAB

Ein Rauchquarzstab erdet die Energie des Wurzelchakras, indem er es mit dem Erdchakra unterhalb der Füße verbindet. Er reinigt dieses Chakra und neutralisiert die Auswirkungen jeder Art von geopathischer Belastung. Der Rauchquarzstab kann am Körper überall dort eingesetzt werden, wo es negative Energien zu beseitigen gilt.

Natürlicher Rauchquarzstab

KURZE ZUSAMMENFASSUNG

Auf den folgenden Seiten erhalten Sie einen Überblick über die Beziehungen zwischen Heilsteinen und den Tierkreiszeichen, ihrer Wirkung auf den Körper und die Chakren sowie Hinweise zum traditionellen Auslegen von Steinkreisen und Herstellen von Elixieren. Auf diese Weise soll Ihnen die Auswahl der richtigen Heilsteine erleichtert und einige allgemeine Prinzipien erläutert werden.

Das Legemuster der Steine zu Schutz- und Heilzwecken lässt sich dem jeweiligen Zweck ganz einfach anpassen. Wählen Sie dazu das Legemuster, welches Ihrem Ziel am nächsten kommt, schauen Sie in der Tabelle mit den einzelnen Körperteilen und Organen oder im Register nach und suchen Sie sich den passenden Stein aus. Anhand der im Kristallverzeichnis beschriebenen Eigenschaften des betreffenden Steines können Sie Ihre Auswahl noch besser definieren. Legen Sie die Steine im geeigneten Muster aus oder wandeln Sie das Legemuster je nach Bedarf ab. Wer zum Beispiel auf der Suche nach der Liebe ist, kann das Legemuster für das Herzchakra mit Steinen wie Rosenquarz, Rhodochrosit, Rhodontit und Kunzit anwenden. Menschen im reiferen Alter könnten in diesem Fall grünen Aventurin hinzufügen, da dieser Stein die Liebe im Alter anregt. Und wer mehr Leidenschaft will, sollte zu rotem Jaspis und grünem Turmalin greifen. Mit Hilfe Ihrer Intuition wird es Ihnen rasch gelingen, die richtigen Steine für Ihre Bedürfnisse zu finden.

HEILSTEINE UND DER TIERKREIS

Jedem der zwölf Tierkreiszeichen wird traditionell eine Affinität zu bestimmten Steinen zugeschrieben. Einige haben mit dem Geburtsmonat zu tun und andere mit den Planeten, mit denen die Zeichen in Verbindung stehen. Neu entdeckte Steine werden jeweils einem Tierkreiszeichen zugeordnet. Siehe folgende Übersicht:

Granat

WIDDER 21. März – 19. April	Rubin, Diamant, Amethyst, Aquamarin, Aventurin, Heliotrop, Karneol, Zitrin, Feuerachat, Granat, Jadeit, Jaspis, Kunzit, Magnetit, Rosafarbener Turmalin, Orangefarbener Spinell, Spinell, Topas
STIER 20. April – 20. Mai	Smaragd, Topas, Aquamarin, Azurit, Schwarzer Spinell, Boji-Stein, Diamant, Kyanith, Kunzit, Lapislazuli, Malachit, Rosenquarz, Rhodonit, Saphir, Selenit, Tigerauge, Turmalin, Variscit
ZWILLINGE 21. Mai – 20. Juni	Turmalin, Achat, Apatit, Apophyllit, Aquamarin, Blauer Spinell, Kalzit, Chrysokoll, Chrysopras, Zitrin, Dentritenachat, Grüner Obsidian, Grüner Turmalin, Saphir, Serpentin, Turmalinquarz, Rutilquarz, Tigerauge, Topas, Variscit, Zoisit, Ulexit
KREBS 21. Juni – 22. Juli	Mondstein, Perle, Bernstein, Beryll, Brauner Spinell, Karneol, Kalzit, Chalzedon, Chrysopras, Smaragd, Opal, Rosafarbener Turmalin, Rhodonit, Rubin, Moosachat, Feuerachat, Dendritenachat
LÖWE 23. Juli – 22. August	Katzen- oder Tigerauge, Rubin, Bernstein, Boji-Stein, Karneol, Chrysokoll, Zitrin, Danburit, Smaragd, Feuerachat, Granat, Goldener Beryll, Grüner und Rosafarbener Turmalin, Kunzit, Larimar, Muskovit, Onyx, Orangefarbener Petalit, Pyrolusit, Quarz, Roter Obsidian, Rhodochrosit, Topas, Türkis, Gelber Spinell
JUNGFRAU 23. August – 22. September	Peridot, Sardonyx, Amazonit, Bernstein, Blautopas, Dioptas, Karneol, Chrysokoll, Zitrin, Granat, Magnetit, Mondstein, Moosachat, Opal, Violetter Obsidian, Rutilquarz, Saphir, Sardonyx, Sodalith, Sugilith, Smithsonit, Okenith
WAAGE 23. September – 22. Oktober	Saphir, Opal, Ametrin, Apophyllith, Aquamarin, Aventurin, Heliotrop, Chiastolith, Chrysolit, Smaragd, Grüner Spinell, Grüner Turmalin, Jade, Kunzit, Lapislazuli, Lepidolith, Mahagoni-Obsidian, Mondstein, Peridot, Topas, Prehnit, Sonnenstein

SKORPION 23. Oktober – 21. November	Topas, Malachit, Apachenträne, Aquamarin, Beryll, Boji-Stein, Charoit, Dioptas, Smaragd, Granat, Grüner Turmalin, Herkimer Diamant, Kunzit, Malachit, Mondstein, Obsidian, Roter Spinell, Rhodochrosit, Rubin, Türkis, Variscit
SCHÜTZE 22. November – 21. Dezember	Topas, Türkis, Amethyst, Azurit, Blauer Spitzenachat, Chalzedon, Charoit, Dunkelblauer Spinell, Dioptas, Granat, Gold-Obsidian, Labradorit, Lapislazuli, Malachit, Schneeflocken-Obsidian, Rosafarbener Turmalin, Rubin, Rauchquarz, Spinell, Sodalith, Sugilith, Türkis, Wulfenit, Okenith
STEINBOCK 22. Dezember – 19. Januar	Gagat, Onyx, Bernstein, Azurit, Karneol, Fluorit, Granat, Grüner und Schwarzer Turmalin, Labradorit, Magnetit, Malachit, Peridot, Quarz, Rubin, Rauchquarz, Türkis, Aragonit, Galenit
WASSERMANN 20. Januar – 18. Februar	Aquamarin, Amethyst, Bernstein, Angelit, Blauer Coelestin, Blauer Obsidian, Boji-Stein, Chrysopras, Fluorit, Labradorit, Magnetit, Mondstein, Atacamit
FISCHE 19. Februar – 20. März	Mondstein, Amethyst, Aquamarin, Beryll, Heliotrop, Blauer Spitzenachat, Kalzit, Chrysopras, Fluorit, Labradorit, Türkis, Smithsonit, Sonnenstein

Rauchquarz

Amethyst

Zitrin

Rosafarbener Kunzit

HEILSTEINE UND DIE CHAKREN

Zum Heilen und Ausgleichen der Chakren wird der passende Stein auf das Chakra aufgelegt – entweder auf der Vorder- oder Rückseite des Körpers, je nachdem, was bequemer ist. Dort bleibt er 15 Minuten liegen. Zu bestimmten Zwecken können die Steine auf alle Chakren gelegt bzw. oberhalb des Kopfes oder unterhalb der Füße platziert werden.

ERDUNGSENERGIE VOM SCHEITEL BIS ZUR WURZEL: Rauchquarz
ÖFFNUNG UND REINIGUNG ALLER CHAKREN: Bernstein, Dendritenachat, Malachit
REINIGUNG UND SCHUTZ ALLER CHAKREN: Turmalin, Granat
IN EINKLANG BRINGEN: Boji-Stein, Gelber Kunzit, Kyanith
STEIGERUNG: Türkis
REINIGUNG DER UNTEREN CHAKREN: Heliotrop

OBERES SCHEITEL-CHAKRA	Kunzit, Apophyllith, Coelestin, Muskovit, Selenit, Petalit, Azeztulith, Phenazit
SCHEITELCHAKRA	Moldavit, Zitrin, Quarz, Roter Serpentin, Violetter Jaspis, Farbloser Turmalin, Goldberyll, Lepidolith, Violetter Saphir
STIRNCHAKRA	Apophyllith, Sodalit, Moldavit, Azurit, Herkimer Diamant, Lapislazuli, Granat, Violetter Fluorit, Kunzit, Lepidolith, Malachit mit Azurit, Royalblauer Saphir, Stahlblauer Obsidian, Azeztulit, Atacamit
HALSCHAKRA	Azurit, Türkis, Amethyst, Aquamarin, Blautopas, Blauer Turmalin, Bernstein, Kunzit, Amethyst, Lepidolith, Blauer Obsidian, Petalit
OBERES HERZ-CHAKRA	Dioptas, Kunzit
HERZCHAKRA	Rosenquarz, Grünquarz, Aventurin, Kunzit, Variscit, Muscovit, Roter Kalzit, Rhodonit, Wassermelonen-Turmalin, Rosafarbener Turmalin, Grüner Turmalin, Peridot, Apophyllith, Lepidolith, Rosafarbener Danburit, Rubin, Chrysokoll, Grüner Saphir
SOLARPLEXUS-CHAKRA	Malachit, Jaspis, Tigerauge, Zitrin, Gelber Turmalin, Goldberyll, Rhodonchrosit, Smithsonit

SAKRALCHAKRA	Blauer Jaspis, Roter Jaspis, Orangefarbener Karneol, Topas, Orangefarbener Kalzit, Zitrin
WURZELCHAKRA	Azurit, Heliotrop, Chrysokoll, Obsidian, Goldgelber Topas, Schwarzer Turmalin, Karneol, Zitrin, Roter Jaspis, Rauchquarz
ERDCHAKRA	Boji-Stein, Feuerachat, Brauner Jaspis, Rauchquarz, Hämatit, Mahagoni-Obsidian, Turmalin, Rhodonit

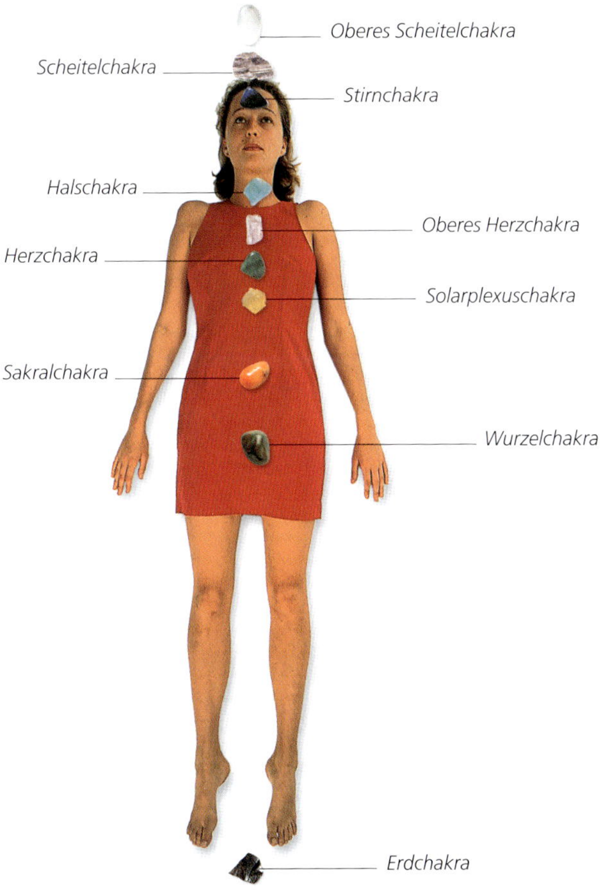

HEILSTEINE UND DER KÖRPER

Durch Auflegen des geeigneten Heilsteins auf ein bestimmtes Körperteil oder Organ kann dieses ausgeglichen, stimuliert oder beruhigt werden.

Rotschwarzer Obsidian

Peridot

GEHIRN	Bernstein, Grüner Turmalin, Dunkelblauer Turmalin, Beryll, Blauer Spitzenachat
OHREN	Bernstein, Rotschwarzer Obsidian, Schneeflocken-Obsidian, Coelestin, Rhodonit, Orangefarbener Kalzit
AUGEN	Aquamarin, Beryll, Chalzedon, Chrysopras, Saphir, Charoit, Dunkelblauer Turmalin, Coelestin, Blauer Fluorit, Feuerachat, Katzenauge, Orangefarbener Kalzit
ZÄHNE	Aquamarin, Rutilquarz, Fluorit
NACKEN	Aquamarin, Quarz
SCHULTERN	Selenit
MUSKELGEWEBE	Magnetit, Danburit
LUNGE	Beryll, Rosafarbener Turmalin, Peridot, Rhodonit, Bernstein, Dioptas, Kunzit, Lapislazuli, Türkis, Rhodonchrosit, Sardonyx, Blauer Turmalin, Chrysokoll, Smaragd
MILZ	Bernstein, Aquamarin, Azurit, Heliotrop, Chalzedon, Roter Obsidian
MAGEN	Grüner Fluorit, Feuerachat, Beryll
DARM	Beryll, Peridot, Coelestin, Grüner Fluorit
BLINDDARM	Chrysolith
ARME	Malachit, Jadeit
PROSTATA	Chrysopras
HODEN	Jadeit, Topas, Karneol, Variscit
HÄNDE	Moldavit, Aquamarin, Mondstein
KNOCHENGERÜST	Amazonit, Azurit, Chrysokoll, Kalzit, Fluorit, Dendritenachat, Violetter Fluorit, Sardonyx, Eisenpyrit
NERVENSYSTEM/ NERVENGEWEBE	Bernstein, Grüne Jade, Lapislazuli, Grüner Turmalin, Dendritenachat

KNOCHENMARK	Violetter Fluorit
ZIRBELDRÜSE	Rhodonit-Edelstein
HIRNANHANG-DRÜSE	Pietersit
KIEFER	Aquamarin
HALS	Aquamarin, Beryll, Lapislazuli, Blauer Turmalin, Bernstein, Grüner Jaspis
SCHILDDRÜSE	Aquamarin, Azurit, Bernstein, Blauer Turmalin, Zitrin
THYMUS	Aventurin, Blauer Turmalin
HERZ	Rosenquarz, Charoit, Rhodonit, Granat, Dioptas
LEBER	Aquamarin, Beryll, Heliotrop, Karneol, Roter Jaspis, Charoit, Danburit
GALLENBLASE	Karneol, Jaspis, Topas, Kalzit, Zitrin, Gelber Quarz, Tigerauge, Chalzedon, Danburit
NIEREN	Aquamarin, Beryll, Heliotrop, Hämatit, Jadeit, Nephrit, Rosenquarz, Zitrin, Orangefarbener Kalzit, Rauchquarz, Bernstein, Muskovit
BAUCHSPEICHEL-DRÜSE	Roter Turmalin, Blauer Spitzenachat, Chrysokoll
WIRBELSÄULE	Granat, Turmalin, Labradorit, Beryll
EILEITER	Chrysopras
WEIBLICHES FORT-PFLANZUNGSSYSTEM	Karneol, Mondstein, Chrysopras, Bernstein, Topas, Unakit
HARNBLASE	Topas, Jaspis, Bernstein, Orangefarbener Kalzit
BLUT- UND KREIS-LAUFSYSTEM	Amethyst, Heliotrop, Chalzedon, Hämatit, Roter Jaspis
VENEN	Variscit, Pyrolusit, Schneeflocken-Obsidian
KNIE	Azurit, Jadeit
GELENKE	Kalzit, Azurit, Rhodonit, Magnetit
HAUT	Azurit, Brauner Jaspis, Grüner Jaspis
FÜSSE	Onyx, Rauchquarz, Apophyllit

Beryll

Roter Karneol

Feuerachat

HORMONSYSTEM	Bernstein, Amethyst, Gelber Jaspis, Rosafarbener Turmalin, Feuerachat
IMMUNSYSTEM	Amethyst, Schwarzer Turmalin, Lapislazuli, Malachit, Türkis
VERDAUUNGSTRAKT	Chrysokoll, Rote Jade, Grüner Jaspis
STOFFWECHSEL	Amethyst, Sodalith, Pyrolusit
RÜCKEN	Malachit, Saphir, Lapislazuli
UNTERER RÜCKEN	Karneol
KAPILLAREN	Dendritenachat

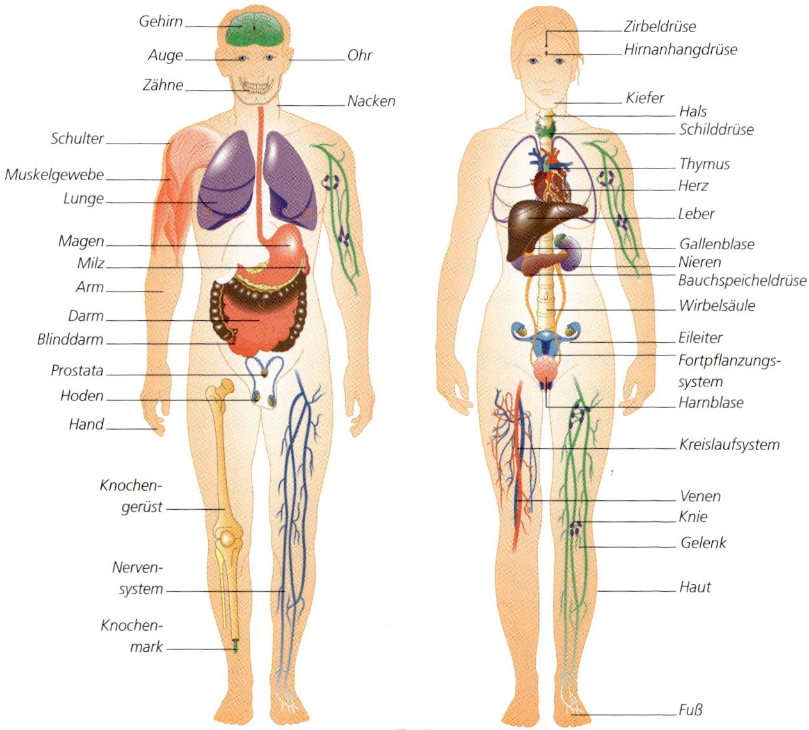

HEILSTEINESSENZEN

Da Kristalle starke Schwingungen besitzen, ist es leicht, diese Schwingungen auf Wasser zu übertragen. Heilsteinessenzen, die auch als Elixiere bezeichnet werden, können innerlich angewendet werden – sofern der Stein nicht giftig ist. Man kann sie auch auf die Haut auftragen oder ins Badewasser gegeben. Manche Elixiere können auch in den Raum gesprüht werden.

EIN HEILSTEINELIXIER HERSTELLEN

Der gesäuberte Stein wird in eine mit Quellwasser gefüllte Glasschüssel gelegt. (Bröckelige oder giftige Steine werden zunächst in ein kleines Glasgefäß gelegt und danach erst in die Glasschüssel gesetzt. Das ist das indirekte Verfahren.) Die Glasschüssel stellt man danach zwölf Stunden lang in die Sonne. Anschließend wird der Kristall aus dem Wasser genommen und die Mutteressenz in eine Glasflasche mit luftdichtem Verschluss gefüllt. Um das Heilsteinelixier haltbar zu machen, wird fünfzigprozentiger Weinbrand oder Wodka dazugegeben. An einem kühlen und dunklen Ort aufbewahren. Als Badezusatz verwenden oder in eine Dosierflasche füllen (siehe Seite 344).

Direktes Verfahren zur Herstellung eines Heilsteinelixiers

Abfüllen des Elixiers

EINE DOSIERFLASCHE FÜLLEN

Sieben Tropfen der Mutteressenz in eine Tropfflasche geben. Zum Einnehmen oder Auftragen auf die Haut werden ein Drittel Weinbrand und zwei Drittel Wasser hinzugefügt. Soll die Essenz als Augentropfen verwendet werden, ist auf Zugabe des Alkohols zu verzichten. Drei Mal täglich sieben Tropfen einnehmen. (Achtung: Einige Elixiere dürfen nur äußerlich angewendet werden.)

BLAUER SPITZEN-ACHAT	Hilft gegen Augeninfektionen.
SCHWARZER TURMALIN	Bietet psychischen Schutz und schützt vor Elektrosmog. Lindert Jetlag und befreit Körper, Geist und Gefühlswelt von schädlichen Einflüssen.
MALACHIT	Sorgt für Harmonie auf physischer, mentaler, emotionaler und spiritueller Ebene; erdet den Körper. Nur Trommelsteine verwenden.
FLUORIT	Beseitigt Blockaden. Wirkt antiviral.
JADEIT	Heilt Erkrankungen der Augen, sorgt für Frieden.
AMAZONIT	Gleicht den Stoffwechsel aus.
GRÜNER JASPIS	Stellt den Biorhythmus und die natürliche Sexualität wieder her.
HÄMATIT	Stärkt Begrenzungen.
KUNZIT	Öffnet das Herz.
BERNSTEIN	Wirkt antibiotisch, heilt Erkrankungen des Halses.
GOLDBERYLL	Zum Gurgeln bei Halsschmerzen.
HELIOTROP	Hilft gegen Darmträgheit und emotionale Stagnation.
CHAROIT	Ausgezeichnet zum Reinigen des Körpers geeignet.
HERKIMER DIAMANT	Fördert die Traumerinnerung.
MOOSACHAT	Hilft gegen Pilzinfektionen.

Moosachat

Schwarzer Turmalin

LEGEMUSTER UND SCHUTZKREISE

Das Auslegen von Kristallen auf oder um den Körper sorgt für rasche Linderung eines Leidens. Kristalle wurden traditionell auch als schützender Kreis um das Bett oder das Haus gelegt. Sie eignen sich zum Stimulieren des Immunsystems oder zum Stressabbau, können zum Schutz vor geopathischen Belastungen und Elektrosmog oder zum Schärfen des Gedächtnisses eingesetzt werden. Vor Gebrauch müssen die Kristalle programmiert werden.

STRESSABBAU

Entspannung ist das beste Mittel gegen Stress. Acht Amethyst-Spitzen werden mit der Spitze nach innen mit etwa einer Handbreit Abstand um den Körper gelegt. Dazu platziert man eine Spitze etwas unterhalb zwischen die Füße und eine oberhalb des Kopfes. Zwei weitere Spitzen werden jeweils auf Nackenhöhe, an die Hüften sowie an die Knöchel gelegt. Anschließend sollte man mit geschlossenen Augen mindestens zehn Minuten lang entspannt liegen bleiben – zwanzig Minuten wären besser. Die Kristalle können über Nacht liegen bleiben oder um das Bett herum platziert werden.

DAS IMMUNSYSTEM ANREGEN

Kurzzeitbehandlung Ein rosafarbener Smithsonit wird auf das Herz, ein grüner Turmalin auf den Thymus und ein Quarzkristall mit der Spitze nach oben über den Kopf gelegt. Um den Körper herum werden acht Malachit-Steine platziert. Fünfzehn bis zwanzig Minuten liegen lassen.

Langzeitbehandlung Ein Grüner Turmalin wird über Nacht über dem Thymus befestigt und ein rosafarbener Smithsonit jeweils an jeder Ecke des Bettes platziert sowie unter das Kopfkissen gelegt.

Rosafarbener Smithsonit

CHAKRA-LEGEMUSTER

Ein brauner Stein wird etwas unterhalb zwischen die Füße gelegt, ein roter Stein auf das Wurzelchakra, ein orangefarbener Stein unter den Nabel, ein gelber Stein auf den Solarplexus, ein rosafarbener Stein auf das Herz, ein Kunzit oberhalb des Herzens, ein blauer Stein auf den Hals, ein indigoblauer Stein auf das Stirnchakra, ein violetter Stein auf den Scheitel und ein weißer Stein mit starker Schwingung oberhalb des Kopfes.

Grüner Turmalin

TRADITIONELLER SCHUTZKREIS UM DAS HAUS
Schwarzen Turmalin (zum Schutz vor geopathischer Belastung oder Elektrosmog), Selenit (zum allgemeinen Schutz) oder Sardonyx (zum Schutz vor Verbrechen) an jeder Ecke des Hauses oder Raumes platzieren. Wenn möglich, sollte auch ein großes Exemplar draußen vor die Eingangstür gelegt werden.

GEDÄCHTNISSTEIGERUNG
Zum Steigern des Gedächtnisses braucht man zwei Zitrine oder gelbe Fluorit-Steine sowie grünen Kalzit für geistige Klarheit und Azurit für den nötigen Einblick. Die gelben Kristalle werden zu beiden Seiten des Kopfes auf Ohrhöhe platziert. Der grüne Kalzit kommt oben auf den Kopf und der Azurit auf das dritte Auge. Zwanzig Minuten liegen lassen.

HEILUNG DES HERZENS
Sieben Rosenquarzkristalle, einen Dioptas sowie einen Wassermelonen-Turmalin wie unten abgebildet auflegen und zwanzig Minuten lang liegen lassen. Zur Beseitigung emotionaler Ungleichgewichte, die das Herz blockieren, können noch vier Amethyst-Spitzen mit der Spitze nach außen dazugelegt werden.

Legemuster für das Herz

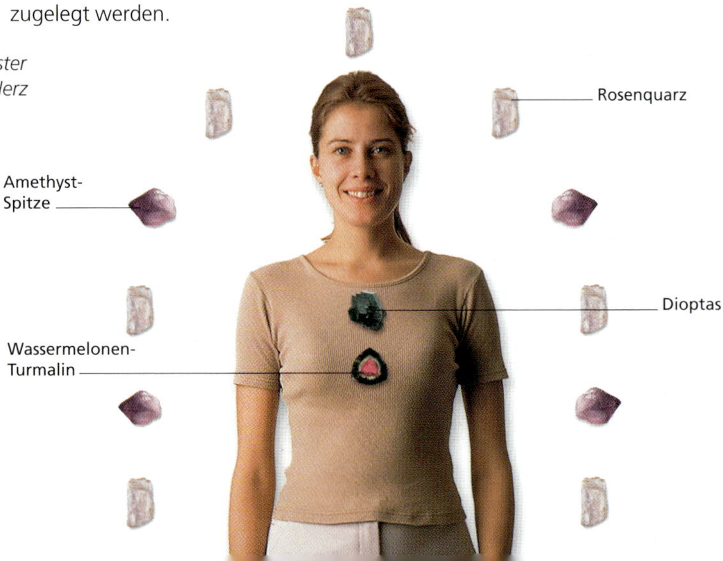

REGISTER

C

D

E

F

G

H

I

K

L

M

BIBLIOGRAPHIE

Gienger, Michael: *Crystal Power, Crystal Healing.* Cassell & Co., London, 1998.

Hall, Judy: *The Illustrated Guide to Crystals.* Godsfield Press, Alresford, 2000.

Hall, Judy: *Crystal User's Handbook.* Godsfield Press, Alresford, 2002.

Hall, Judy: *The Art of Psychic Protection.* Samuel Weiser, Maine, 1997.

Melodie *Love Is In The Earth.* Earth Love Publishing House, Colorado, 1995.

Raphaell, Katrina:*Crystal Healing. Bde. I, II, III.* Aurora Press, Santa Fe, 1987.

Raven, Hazel: *Crystal Healing. The Complete Practioner's Guide.* Raven Co., Manchester, 2000.

DANKSAGUNG DER AUTORIN

Mein Wissen über Kristalle habe ich mir im Verlauf von dreißig Jahren angeeignet, einen großen Teil davon durch intuitive Anwendung. Die in der Bibliographie aufgeführten Bücher haben mir zusätzliches Material für diesen Leitfaden geliefert. Ich möchte Pat Goodenough, Trudi Green und Dawn Robins für den praktischen, lehrreichen Kontakt danken. Wie immer haben mir Steve, Jackie und der Rest der Belegschaft von Earthworks in Poole bei der Zusammenstellung dieses Buches und der Beschaffung der passenden Kristalle unschätzbare Hilfe geleistet. Clive von der Firma Earth Design in Boadwindsor und Mike von The Dorset Pedlar in Bridport haben mich mit einigen bemerkenswerten Kristallen bekannt gemacht. Zum Schluss möchte ich erwähnen, dass ich ohne Crystal Clear, wofür ich David Easton danke, nicht mit Kristallen und darüber hinaus mit vielem Anderen arbeiten könnte.

BILDNACHWEIS

Grahame Baker Smith (S. 367)
Kate Nardoni, MTG (S. 370)

NOTIZEN

NOTIZEN

NOTIZEN

NOTIZEN

NOTIZEN

NOTIZEN

NOTIZEN

NOTIZEN

NOTIZEN

NOTIZEN

NOTIZEN

NOTIZEN

NOTIZEN